杏坛追梦
求法悟道

汪　瀛 / 著

历史教育教学思考

教案教法研究成果

光明日报出版社

图书在版编目（CIP）数据

杏坛追梦·求法悟道 / 汪瀛著 . -- 北京：光明日
报出版社，2019.2
ISBN 978 - 7 - 5194 - 4926 - 1

Ⅰ.①杏… Ⅱ.①汪… Ⅲ.①中学历史课—教学研究
—文集 Ⅳ.①G633.512-53

中国版本图书馆 CIP 数据核字（2019）第 034064 号

杏坛追梦·求法悟道
XINGTAN ZHUIMENG · QIUFA WUDAO

著　　者：汪　瀛

责任编辑：杨　娜　　　　　　责任校对：赵鸣鸣
封面设计：中联学林　　　　　责任印制：曹　净

出版发行：光明日报出版社
地　　址：北京市西城区永安路 106 号，100050
电　　话：010 - 63131930（邮购）
传　　真：010 - 67078227，67078255
网　　址：http：// book. gmw. cn
E - mail：yangna@gmw. cn
法律顾问：北京德恒律师事务所龚柳方律师

印　　刷：三河市华东印刷有限公司
装　　订：三河市华东印刷有限公司
本书如有破损、缺页、装订错误，请与本社联系调换，电话：010 - 67019571

开　　本：170mm × 240mm
字　　数：287 千字　　　　　印　　张：16.5
版　　次：2019 年 4 月第 1 版　　印　　次：2019 年 4 月第 1 次印刷
书　　号：ISBN 978 - 7 - 5194 - 4926 - 1
定　　价：58.00 元

有人说，教学有法，但无定法，贵在得法。但我想说，教师要真正做到贵在得法实属不易。因为，教师要真正做到贵在得法，既需要拥有丰厚的科学的专业学识、教育心理学知识和教学法知识，更需要长期不懈的教学实践、反思、探索、修正与完善。只有如是，他才能在教学中游刃有余，进入贵在得法的境界，舍此无他。

在教法探索上，作为教师，我们可以不成为教法的研究专家，但我们必须拥有自己的思考，自己的探索，自己的特点，甚至于"绝活"。这样，你的授课，才能真正独一无二，深受学生欢迎。千人一面的授课，是难以留给学生深刻印象的，也不利于造就独具特色的人才，于国、于民、于学生、于自己，都是不太有利的。

教法是术，专业是本。教法与专业修养应相得益彰。缺乏深厚、广博的专业修养，有时可能使你精湛的教法黯然失色！

序

人总是有梦想的。

人的梦想会因人而异。因为，每个人的生活、学习、工作的环境不同，其梦想也自然存在差异。这或许就是我们常说的，环境造就人生吧。

人的梦想也因人的成长发展变化而发展变化。人们的儿时梦想，与成人之后的梦想，可能存在较大差异，甚至完全相反。说得好听一些，这是与时俱进；说得难听一些，这是见异思迁。

我虽平凡，但也有属于自己的梦想。

我的儿时的梦想是什么？说来惭愧，我现在已无法追忆出来。我想，即便能追忆出来，也没有什么光耀的色彩。我敢肯定，它不如同时代的城镇儿童们所说的，长大了要当一位科学家、解放军、工人、干部、白衣天使……因本人身居乡野山村，眼光所及，无非就是长辈们的农田劳作、五谷杂粮、山川河塘；更不会像当今儿童所追求的明星梦、高官梦、老板梦、发财梦、出国梦……

我不怕读者们笑话，至今我能追忆出的第一个梦想，竟然是立足农村学一门手艺，有能力养家糊口和给父母养老送终。因为，1974年初中毕业失学之后的我，已成为家庭主要劳动力。当时，家里姊妹众多，父母身体不佳，又无任何社会资源，我只能面对现实确定自己的梦想。实话实说，当时若能达成这一梦想，我是心满意足的！

1977年底高考制度恢复之后，我开始有了新的梦想——考一个中专，跳出农门，使自己成为一名光荣的国家工人。或许造化弄人，因种种因素制约，我这一梦想也没有变成现实。

　　人生际遇,有时确实不以自己的意志为转移。我虽然没有考上中专,但由于坚持自学,1980年的高考成绩竟然上了湖南省本科录取线。后来,因阴差阳错,本人被当时的衡阳师范专科学校录取。对于这个结果,我仍然高兴莫名。因为,我有机会成为一位光荣的人民教师。

　　既然,我未来的职业是当时社会大力讴歌的"人类灵魂的工程师",我的梦想就力争做一个深受学生欢迎和爱戴的历史教师,力争不误人子弟,且为实现这个梦想奋斗至今而没有丝毫改变。实事求是地说,教师作为一种社会职业,其社会地位一般,经济收入平平,但对于一个农民出身、胸无大志的我来说,能做一个光荣的人民教师,已经是三生有幸了!

　　做教师,特别是做一名历史教师,这在社会上许多人看来,似乎并不太难,甚至觉得比较容易。上历史课,不就是给学生讲讲历史故事,然后要学生将相关历史知识背诵下来就OK了,保准学生能考个好成绩。其实,持这一想法的人,并不真正了解教师的工作,不了解我们历史教师的教育教学工作,不了解历史教学与历史高考的要求。

　　在这个世界上,不论做什么工作,若抱着得过且过、做一天和尚撞一天钟的态度去做,可以说都不太难。做教师,做一位深受学生欢迎且真正促进学生全面发展的教师还确实不易。当今社会,我们每个人都做过学生,试回想一下,真正深受你欢迎又真正促进你快速成长的教师可能不会太多。因为,回想自己做学生时,耳闻目睹了不少学生背地里如何议论自己的老师,有些评价至今还犹在耳边。也许正因为如此,在我看来,自己要真正实现"做一个深受学生欢迎,不误人子弟的教师"的梦想,绝非易事。因为,我凭什么让自己深受学生欢迎? 我凭什么做到不误人子弟?

　　根据我对教育的肤浅理解,要想让自己深受学生欢迎,要想不误人子弟,除了良好的工作态度、尊重学生、热爱学生、关心学生之外,自己还必须在历史学识、教育理论、课程建设、教学方法、学法指导、应试技巧、考试命题、课题研究等方面拥有扎实的功底。并且还要与时俱进,通过学习与研究来不断提升自己,似乎舍此再无他法。

教师专业化发展是一个终身要求。当今社会是一个飞速发展的社会,知识更新的速度不断加快。曾有教师感慨,教育教学是一个永远说不完的话题,教育教学的完善永无止境。因为,教师的教育教学过程,既是教育和培养学生的过程,也是自己不断学习的过程,教师必须将终身学习的理念贯穿于自己的一生,不断完善自己的专业知识、专业能力,不断汲取本学科领域和相关领域的知识、最新的科研成果,提高自己的科研能力,使自己跟上时代发展的步伐,并在教育教学过程中,形成自己的特色。

当今教育不仅要完成党和国家政府的重托,还要承载社会各界和家长的期望。随着人们对教育期望的提高,对教师的期望也越来越高,对教师的素质要求也越来越高。现代教师不仅要有广阔的知识视野、良好的道德修养、健康的心理素质,还要有开拓的创新精神、精湛的教育教学艺术等。因此,作为一名现代教师,必须更新自身观念,将专业发展的需要变成自己的内在需求,变"被动发展"为"主动发展"。教师不仅要成为终身学习者,为学生树立良好的榜样,还要立志成为一名研究者,研究如何促进自我发展和自我实现,做学习型、研究型教师。

如何做一名学习型、研究型教师?我以为,作为一名历史教师,除必须学习与研究古今中外历史,我们还必须学习与研究教育学和心理学原理,必须学习与研究历史教学论,并在实践中不断探索和研究适合自身特点和学生发展需要的历史教学之法,从而形成自己的教学特色与风格。

在历史教育教法研究方面,我曾撰写出版过《高中历史新课程教与学》《精彩·荒谬·效率——中学历史课堂教学探微》《行为决定结果——中学历史教学行为有效性探微》《义务教育历史课程标准(2011 年版)解读》《高中历史"四环两化"教学指南》等拙作。《杏坛追梦·求法悟道》一书,主要收录了本人从教以来在历史教育教学研究方面的拙作56 篇,主要涉及教育教学理论与历史教育教学方法、课堂提问艺术、课堂教学模式构建、历史教学重点与难点解决方案等方面的内容。这些拙作，大部分已在不同刊物上发表，有些文章还为中国人民大学复印报刊资料全文转载；有些文章或收入他人编著出版的教育教学研究专著之中；也有一些拙作曾被上传至不同网络平台，或通过学术报告的形式与大家分享。当然，也有少数拙作因种种原因而第一次公开与读者见面。只因本人学识有限，能力不逮，难免鹦鹉学舌。我之所以不怕贻笑大方而结集出版，并呈献给广大读者，主要是想借此激励广大同仁树立研究与探索历史教育教学的自信心，通过不断磨砺，成就教育，成就学生，成就自我！若是，我的目的就达到了。

　　不过，这里也需要说明一点：就今天发表与出版规范而言，《求法悟道》中的有些文章的材料引文和注释，包括我以前公开发表过的习作，是有明显欠缺的。因时间久远，本人工作单位又几经转换，原有的书刊与笔记业已散失；有些讲稿当时就没有发表之念，撰文时也就没有标注出引文的材料出处。凡此种种，现已无法补救，故所有引文或材料注释只能维持原样。若由此而带来谬误，或没有彰显原作者的研究成果，本人特在此致歉！并敬请原作者和广大读者谅解！

汪瀛

2018 年 6 月 26 日于株洲市第四中学

目　录
CONTENTS

01

盲人摸象

教师这一职业具有很大的特殊性，教育教学经验的积累需要相当长的时间。无论任何教师，在教育教学方面，都会有一个由茫然无知，到盲人摸象，再到从容自如的过程。茫然无知与盲人摸象并不可怕，可怕的是，明知自己在教育教学方面茫然无知，仍然不愿意静下心来，潜心学习与研究教育教学理论；仍然不愿意脚踏实地，以科学的教育教学理论为指导，在教育教学实践中持之以恒、扎扎实实地开展教育教学方法的探索与研究。

　　研究教育教学理论与方法，是提高教育教学质量的有力保障，是实现素质教育目标和全面提高教育教学质量的必然要求。如果没有广大教师深入探索与研究教育教学理论与方法，教育事业是难以得到高效发展的。

　　教师从事教育教学方法研究，一要多读书、读好书，除多读本专业著述与教育教学理论书籍外，凡社会、历史、文学、语言、哲学、天文、地理等文理科方面的书也要适当涉猎，兼收并蓄，不断积累，从中摸索出自己的研究课题和方向；二要坚持理论联系实际，在教育教学实践中不断反思，不断探索，不断总结，从而形成既适合教育教学发展需要，又能促进学生发展的教育教学方法，并形成独具特色的教育教学风格。

历史教学如何实现
"主导"与"主体"有机结合

　　教学过程是教师的教和学生的学组成的共同活动的过程。在教学过程中,教师是主导,是外因;学生是主体,是内因。如何充分发挥教师的主导作用和学生的主体作用,使主导与主体有机结合,外因与内因有机统一,在很大程度上影响着教学质量的提高。为此,我在历史教学中就这一问题进行了探索,并获得一些粗浅认识。

一、注重情感,激发兴趣,使师生心理活动有机结合

　　心理学理论告诉我们:人的认识活动和情感是紧密联系的,任何认识活动都是在一定的情感诱发下产生的。教学中,教师首先要培养学生丰富的情感,实现教与学之间情感的交流和融洽。教学中的"情",主要表现在教师对学生的热爱上。教师热爱学生,学生也会热爱教师,学生对他们心爱的教师所教的学科也喜欢学。这样师生之间不仅会产生情感上的共鸣,而且在追求真理上也会达到同步。每当接任新班的历史课时,我做的第一件事就是充分了解和研究学生的思想动态、爱好情趣等,积极参加学生组织的文艺晚会、踏青野游和各种体育比赛等活动,与同学生们打成一片,建立良好的师生情谊。对于个别所谓"头上长角、身上长刺"的学生,我则抓住他们的爱好,或下棋中,或游泳时,或散步谈天之际,相机对话诱导,诚心帮助他们解决一些合理要求和实际困难,消除师生间的敌对情绪,从而达到情感上的交流和融合,调动他们学习的积极性和主动性。这样,课堂上教师认真诱导,学生认真听课,积极思考,勤于质疑,课本中的疑难,在师生默契配合下化解于无形。

二、教师巧妙设疑与学生积极解疑的有机结合

俗话说,疑是思之始,学之由。"为学患无疑,疑则有进"。教学中教师设疑,学生才能有解疑之需。因此,这体现了教师主导作用与学生主体作用的有机结合。是不是任何问题都能激发学生思维呢? 答案是否定的。常言说得好:伸手就可以摘到的桃子总觉得乏味,跳一跳才能摘到的桃子吃起来方觉得香甜可口。据此,教师设置的问题要能激发学生思维的涟漪,具有一定的思想基础,富有启发性。我认为,下列设疑方法就能实现教师主导作用与学生的主体作用的有机结合。

首先,在"点子"上设疑。历史课本中的内容有重点非重点之分;有难点非难点之分;有关键语句非关键语句之分。因此,教师要注意在教材的重点、难点和关键点设疑,引导学生学好重点、突破难点、解决关键,这样其他内容也就容易解决了。例如讲授"动荡发展中的南朝"一课中的"士族"时,作为"士族"这一历史概念,对于初一学生来讲,显得抽象,难于掌握,是本节的难点。于是,我运用变抽象为具体的方法把这一概念变成几个具体问题让学生阅读思考回答:①士族是怎样形成的? ②士族在经济上和政治上享有什么特权? ③士族和庶族有何区别? ④士族的寄生性、腐朽性具体表现在哪些方面? 学生通过回答这些问题,加上教师小结,就不难掌握这一概念了。

其次,在衔接处设疑。社会历史发展既有它的相对独立性,又有它的系统连贯性。而中学历史教材基本上是按社会形态、地区、国别、朝代把它分成若干编、章、节和课来编写的,这就存在着前后编章节历史知识的衔接问题。教师要在知识衔接处设问,启发学生承上启下,沟通知识的前后联系。例如讲"西汉的兴盛"一课时,讲授新课前我先向学生提出这样几个问题:①自春秋以来到西汉建立之前,中国处于一个什么样的局面? 这种局面对社会生产有何影响? ②秦末农民战争爆发的原因是什么? ③秦末农民战争有何伟大意义? 这样,学生思维的积极性被充分调动起来。他们通过积极回忆前面学过的有关知识回答上述三个问题,从而为正确理解汉初休养生息政策出现的背景和实质奠定了基础。

再次,在联系处设疑。历史教材中互有联系的历史概念、典章制度、政治纲领和历史事件甚多,学生对此往往混淆不清。我在教学中就针对这种情况设问,引导学生动脑筋,准确地辨别它们之间的联系和区别,以获得正确的认识。例如讲授"清朝前期经济的发展和闭关政策"一课中"康乾盛世"这一历史概念时,我有

意识地提出:①什么是文景之治? ②什么是光武中兴? ③什么是开皇之治? ④什么是贞观之治和开元盛世? ⑤清朝康乾盛世与上述治世或盛世有何异同? 这样,不仅调动了学生思维的积极性,而且有利于培养学生的比较鉴别能力,准确掌握上述历史概念。

在历史教学实践中,我深刻体会到,教师不仅自己要巧设疑问,更重要的还需要启发处于主体地位的学生质疑,让他们在思想上存在迷惑疑团之点。我们要允许和鼓励学生质疑问难,当学生提出质疑后,教师要冷静考虑,合理处理,最好是组织学生讨论,引导学生从不同角度,加以探索,最后教师给予点拨启发,让学生顺利通过疑点。启发学生质疑问难的方法甚多,或质疑思路引导;或排列矛盾史实和观点;或提供反面材料和结论。例如讲授"和同为一家"一课时,我用小黑板板书质疑思路提示:①本课与"盛世经济的繁荣"有何关系? ②本课内容应与秦汉以来边疆各族发展情况进行比较分析。③注意唐朝疆界与今天中华人民共和国疆界的异同。于是,学生沿着老师提出的思路学习本课内容时就发现了不少疑问,提出了不少有质量的问题:①唐朝时边疆各族为什么都与内地通好? ②唐朝时的突厥、回纥、靺鞨、南诏和吐蕃,在唐朝以前称什么? 他们是怎样发展强大起来的? ③为什么今天的疆域比唐朝时的疆域要小? 于是,我引导学生回忆有关内容,联系本课内容并适当补充一些内容进行分析解答,从而使学生在积极思维中获得知识。

总而言之,设疑——鼓励质疑——引导解疑的过程,正是教师主导作用的表现;而思考求疑——大胆质疑——创造性解疑的过程,就是学生主体作用的体现。

三、教师精讲与学生精练有机结合

叶圣陶先生指出:"教师自始即不要多讲,而致力于导,使学生逐渐自求得之。"叶老的论述对我们历史教学有着重要的指导意义。教师要以导来调动学生的主动性和积极性,以导来发展学生的智能。但"导"不是说不要教师"讲"的形式,而是精讲。做到讲中有导,导中有讲。精讲包括两个方面的内容:即讲的内容精和语言精。内容精主要指讲清教材的重点、难点和联系点,讲述易于激发学生情感和学习兴趣的题材内容。但不是说凡重点、难点都得讲,也不是说课本外的不能讲。有助于激发学生学习兴趣,有助于思想品德教育,有助于学生理解和掌握教材内容的课外补充材料,如一分钟小故事、名人趣事,只要有利于学生学好教材、增进知识、发展智能和受到教育的都可以讲,当然要有个"量"的限度。而教师的语言精,主要表现在语言的准确、生动形象和简练上。教材中有一些难以直观的抽象的名词概念,如对这些知识的讲解拖泥带水,平铺直叙,学生会感到乏味,难于接受;而教师的语言如能达到"约而达,微而藏,早譬而喻,字字珠玑",再借助某些直观教具,教学就会收到豁然开朗的效果。

教师做到了精讲,所占时间少了,大部分时间可留给学生去动脑、动口、动手练习。学生的练习要精。为了减轻学生负担,提高学习效率,历史课的练习,一般主要在课堂上进行。为此,练习题设计要有代表性、典型性,分量要适度,难易有坡度,要加强中难度的综合性题目的练习,要注意培养能力、发展智力;题型、方式要多样,有趣味,使学生喜欢练和乐意练。这样,长此以往,学生就学得扎实,掌握得牢固,智能也不断加强提高。

在讲与练的关系上,我们要摒弃"讲深讲透"和"精讲多练"这两个不科学的口号。"讲深讲透",实际上是"一讲到底"和"满堂灌"的翻版,与教学改革精神背道而驰。"精讲多练"为题海战术提供了理论根据。我们的主张是"讲得适当,练得适度",实现教师的主导作用和学生的主体作用的有机结合,从而使"教"与"学"都收到最佳效果。

　　注:本文发表于山西教育学院主编的中文核心期刊《教学与管理》,1994年第5期。中国人民大学报刊复印中心《中学历史教学》,1994年第6期全文转载。后又收入《20世纪中学历史创新教学实验设计与探索全书》,内蒙古少儿出版社出版,1999年。

新课程背景下历史教学的"动"与"痛"

摘要：自主、合作、探究三大新课程教学理念，从一定角度说，就是要求学生在学习中"动"起来。但当今历史教学存在教学之"动"，不顾对象，只顾标新立异，忽视科学；只重智力，忽视情感态度与价值观教育之"痛"。要让全体学生在历史教学中真正有效地"动"起来，必须改变教师的教育教学理念，牢固树立让全体学生真正"动"起来的教育教学意识；形成系统、科学、高效的能让全体学生真正"动"起来的教学方法。

关键词：历史教学 "动" "痛"

自主、合作、探究被誉为新课程背景下教学改革的三大理念。从一定角度来说，自主、合作、探究的共同特点，就是要求学生在学习中"动"起来。只要我们深入考察当今中学历史教学，我们就可以发现：新课程背景下的中学历史教学与传统的历史教学相比，"动"是多了起来；不过这种"动"多在公开课、观摩课、示范课之中，日常历史课堂"动"得并不多，而且这种"动"多为少数学生"动"，有些虽然"动"了，但"动"得不科学。因此，如何让学生在历史教学中真正"动"起来，并且"动"得科学，这是很值得我们研究的问题。本人不揣浅陋，刍议新课程背景下历史教学的"动"与"痛"，旨在抛砖引玉，引起专家和中学历史教师对这一问题的重视。

一、历史教学中的"动"中之"痛"

自从新课程改革以来，应该说，广大历史教师在教学中越来越重视"动"了。这本来是一件可喜之事，但我们历史教学之"动"，也存在诸多之"痛"。我以为下列三个方面很值得我们关注：

第一，设计教学"活动"，不顾对象。

一些教师在培养学生创新思维能力时,往往不顾学生的实际能力,也不考虑教材的难易度,生搬硬套别人的东西,片面追求课堂里的热闹,整个教学设计充满着各种各样的活动:阅读、看影视、讨论、辩论、观察、表演、分析……忙得学生焦头烂额。在教师的牵制下,学生一会儿看书,一会儿抬头看录像,一会儿前后讨论、一会儿角色表演、一会儿展开辩论,而真正留给学生思考的时间很少。于是各种问题接踵而来,懒的学生是一点事情也没有,而想动脑筋的学生感觉忙不过来。同时,教师所设置的活动或问题,要么过于简单,要么过于复杂。设计简单时学生轻易就找出了答案,就会产生骄傲自满情绪,渐渐会对参与活动失去兴趣,对以后的教学产生不良后果;而设计复杂时,学生自己解决不了,难免会垂头丧气,对以后的教学也会产生负面影响。虽然说我们要培养学生的心理耐挫能力,但一个难题接着一个难题,对这些人生经历不多的学生来说,容易使他们失去自信心。因此不论是过于简单还是过于复杂设计的课堂活动,都必然使大部分学生闲置,局限了参与课堂教学"活动"的学生,不能使每个学生的潜力发挥出来,也就谈不上达到预期效果。从本质上说,这些历史教学之"动",是违背素质教育全体性原则的。

第二,设计教学"活动",只顾标新立异,忽视科学。

一些历史教师为了达到"创新教学"的目的,往往不顾历史科学性原则,任意标新立异。有这样一个案例:一位教师在讲红军长征时设计了这样一个问题让学生讨论:"红军从江西瑞金出发长征到达陕北,除了教材地图中所标的红军长征路线外,你认为红军到达陕北是否还有更好的行军路线?"教师设计这一问题的本意是为了调动学生学习的积极性,鼓励学生"动"起来,培养学生发现、发散、创新思维的能力。从这个角度来说,教师的出发点是好的。可以说,学生可以给我们无数个答案,也可以从瑞金画一条直线到达陕北,因为连接两点之间的距离直线最短。如果学生设计出这样高明的行军路线,教师应该为学生的"聪明才智"感到高兴,还是为红军的"愚不可及"而遗憾? 如果按照学生的"路线"行军,红军在长征中所表现出来的种种事迹与精神还有意义吗? 在这里,教师忽视了一个基本的历史真实——红军长征所走的路线是种种历史因素决定的,在当时历史背景下,它是最佳路线。长征路线不是哪个人随心所欲能任意改变的。

第三,只重智力之"动",忽视情感态度与价值观教育之"动"。

现在不少教师一提到新课程理念,他们所想到的就是知识与能力,过程与方法问题,对情感态度和价值观比较轻视。他们往往以培养学生能力、发展学生智力为中心设计各类历史问题,而忽视感情态度与价值观的教育。如有历史教师设计:"假如董存瑞拉开的炸药包没有炸,那会是什么原因,怎么办?"另一个是:"你能为董存瑞设计出一个更好的炸碉堡方案吗?"这种问题的设计与讨论,必然以发展学生智能为出发点,以损害董存瑞舍身炸碉堡英雄形象的教育意义而告终。还有一些教师因受现代一些不正确的"史学观点"、影视"戏说"和时髦"说书"的影响,竟然设计出:"郭沫若曾为曹操翻案,你能为秦桧翻案吗?""有人说李鸿章是一个改革开放者,而不是卖国贼,你能说明理由吗?"这些问题在情感态度和价值观方面存在严重问题,且令人触目惊心。历史教育是一门修身养性之学。上述设计不得不让人反思隐藏在案例背后的更深层次的教育问题:新课程理念下历史课的情感态度与价值观教育的严重缺失。历史课当重情感、态度与价值观教育。这既是新课标的要求,也是历史教育的使命,直接关系到人与社会的和谐发展。

二、如何让学生在历史教学中真正"动"起来

要学生"动"容易,但要让全体学生在历史教学中真正有效地"动"起来,不是一件十分容易的事。在这里,我们历史教师必须解决两个方面的问题:一是教师要改变教育教学理念,牢固树立让全体学生真正"动"起来的教育教学意识;二是要形成系统、科学、高效的能让全体学生真正"动"起来的教学方法。

从教育教学理念来说,让全体学生在历史教学中真正"动"起来,我们历史教师必须注意三个方面:

首先,教师要让爱意充满课堂,使学生敢"动"。

热爱每一个学生是教师的天职,让每一个学生感受到教师的爱、感受到被集体重视和关怀,更是教师的责任。课堂教学,绝不能简单地视之为传授知识,而是要面向全体学生,注意与学生的情感沟通,建立民主、平等、合作的教学观。要尊重和热爱每一个学生,尊重他们的主观能动性、创造性,建立起师生之间沟通的绿色通道。如教师在课堂交流中,要善于把充满爱意、期待的目光投向每一个学生,悉心观察他们的面部表情变化,从与他们的交流中捕捉"闪光点"或疑难点。然后放手让学生开展自我思考、自由探究等活动,充分尊重学生的人格和自尊心,重视学生的不同见解,鼓励学生大胆发言,创新求异,使学生积极主动地参与课堂教学的全过程。

其次,千方百计创设学生表现的机会,让学生能"动"。

历史课堂教学,全体学生能否真正动起来,在相当程度上取决于我们教师是否给学生创设了表现机会。由于受传统教育思想的影响,我们不少历史教师把历

史教学看作是教师展现才华的舞台,忽视学生在课堂上的表现欲望。于是出现了整个课堂教学,教师口若悬河、滔滔不绝、眉飞色舞,学生则呆若木鸡观看教师的表演,很少甚至于没有表现的机会。因此,教师必须转变课堂教育教学观念,在课堂教学中由居高临下变成平等中的首席,由滔滔不绝变成循循善诱的导师。教师要下决心改变"一言堂""满堂问"的教学形式,从教学内容出发,尽可能地为学生创造个别学习、组对学习和合作学习等有利于全体学生参与的教学组织形式,千方百计给学生创设表现机会,为学生参与教学活动创造条件,让每位学生都有表现的机会与空间。

再次,教师要学会等待,让学生充分地"动"。

由于历史教学课时少、教学任务重、教师学识水平有限等原因,我们不少历史教师在教学过程中,不能让学生充分地"动"。这既表现在学生解答教师自己设计提出的问题上,更表现在学生发现和提出问题上。研究表明,在学生思维的启动过程中,别人的,特别是教师的过早评价,往往会成为思维展开的抑制因素。因此,教师对于自己设计和提出的问题,不应期望全体或某一个学生马上就给出完整的答案,应该学会等待,学会诱导,学会让不同的学生充分表达自己的理解和认识。在此基础上,教师再给予科学、合理、以鼓励为主的评价。教师对于学生发现和提出的问题,宜先让问题提出者谈自己的思考,然后引导全体学生对问题进行探究,在此基础上再给予科学的解答,如果教师自己的已有知识不能解决学生发现提出的问题,也切忌有意回避,更不能斥责学生,应以探讨和鼓励的方式,留到课后解决。总之,教师在教学过程中,对于"问题的解决"一定要表现出极大的耐心,给学生以充分的时间,让他们驰骋联想,各抒己见。这样,学生才有"安全感""自由感",才会无拘束,无顾虑,自由发挥。学生是一个蕴藏着巨大潜能的教学资源宝库,只要我们充分相信学生、高度尊重学生、放手解放学生,我们的课堂就会充满生命的活力。

从教学方法论的角度来说,我们要让全体学生在历史教学中真正"动"起来,除了改变传统教育教学观念,树立新课程理念外,还必须改革历史教学方法。具体来说,应注意下列基本方法:

第一,让学生自述学习思路,引导学生行"动"。

任何历史现象、历史事件、历史人物,都有其自身发展规律,因此,学习历史也是有规律可循的。让学生在历史教学中"动"起来,教师应要求学生在学习每课历史知识时,先从宏观上理清其基本结构和发展演化线索,并让学生交流"我准备这样学习"的思路或方法,从而有效地拓展学生思路空间,促进学生发散思维。

第二,设计富有启发的问题,诱导学生想"动"。

设计问题是我们教师诱导学生思维和参与教学活动的重要途径。但并不是教师任意提出的问题都能实现这一目标。如"是不是""对不对"等问题,就往往导致学生"和尚念经,有口无心",难以实现开发学生智力和诱导学生真正参与教学活动的目的。实际上,要设计能真正诱导学生想"动"的问题并不是很难。如讲孙中山的三民主义"平均地权"时,我们就可因势诱导:"'平均地权'是否能理解为平分土地?为什么?"这一设问,表面上看十分平直,学生也容易望文生义。正因为有这一设问,学生不得不集中自己的注意力思考这一问题。因为在学生看来,按正常的思维习惯,如果本身就这么简单,老师是不会这样问的,其背后,肯定有老师的"阴谋"。于是,学生就不得不集中自己的注意力,以饱满的学习热情积极思考,努力探索,寻找适当的答案。

第三,尊重学生差异,鼓励学生自主合作,让学生乐"动"。

学生的自学思路确定后,教师要及时引导学生进行自主学习。教师在指导学生自主学习时,既要有一定的规范性,又要尊重学生的差异性,允许学生根据自己的实际情况选择自学重点,让每个学生体验我能学会、我能提出问题并解答他人问题。这样,学生对学习不再感到是一种沉重的负担,而是一种快乐的体验。在学生自主学习过程中,教师要注意不断观察学生的自学情况,当观察到学生基本读完课文,并产生与其他同学交流的愿望时,就要及时组织学生自由组合讨论,畅所欲言发表自己的学习心得与疑问。同时,教师还须及时参与到学生的讨论交流之中。在师生、生生互相质疑中进一步统一认识,求同存异。这样由师到生,再由生到师,师生互动,共同参与,学生的思维自然得到了发散,并从中不断学到良好的学习方法和解决历史问题的思想方法。这种师生互动、生生互动的合作与交流,对开发学生智力,培养学生能力,体验自主学习、与他人协作和交流的快乐,无疑具有重要意义。

第四,创设历史情境,让学生情"动"。

以学生个体的知识、经验和生活世界为背景,利用多媒体、图片及语言描述等手段,创设真实或仿真的学习情境,让学生身临其境,使学生获得生命的体验,以愉悦的学习促成学习的愉悦。特别是现代多媒体教学,很符合青少年的心理和认知特点,让历史通过图形、图像、声音、视频、动画等媒质,以多种形式呈现在学生面前,产生动静结合的画面和智能性启发诱导功能,使枯燥的历史概念、历史材料变得直观化、具体化,富有感染力,使学生在学习过程中的注意力、情感、兴趣等心理因素保持良好状态,有效地激发学生学习的兴趣和主动探索精神。

第五，联系现实生活，让学生悟"动"。

现实是历史的发展，不少重大现实问题都可以从历史上寻找到它的影子。如当今美国为什么对外总是推行强权政治？阿拉伯国家为什么与以色列水火不容，战火连绵不断？如此种种问题，都可以从历史上找到相关答案。生活在现实世界中的人，不论是谁，首先关注的当然是现实生活，然后才会关注历史与未来。因此，学生是否真正关注历史，是否在历史学习中真正"动"起来，在相当程度上取决于我们的历史教学是否有助于学生理解和认识现实。因此，引导学生透过历史感悟现实，是我们历史教师义不容辞的责任，也是历史教学应有之义。如果我们能用丰富的历史事实，形象地说明台湾自古以来就是中国的领土，用近代以来的相关史实，说明"台湾问题"形成的来龙去脉，我们就不难认识当今解决"台湾问题"的重要性，就不难认识中国和美国的对台政策，从中感悟解决"台湾问题"的迫切性和对中华民族振兴的重要意义。历史教师应将历史与现实有机联系，启迪学生的心灵感受，让学生在现实中谈历史，在体验中认识规律，在学习历史中感悟现实。

注：本文于 2007 年撰写于株洲市第四中学，曾在株洲市历史教学研讨会上通过报告的形式与全市部分历史教师交流；文中的部分内容也在不同的省、市教师培训活动中，以学术报告的形式进行过交流。

基于历史课堂观察的问题剖析和感悟

——我看历史"角色体验"教学

所谓历史"角色体验"教学，就是将学生置于某一具体历史情境之中，让其站在某一或某类历史人物立场上去观察历史，与历史进行心灵的对话，设身处地体验某一或某类历史人物的思想情感，理解历史事件或现象的生产和发展过程，即主体进入客体之中去想象客体，并加以模仿和再现，从而感受历史的生动，体悟历史的智慧，把历史的意蕴和观念融入自己的心灵。这是当今新课程改革过程中比较时兴和盛行的一种教学方法。

历史"角色体验"教学在历史新课程改革中之所以盛行，一是《普通高中历史课程标准（实验）》明确指出："历史学习过程是间接感知历史的过程，应培养学生感知历史的兴趣和方法，引导学生学会设身处地地进行历史想象和体验，加深对历史现象和历史人物的理解。"二是引导学生进行历史"角色体验"富有新意，使历史教学变"活"和更加有血有肉，能满足学生的好奇心、表现欲和自我价值实现的需要，激发学生的求知欲和参与意识，因而深受学生欢迎。三是受外国历史教学理论与实践的影响。美国斯塔尔在其著作《中学教学法》中指出："角色扮演是通过某个场面中参加者的角色扮演而使表演人自己和观众了解这一场面的未经排练的戏剧表现。"在美国，许多中学将角色扮演法运用于历史课堂教学中，从而为我们一些历史教师模仿提供了不少成功范例。

历史"角色体验"教学，确实为中学历史教学带来了活力。因为，它与传统历史教学方法（如讲授法）相比，更能引发学生的学习兴趣，更能满足学生身心发展需要，更能锻炼学生想象、记忆、理解、探索和认识历史的能力，更有利于培养学生集体协作观念，养成良好的情感态度与价值观。不过，历史"角色体验"教学功能的实现是需要相关条件保障的。依据本人听课观察与思考，一些历史教师在运用"角色体验"教学时，由于忽视相关条件，往往引发出种种问题，甚至与设计初衷背道而驰。现结合自己的听课观察与思考，就历史"角色体验"教学，谈三点感悟：

第一,学生在"角色体验"前,必须掌握其承担的某一或某类历史人物的有关事实、时代背景和身份。因为,就中学生而言,他们习惯于现实思维,忽视历史思维,往往把历史事件或现象当作现在发生的事件或现象,往往以当代的观念代替历史的思考,用现代人的是非标准去要求古人,用现在的社会环境去置换历史环境。但历史毕竟是过往的人、事和现象,今天的学生在"角色体验"前,如果对过往的人、事与现象缺乏相应了解,就很难走进历史的真实,获得真实的历史体验,更谈不上确保历史教育的真实性、实际性、完整性和深刻性。

例如:有一位历史教师在讲授"古代希腊民主政治"一课时,为突出学生的主体性,引导学生"体验"古代雅典的民主政治,教师设计了一个"记者采访"环节,有"学生记者"采访一位女学生:"如果你是古代希腊雅典的一位妇女,你对雅典妇女不能参加民主政治活动有何感想?"被采访的女学生回答说:"没有关系,我虽然不能参加雅典民主政治活动,但我的政治意愿可以通过我的丈夫来实现。"结果,教师和学生都对这一"精彩"回答给予了肯定,并报以热烈的掌声。然而,我听了以后却笑不出来。为什么呢?因为学生这一"体验"是错误的。她是以今天现实生活中的妇女在社会和家庭中的地位来代表古代希腊雅典妇女发言的。实际上,古代希腊雅典的妇女,无论是在社会上,还是在家庭里,其地位都是很低下的。正如生活在雅典城邦民主政治下的思想家亚里士多德所说:"有些人生来就注定应该服从,另有些人生来就注定要统治。""男子生来就属于上等,女子则属下等,前者治人,后者治于人。"(参见人教版历史必修Ⅰ,P25)在这种社会条件下,雅典妇女能有多少属于自己的民主政治愿望?她能向丈夫提出自己的民主政治愿望,并左右丈夫的政治愿望吗?

因此,在历史"角色体验"教学中,教师在引导学生"角色体验"前,一定要指导学生搜集足够的资料,或向学生充分介绍相关史实,帮助学生准确理解和体验角色,使之与历史史实相吻合。教师对于学生偶尔出现的不正确或错误的"体验",一定要进行及时引导与点拨,引导更多的学生参与"体验"辩论,使学生的"角色体验"步入正确的思维轨道,从而得出正确的历史认知。另外,引导学生"角色体验"要防止过于追求形式,如服装、道具等,它不仅浪费时间、精力,而且容易给人虚假做作的感觉,反而影响对角色内心思想的体验和表达。

第二,学生在"角色体验"前,必须拥有一定的正确历史观。因为,历史是一门"人学",历史教育的目的是帮助学生理解人的内在精神和外在行为是如何作用于人类社会、文化发展的;帮助学生学会做人,养成责任心,产生社会归属感;借助丰富的历史材料锻炼他们理解、分析社会问题,形成正确的人生观、世界观和价值观的能力。后人对历史人物、事件和现象的真实性与评价是受阶级、社会制度影响与制约的。任何国家的历史教育都是为本国、本社会、本阶级服务的。如果我们在引导学生进行历史"角色体验"时,缺乏正确的历史观指导,学生的历史"角色体验",就有可能步入歧途。

例如,有历史教师在评价历史上的李鸿章时,设置了这样的角色体验:"如果你是李鸿章,你承认自己卖国吗？为什么？"接着,教师请了几位学生谈一谈自己的"体验"。说实在话,任何一个学生也不希望自己是卖国贼,尽管他"代表"的是李鸿章。于是,学生甲说:"我不是卖国贼。因为,我签订不平等条约是被迫的,是慈禧太后要我去签订的。"学生乙说:"我不是卖国贼。因为,我大力办洋务,学习西方先进科技,就是为了使中国富强。我为中国近代社会进步做出过重要贡献,我怎么会主动卖国呢？"学生丙说:"我不是卖国贼。因为,中国在对外战争中打了败仗,签订不平等条约是没有办法的事情。我不签订那些不平等条约,别人也会代表清政府签订那些不平等条约。"面对学生如此回答,教师非但没有引导学生运用历史唯物主义史观进行分析纠正,而是肯定了学生"体验"。听后,我确实深感震惊。近年来,史学界关于李鸿章是否为卖国贼的问题,确实存在争议。但作为中学历史教学,如此"体验"评价李鸿章,我认为是错误的。因为,学生的"体验",在认识上忽视了下列重要问题:(1)什么是卖国贼？卖国贼就是出卖国家和民族利益之人。割地是卖国,丧失其他主权就不是卖国？出卖国家和民族利益多是卖国？出卖国家和民族利益少就不是卖国？(2)主动是卖国,被迫卖国就不是卖国？清朝皇帝卖国就不是被迫的？清朝腐败弱小打不赢就可以卖国？那么我们怎么去安抚哪些在甲午中日战争中英勇牺牲的英灵？以这种逻辑,甲午中日战争中英勇牺牲的英灵完全有理由不去为国捐躯而偷生,更不会有后来中国全民族抗战赢得抗日战争的伟大胜利了。实际上,古往今来,世界上哪个卖国者没有自己的"理由和苦衷"？没有原因心甘情愿地主动卖国,只能是精神病人！更何况清朝的腐败与衰落,李鸿章就没有责任？(3)签订卖国条约就可以赢得时间和机会使中国强大和富裕起来。事实上,世界上没有哪一个国家是靠卖国强大和富裕起来的。在国家与民族存在的情况下,任何理由都不能证明其卖国合理。(4)用李鸿章所做的贡献、所做的好事为其卖国做辩护。实际上,贡献是贡献,好事是好事,卖国是卖国,他们之间没有必然联系,丝毫不能证明李鸿章没有卖国。世上的坏人,难道就没有做过一件好事？更何况,好事的标准,在不同时代、不同人心中,是不一样的。正如我们没有因为毛泽东的丰功伟绩,而不否定"文化大革命"。法国也没有因为贝当是第一次世界大战时的民族英雄,而去肯定他在第二次世界大战时当德国法西斯的走狗(法奸)的正当性。(5)李鸿章不卖国,别人也会卖国。这能说明李鸿章不是卖国贼吗?以上分析,大家以为然否?

历史教育是一门修身养性之学。上述分析不得不让人反思隐藏在其背后更深层次的教育问题:一是我们历史教师功力不足和思想上的浮躁,它是当今社会一些人理想信仰淡薄和国家民族观念缺失的折射;二是新课程理念下历史课的科学性和情感教育的严重缺失。历史课必须强调科学性,强调情感、态度与价值观教育。这既是新课标的要求,也是历史教育的使命,直接关系到人与社会的和谐发展。三是混淆了史学研究学术争鸣与中学历史教育价值和功能指向。有些历史人物或历史问题,在学术上论争是可以的,但在中学历史教育中是坚决不可的。因为,中学正是人生价值观形成时代,不当的教育观不仅可毁灭学生一生,甚至有毁灭国家和民族的危险,这绝非是危言耸听。在国家民族存在的今天,任何一个国家和民族,都不应忽视爱国主义教育。否则,那将是非常危险的。我想,世界上没有任何国家在历史教科书或历史教学活动中肯定出卖国家和民族利益的行为。

第三,历史"角色体验"教学,应注意教学时间、空间与条件的限制,模拟历史现象必须注意其历史性、全面性和系统性,否则就不能在有限的教学时空里完成相关的教学内容,实现课程目标,并无形中加重了学生的课业负担。

例如:有教师在设计《罗马法的起源与发展》一课时,为引导学生"体验"感知罗马法,以模拟法庭的形式设计了四个审判"案例":

案例一:555年的一天,东罗马帝国的莫洛拾得耕牛一头,不久,他将此牛卖给科比(科比以为此牛就是莫洛的)。一个月后,邻村安东尼路过科比家,发现该牛正是自己家丢失的,便告到法院要求科比无偿返还耕牛。

请"法官"断案:科比是否应该返还耕牛?为什么?

案例二:查尔斯是一个仁慈善良的贵族,也是罗马一支军队的首领。生前立下遗嘱(公元前501年),把他一半的财产捐给那些跟随他作战死亡士兵的家人。但查尔斯死后,他的家人却不履行查尔斯的遗嘱,死亡士兵的家人因此告上了法庭。

"法官"大人,你是如何审判此案的?为什么?如果此案发生在公元前400年,法官大人又会做出怎样的审判?为什么?

案例三:古罗马大将恺撒进兵埃及,与美丽的埃及女王克丽奥一见钟情,两人还有了一个私生子。当恺撒归国执政后(前49年),克丽奥携儿子赴罗马与恺撒相会,并向罗马法庭为自己和儿子申请罗马籍。

请问:法官大人,你会判给克丽奥和她的儿子享有罗马籍吗?为什么?

案例四:卢斯是君士坦丁堡的一个经营航运的小商人,公元565年,他向高利贷大商人加图借贷5000枚金币,并立下了契约半年后归还6000枚金币,可是卢斯下半年经营不善,无力还钱。为此加图告上法庭要求剥夺卢斯的家产,并让卢斯家的20个奴隶成为他家的奴隶。

请问:法官大人,你会同意加图的要求吗?为什么?

表面上看,在本节课堂上,学生确实十分活跃,原告与被告,律师与法官,你来我往,唇枪舌剑,异常激烈,学生对罗马法似乎有了比较深入的理解,其主体作用也似乎得到了充分发挥。但实际效果并非如此。一是教师忽视中学历史课堂的时空限制,本节历史课因模拟审判的"案例"过多,教学没有在规定的时间完成,实际拖延约20分钟。二是作为公开观摩课,师生在课前尽管做过"充分"准备,但课后调查表明,学生并没有把握好本课历史知识体系,尤其没有认识到罗马法在维系罗马帝国统治中的作用,也没有很好理解法律在人类社会生活中的价值。原因何在?主要是师生太注重历史"角色体验"这一教学形式,过于专注"案例"审判过程的演练,而忽视了本课知识体系与课程目标达成。即使是"案例"审判,也是今天的中国式"审案",似是而非。因为,古代罗马法庭审判是不同于我们中国今天的法庭审判的,如学生所表演的古代罗马法庭审判,就缺少十分重要的一方——"陪审团"。因此,在运用模拟法庭形式引导学生进行历史"角色体验"时,一要先让学生了解历史上的法庭审判程序和有关规定;二要指导控辩双方准备相应的文件和证人证据;三要对法庭辩论的辩论过程与结果有足够的估计,并在模拟后进行必要的分析和引导,从而有效达成课程目标。

注:本文发表于《中学历史教学参考》2011年第1—2合期。本文还为中国人民大学主办的复印报刊资料《中学历史、地理教与学》2011年第5期全文转发。

中学历史史料教学四忌①

摘要：史料教学在中学历史教学中的重要意义是不言而喻的。但我们在选取史料进行教学时，应切实关注学生基础与史料的甄别，切忌偏听偏信，断章取义，主观臆断，慎防历史价值教育偏离正确的教育教学目标。

关键词：史料　断章取义　主观臆断　价值教育　求真

史料是历史思维的基本素材和对象，是历史研究的主要依据。离开基本史料，历史知识与历史研究就成了无源之水，无本之木。因此，历史新课程改革，大力倡导"在掌握基本历史知识的过程中，进一步提高阅读和通过多种途径获取历史信息的能力；通过对历史事实的分析、综合、比较、归纳、概括等认知活动，培养历史思维和解决问题的能力"②。当今中学历史考试，特别是历史高考，就大量引入材料（包括史料），借以考查学生理解材料，最大限度地获取材料中的有效信息，并对有效信息进行完整、准确、合理解读的能力。又因现代教育技术（多媒体等）走进课堂，为广大中学历史教师大量运用史料展开教学提供了良好载体。于是，材料（包括史料）教学就成为当今中学历史教学的重要特色，也是当今中学历史教学进步的重要表现。但无须讳言，当今中学史料教学中也存在不少问题。本人特以"四忌"为题，抛砖引玉，恳请方家指正。

一忌：断章取义，各取所需

英国著名历史教育学者唐纳德·汤普森指出："传统的历史教学几乎总是在描述或解说一个认同的或确定了的历史'事实'或历史事件，而极少深入运用各类

---

① 本文为湖南省教育学科规划课题《高中历史课堂教学生成资源开发与利用研究》阶段性研究成果，课题批准号：XJK015BJD032。

② 中华人民共和国教育部制订．普通高中历史课程标准．（实验），第4页．北京：人民教育出版社，2003.

资料。在这种传统的模式中,我们知道的历史是理所当然的;而至于我们怎样知道历史,则是学校历史教学中忽视的问题。"并且认为:"教师的重要活动之一是筛选和精简资料,对资料进行相当专业的评判,以便适用于学生,使他们能对资料进行充分的考虑,并在提出他们的想法时有效地运用资料。"①然而,我们一些教师在选择某些史料展开历史教学时,因种种因素影响,往往出于自己的教学需要,有意或无意地孤立截取其中的一段或一句,而不顾及史料的整体内涵,从而导致历史失真,甚至与原意相反。

例如,有不少历史教师在讲授"美国联邦政府建立"时,往往断章取义,取其所需,以《五月花号公约》来说明美国的政治传统和立国精神——自治、法治、民主。

材料 ……[我们]自愿结为一公民自治团体。为使上述目的得以顺利进行、维持和发展,亦为将来能随时制定和实施有益于本殖民地总体利益的一应公正和平等法律、法规、条令、宪章与公职,吾等全体保证遵守与服从。

——《五月花号公约》1620 年

问题:移民们打算在北美建立怎样的社会? 由此,你有何本质认识?

教师多引导学生得出如下认识:从《五月花号公约》开始,自由、契约(法治)、民主精神就成为美国人至高无上的精神与追求,为美国政治传统奠定基础。

实事求是地说,《五月花号公约》作为北美历史上第一份政治性契约,在其短短的几百字之中,"信仰""自愿""自治""法律""法规"等关键词几乎涵盖了美国立国的基本原则,将其视为美国政治传统基础并不为过。但教师在引用和解读《五月花号公约》时,至少存在两个问题:一是教师为了让学生形成"自由、契约(法治)、民主精神成为美国人至高无上的精神与追求,为美国政治传统奠定基础"的认识,省略了这一誓言前提:"吾等签约之人,信仰之捍卫者,蒙上帝恩佑的大不列颠、法兰西及爱尔兰国王詹姆斯陛下的忠顺臣民——为了上帝的荣耀,为了吾王与基督信仰和荣誉的增进,吾等越海扬帆,以在弗吉尼亚北部开拓最初之殖民地,因此在上帝面前共同庄严立誓签约。"②也就是说,签署《五月花号公约》的是

---

① 唐纳德·汤普森. 理解历史:程序与内容 // 于友西. 历史学科教育学. 北京:首都师范大学出版社,1999.

② 百度·百科:五月花号公约。

一群效忠于大不列颠、法兰西及爱尔兰国王詹姆斯陛下,并漂洋过海到北美弗吉尼亚北部开拓殖民地之人。换言之,他们的"自治""法律""法规"等约定,是建立在开拓殖民地和掠夺殖民地人民的基础之上。这一点,同样对美国产生深刻而深远的影响,美国的建立与扩张、美国建立后的内外政策均能充分证明之,如印第安人与黑人的悲惨遭遇等。二是教师有意无意地忽略了引文中"为使上述目的得以顺利进行、维持并发展,亦为将来能随时制定和实施有益于本殖民地总体利益"的指向解读。如"上述目的"是什么目的?"有益于本殖民地总体利益"是谁的利益? 教师忽略这些问题的解读,只引导抽象出:"从《五月花号公约》开始,自由、契约(法治)、民主精神就成为美国人至高无上的精神与追求,为美国政治传统奠定基础。"这是典型的断章取义,各取所需。其历史教育的消极意义,是不言而喻的。

二忌:选取史料,忽视基础

史料的选择是教学过程中运用史料的一个前提,只有选择好史料,才有可能很好地运用好史料,达到教师所设定的教学目标。我认为,史料教学应服从历史教学目标和学生实际学习能力。但因种种因素的影响,一些教师选择与运用史料教学时,往往只关注自己的"教"而不关注学生的"学",从而大大影响了史料教学效益。

例如,有一初中历史教师在讲汉武帝"罢黜百家,独尊儒术"时,开发使用了如下二段材料:

　　材料一　"……今师异道,人异论,百家殊方,指意不同,是以上亡以持一统;法制数变,下不知所守。臣愚以为诸不在六艺之科孔子之术者,皆绝其道,勿使并进。邪僻之说灭息,然后统纪可一而法度可明,民知所从矣。"

　　　　　　　　　　　　　　　　　　　　　　　　——《汉书·董仲舒传》①

　　材料二　"……诏曰:'盖闻导民以礼,风之以乐,今礼坏乐崩,朕甚闵焉。故详延天下方闻之士,咸荐诸朝。其令礼官劝学,讲议洽闻,举遗兴礼,以为天下先。'"

　　　　　　　　　　　　　　　　　　　　　　　　——《汉书·武帝纪》②

实事求是地说,这两段材料,确实生动典型地反映了汉武帝"罢黜百家,独尊

---

①　班固.汉书:卷五十六(第8册).颜师古,注.北京:中华书局,1964:2523.
②　班固.汉书:卷六(第1册),颜师古,注.北京:中华书局,1964:171-172.

儒术"的主旨与举措。但是,这位历史教师在这里犯了一个典型错误,那就是高估或完全忽视了刚进入初一的学生已有的历史知识与解读文言文史料的能力。运用史料教学不是目的,而是为了达成教学目标而采用的方法,考量史料教学的效果,最终要看史料运用的"结果",是否能够达到感悟史实和史料中蕴含的历史真谛,拓展认识视野,提高认识层次,提升生命境界的目的,而不是牛不吃草硬按头。因此在开发利用史料资源时,历史教师必须关注学生已有的知识与能力基础,关注学生的实际生活,关注学生的学习兴趣,关注学生的个性差异,做学生学习的促进者、引导者、帮助者。史料的选择与运用,必须有利于实现教师教学方式和学生学习方式的转变,使学生真正成为历史课程学习的主体。

三忌:主观臆断,价值偏离

价值教育,是关于价值取向认识与价值取向选择的教育。历史教育是一种认识教育。历史课程的终极目标是让学生通过历史学习,形成自己的历史认识,培养正确的情感态度与价值观。学史以明志,知古而鉴今。历史学习,就是把历史上不同时代人们的实践活动、思想、观点、学说和主张,一定历史时期的政治、经济制度,以及各种不同性质的历史事件,"提到一定的历史范围之内",审视其对当时社会所起的客观作用是积极的还是消极的,是推动社会进步还是阻碍社会发展的,是顺历史潮流而行还是逆历史潮流而动。"正确地和准确地描绘真实现实的历史过程"①,从而判断其历史作用的正负与大小,并"给历史以一定的科学的地位"②。马克思说:"'价值'这个普遍的概念是从人们对待满足他们需要的外界物的关系中产生的。"③历史的价值判断就是从价值视角去观察、衡量和决定历史文化的内容和资料对现实生活的意义。

例如,有教师在讲授"美国联邦政府建立"时,为突出华盛顿对美国民主制度建设的贡献和颂扬华盛顿伟大,精心做了如下教学预设与课堂展示讨论:

材料一 1781年,在华盛顿的领导下,美国军民打败了最后一支英国殖民军队,赢得了国家独立。华盛顿本人也获得了崇高的威望。当时,有人写

---

① 列宁.什么是"民之友"以及他们如何攻击社会民主党人?//列宁全集:第1卷.北京:人民出版社,1984:133.
② 毛泽东.新民主主义论//毛泽东选集.第2卷.北京:人民出版社,1991:708.
③ 马克思.评阿·瓦格纳的"政治经济学教科书"//马克思恩格斯全集:第19卷.北京:人民出版社,1963:406.

信给华盛顿,认为美国也应该像其他国家一样设一个国王,并鼓励他当美国国王,但这一提议遭到华盛顿的严词拒绝。他说:"我们的国家一定要彻底实行共和政体,如果不能遵循这一原则,试图采用其他政体,就是叛逆。"

——人教版《历史必修①》第40页

材料二　这是人类历史上第一次不依靠外在压力,仅仅依靠内心的道德力量就自觉放弃了在为公众服务的过程中聚集起来的权力。在它以前,人类历史上曾经出现过形形色色的逊位、下野、惧怕各种祸乱而"功成身退"的范例,在它以后,人类历史上还将出现无数以杀戮、屠城为代价而权倾四海的英雄豪杰,但有了这个范例,那些大大小小争权夺利、不惜弑父杀子的英雄故事黯淡了;那些装神弄鬼、沐猴而冠,一朝手握权柄就以百姓为刍狗,运用人民交付的权柄,就像运用自家厨房里的一根柴火棍的所谓"领袖""导师"黯淡了;那些大大小小的土洋奴隶主以各种美妙的名义取得"天下"而后千方百计延宕、推诿,甚至在垂暮之年还死死抓住权力之柄,就像抓住救命稻草的"救星""伟人"黯淡了……

——人民版《高中历史选修·美国国父华盛顿》教案

请依据上述材料,并结合所学知识,谈谈你心目中的华盛顿及感悟。

学生阅读这些材料后,争相发表自己心目中的华盛顿及感悟,歌颂华盛顿的伟大。"华盛顿不愧是美国国父,他是一位伟大的革命家和政治家。""美国幸亏有华盛顿,没有华盛顿就没有今天美国的民主共和制度,就没有今天美国的强盛。""华盛顿不当国王,说明他是一个道德高尚的人,是一个不迷恋权势之人。他的优良品德值得我们每一个人学习。"有些学生,甚至依据材料二而不惜贬损本国历史上的英雄和自己的领导人,叹息自己国家为何没有出现这样的伟人。而执教老师不置可否,一笑了之。或许,学生的这些言论,正是该历史教师课前预设目标之一吧。

正当我为这种不当的教学预设与生成感到不安时,一位学生大胆地表达了与众不同的认知与感悟。"最近,我有幸读了一些有关美国与华盛顿方面的书籍与文章。首先,我承认华盛顿是一位伟大的政治家,作为美国独立之父,他为美国的独立、民主确实做出了巨大贡献。其次,我想说,老师您向我们提供的材料存在片面之嫌,甚至是在有意引导我们歌颂华盛顿而贬损自己国家的英雄人物。华盛顿拒绝做国王,不是'仅仅依靠内心的道德力量',而是当时美国历史发展的必然。一是华盛顿缺乏当国王的法律基础,别忘了美国《独立宣言》明确宣布新独立的国家是一个美利坚合众国,是一个主张人人生而平等、法律至上的国家。华盛顿曾代表乔治亚州在上面签名确认。二是华盛顿缺乏当国王的制度基础。别忘了,独立后的美国,因主张各州自治的势力强大而只能建立一个结构松散、中央没有多少实权的邦联制国家。在这种历史条件下,华盛顿有力量建立自己当国王的世袭王朝?三是华盛顿缺乏当国王的群众基础。北美从17世纪起就建立了民主议会,并盛行地方自治,官员均为市民选举产生。同时,大陆议会与大陆军中一直存在着反华盛顿的势力。总之,华盛顿的伟大不在于拒绝本不存在的'皇冠',而在于审时度势,顺应历史发展潮流。最后,我还想说,我们在歌颂华盛顿的伟大时,不要有意无意贬损自己国家的英雄人物,不同的历史条件不同的国度所产生的英雄与伟人,不会因华盛顿而黯淡无光,正如我们不会因为自己在某些方面比他人差而失去自己的光彩。"整个教室掌声雷动,真没有想到,该班拥有这样优秀的学生。我为之惊叹,不由自主地为他的精彩分析鼓掌。可惜的是,授课教师由此而显得尴尬,并没有为这一生成而大声叫好,更没有深化这一教学生成。

四忌:偏听偏信,缺乏求真

真实的史料是史料教学的基石。何谓真实的史料,我认为,要弄清什么是真实的史料,首先要明确什么是历史?"历史是什么?我想说,历史有广义和狭义之分。广义历史就是指一切事物的发生、发展过程,包括自然史和人类社会史……通常我们所说的历史,是狭义的历史,即仅指人类社会产生和发展过程。""历史是过去的一种客观存在,他不以我们的意志而转移。"①那何谓史料?梁启超曾在他的《中国历史研究法》一书中对史料如此定义:"史料者何?过去人类思想行事所留之痕迹!有证据传留至今日者也。"②据此,本人认为,若仅从人类社会演进看,史料是指人类活动后留下的一种遗存。这种遗存,可能是实物的,也可能是语言文字纪录的。至于这些遗存能否用来研究某些具体历史问题,则要视所研究的具体历史问题而论。

例如,有不少教师讲授俄国十月革命时,在学生完成教材知识梳理与整合之后,往往引用下列三段史料引导学生展开讨论,旨在引导学生运用所学知识(主要为教科书中的"革命前的沙皇俄国"的内容),正确认识马列等经典理论或言论,以历史的视角辩证认识历史与历史人物的功过是非。

---

① 汪瀛.精彩·荒谬·效率——中学历史课堂教学探微.北京:线装书局,2012:5.
② 梁启超.中国历史研究法.北京:东方出版社,1996.44.

阅读下列材料,回答问题。

材料一　马克思和恩格斯曾经认为:社会主义革命在资本主义高度发达前提下全世界同时发生。

——《马克思恩格斯选集》第 1 卷

材料二　俄国早期马克思主义传播者普列汉诺夫《论个人在历史上的作用问题》中说:"俄国历史还没有磨出能烤制社会主义馅饼的面粉。"

材料三　列宁在分析俄国十月革命背景后认为:"假如没有战争,俄国也许在几年甚至几十年内都不会发生反对资本家的革命。"

——《列宁全集》第 24 卷

请你运用本课"俄国十月革命"的史实和其他所学知识,判定上述人物有关"社会主义革命"的言论是否正确,并说出你的判断理由。

初看这三段史料与所设计的问题,似乎感觉正常。如果较真,问题还不少。

首先,材料出处有错。如材料二,引者将其定为"普列汉诺夫《论个人在历史上的作用问题》"。我查阅该文后发现,根本没有这一观点。那普列汉诺夫这一观点出于何处? 我经过认真细致查阅,发现它出于普列汉诺夫《在祖国的一年(1917—1918 年言论全集)》①。其引文内容,也存在少许差异。原文应为"俄国历史还没有磨好将来要用它烤成社会主义馅饼的那种面粉"。不要小看了这一出处错误与表达差异,它直接关系如何准确评析普列汉诺夫其人其言。因为,《论个人在历史上的作用问题》是普列汉诺夫以基尔桑诺夫为笔名发表在彼得堡出版的科学和社会政治刊物《科学评论》杂志 1898 年第 3、4 期上,他从理论上总结自己在 19 世纪80—90 年代进行的、反对民粹主义者和无政府主义者策略思想的斗争。同时,材料三的出处也不对,它应出自列宁《列宁全集》第 30 卷。②

其次,材料三并不是马克思和恩格斯的合著观点,也不是著作原文。它应是对恩格斯的《共产主义原理》的相关论述的概括。原文为:"第十九个问题:这种革命能不能单独在一个国家发生? 答:不能……因此,共产主义革命将不是仅仅一个国家的革命,而是将在一切文明国家里,至少在英国、美国、法国、德国同时发生……它是世界性的革命。所以将有世界性的活动场所。"③实际上,这一差错,

---

① 普列汉诺夫. 在祖国的一年:1917－1918 年言论全集. 王荫庭,杨永,译. 北京:人民出版社,1985:207.

② 列宁. 论坚强的革命政权//列宁全集:第 30 卷. 北京:人民出版社,1985:27－28.

③ 马克思,恩格斯. 马克思恩格斯选集:第 1 卷. 北京:人民出版社,1995:241.

同样会影响学生对马克思和恩格斯的正确认知。

我认为，在日常历史教学中，为研究、揭示、说明某历史人物在历史上的功过是非，最好是选择该历史人物在历史上的活动或言论的直接纪录。如他当时的活动实录，他的著述、书信等。这些纪录或许不够全面，但更接近于历史真实，而不是他人对其思想的解读著述。因为，历史虽是过去的一种客观存在，"但对历史的感受与解读，则是人们的一种主观认识，他可能接近客观真理，也可能荒谬无比"①。那种只读他人的某些解读，就人云亦云和任意褒贬是欠妥的。当然，历史上的人物众多，能真正留下活动实录、著述、书信的并不多，很多史料都是因他人有意或无意的记录而得以保存下来。如某些亲历者的回忆录、笔记、日记等。这类史料，因记录者与被记录者，或人与事的关系不同、情感不同、所持立场不同等，其记录，尤其是某些细节的记录，有可能是正确的，也有可能是不正确的，或大相径庭，甚至完全相反或对立。如《论语》，并不是孔子亲作，而是其弟子，甚至再传弟子留下来的有关孔子言行的记录。《论语》所记录的孔子言行，究竟有多少是孔子真实言行，是值得我们存疑的。我们今天所说的孔子，大体上是孔子弟子眼里或心里的孔子。因此，我们在采用这类史料时，应对其进行研究与分析，由表其里，去伪存真，区别对待，切不可偏听偏信，人云亦云。从这个角度来说，我们最好是多读书，读不同观点，甚至观点完全对立的书。所谓兼听则明，偏信则暗是也。

注：本文发表于人民教育出版社主编的《中小学教材教学》，2016 第 10 期。本文还为中国人民大学主办的复印报刊资料《中学历史、地理教与学》2017 年第 1 期全文转发。

① 汪瀛. 精彩·荒谬·效率. 北京：线装书局，2012：5.

历史教学中板书设计初探

板书作为一种重要的教学手段,在历史教学中所起的作用是多方面的。板书既能帮助教师突出教学重点,突破教材中的难点,又能帮助学生掌握教学思路,提高逻辑思维能力,还能加强教学的直观性,集中学生的注意力,增强学生的记忆力和理解力。当然,板书这些作用是靠教师在认真钻研教材的基础上进行科学合理的精心设计来实现的。本文仅就个人学习和教学实践所得,对中学历史教学中的板书设计做一粗浅探求,以求教于专家和同仁。

一、紧扣教材,突出重点

历史教学中的重点,是指教材中最重要、最关键的知识,它在系统的历史知识中往往具有承先启后、沟通左右、统帅全局的作用。因此,在教学过程中,教师一定要借助直观板书,突出教材中的重点内容,帮助学生理解和掌握重点历史知识,为其形成系统的历史知识创造条件。突出重点内容的板书方法有四种:

第一、众星拱月法。历史知识,头绪纷繁,若无板书提纲,实难统领全局,没有重点也很难分清主次。因此,教师设计板书,多在"提纲"和"重点"上做文章,力求做到提纲挈领,众星拱月,要端醒目,以帮助学生掌握教材重点,形成系统历史知识。讲授《商鞅变法和封建制度确立》一节时,我便利用"众星拱月法"设计出如下板书:

一、战国和"战国七雄"

二、商鞅变法

1.商鞅变法的历史条件——新兴地主阶级的兴起和各国变法的开展

2. 商鞅变法内容

变法项目	废	立
废井田,开阡陌	奴隶制土地国有制	封建土地私有制
奖励军功	奴隶主贵族世袭制	以军功授爵
建立县制	奴隶制的分封制	中央集权制
奖励耕织	弃农经商旧俗	重视农业生产的新风

3. 商鞅变法的历史作用 $\begin{cases}(1)废除奴隶制,确立封建制\\(2)秦经济发展,成为七国中强国\end{cases}$ 灭六国基础

三、封建制度在我国确立

这一板书不仅突出了本节教材重点,而且揭示了教材的实质,加深了学生对教材内容的理解,为学生学好《统一的多民族的中央集权的国家——秦》创造了良好的条件。

第二,副板书法。板书有正副板书之分。正板书是按教材内容的次序编写的,它系统体现教学内容,突出教学的主题和教材的逻辑顺序。副板书是用于补充说明正板书的,其语句可长可短,形式不拘一格。副板书对突出教材重点甚为有效。如我讲授《工农运动的迅速发展》一节时,就是利用副板书来突出重点的:

正板书	副板书
一、工人运动的高潮	
1. 五卅运动	顾正红事件→"五卅"惨案→上海人民的三罢斗争→英日等国的屠杀和破坏→全国人民反帝斗争的高潮
2. 省港大罢工	邓中夏、苏兆征到香港领导罢工(1925.6.19)→"沙基惨案"(6.23)→建立省港罢工委员会(7月)→罢工胜利(1926.10)
二、农民运动的发展	
1. 广东、湖南的农民运动	彭湃,广东海陆丰
2. 农民运动讲习所	毛泽东,湖南,农民夜校,省第一次农代会广州、六届;武汉、毛泽东、中央农民运动讲习所
3.《湖南农民运动考察报告》发表	毛泽东、经典文献(1927年3月)

上述的副板书,不仅补充说明了正板书,突出了"五卅"运动和香港大罢工这两个重点,而且简明地理清了他们的发展线索,有利于学生深入理解和牢固掌握这些重要的历史知识。

第三,**表格法**。在中学历史教学中,设计表格式板书,将教材中的有关内容表格化,能化繁为简,使繁杂的历史知识条理清楚、重点突出。例如《战国时期的文化》一节的重点是"百家争鸣"。因这一目内容涉及我国战国时代的几个主要学派及代表人物的思想主张,内容繁杂,且比较抽象,学生往往混淆不清。因此,我在教学中除启发学生思维只作通俗讲解外,还设计了一个表格板书。具体做法是在"百家争鸣"条目下,先用红色粉笔按表格的形式依次板书"学派""代表人物""主张""著作",让学生带着这些问题阅读课文回答,然后一边分析讲解,一边板书表中内容,最后画出线条形成下表。这一表格不仅直观形象,使教材中繁杂的内容清晰地展现在学生面前,突出了重点,而且很好地完成了教学过程中师生的双边活动,启发了学生的思维,活跃了课堂气氛。实践证明,这种板书设计的教学效果是很好的。

学派	代表人物	主张	著作
墨家	墨子(翟)	"兼爱""非攻",主张节约,反对浪费、"厚葬",选贤任能	《墨经》
儒家	孟子(轲)	"民贵""君轻","仁政"剥削有理	《孟子》
儒家	荀子(况)	自然界变化有规律,人定胜天	《荀子》
道家	庄子(周)	鄙视富贵利禄,人不能战胜自然,"有用"不如"无用"	《庄子》
法家	韩非子	改革政治,不循古,建立专制主义中央集权,"法治"	《韩非子》

第四,**问答法**。这是一种设问、求答、释疑的板书方法。它以问答的形式出现,显示出归纳讲授内容的主要过程,点明了回答问题的步骤和答案要点,具有刺激学生求知欲,引起学生注意,调动学生思维的特点。

例如:讲授《北宋初期的农民起义和政治改革》一节时,为了突出王安石变法,我边设问,边板书,边诱导学生阅读分析寻求答案,然后归纳概括出答案要点并板书,于是形成了下面这一板书:

王安石变法

1.宋神宗为什么要委任王安石变法?

(1)背景:统治者面临严重的政治危机。

内部:政府收入不够支出,财政十分困难;农民起义在各地不断爆发。

外部:辽和西夏威胁北宋安全。

(2)目的:富国强兵,缓和阶级矛盾,挽救封建统治危机。

2. 王安石变法的主要内容是什么?

(1)富国:青苗法;募役法;农田水利法;方田均税法。

(2)强兵:保甲法。

3. 王安石变法取得了哪些成效? 为什么失败了?

(1)成效:兴修水利工程 1 万多处,灌溉田地 3600 多万亩;政府收入增加,军事力量增强。

(2)失败原因:用人不当;触犯了大地主、大官僚利益。

上述板书不仅结构严密、条理清楚、突出了教学重点,而且为学生思维提供了线索,有利于培养学生的阅读能力及历史思维能力。

二、巧妙设计,突破难点

教学难点是指教材中那些比较抽象,比较复杂,学生难于理解和掌握的内容。板书作为一种形象性的直观教学手段,在解决教学难点时,有时比语言的直观作用更好。在历史教学中,突破难点的板书方法主要有:

第一,比较法。没有比较就没有鉴别。比较法板书,能直观形象地帮助学生划清不同概念之间的界限,形成准确的历史概念;能区分不同的历史知识,巩固已有的历史知识;能进行某种思想教育,训练学生运用历史唯物主义观点的能力。例如:《西欧封建制度的形成和发展》一节中有"奴隶""隶农""农奴"三个概念,学生不易区别,常常混淆不清,是教学中的一个难点。于是,我就设计了一个比较式板书,帮助学生突破这一难点。

	奴隶	隶农	农奴
来源	战俘、债务、抢掠贩卖	奴隶、破产农民	奴隶、隶农、破产农民
政治地位	完全没有人身自由	比奴隶高,但可以买卖、转让	人格上依附于地主阶级,没有完全人身自由
经济地位	劳动产品完全被奴隶主占有	向奴隶主交租、服劳役、无财产	向地主交租、服劳役,有自由的经济

	奴隶	隶农	农奴
所处时代	是奴隶社会的主要劳动阶级	西欧奴隶社会向封建社会过渡前的劳动者	是西欧封建社会前期的主要劳动阶级

通过上述比较,学生就会认识到奴隶、隶农与农奴是性质不同的劳动者,隶农是由奴隶与破产农民转化而来,地位虽比奴隶高,但身份仍近似于奴隶,虽然他带有封建农奴的萌芽,但不能拥有财产。农奴是由奴隶、隶农和破产农民转化而来的。农奴在交租、服劳役之后,还拥有有限的经济,所以农奴的地位高于隶农,因而农奴比奴隶、隶农有较高的劳动兴趣,故封建社会比奴隶社会进步。

第二,**表解法**。表解法是以大小括弧的形式,将纲目及内容要点按纵向联系或逻辑关系组成一个能看出发展线索的结构图表的一种板书方法。这种板书有比较强的直观性,纲目清楚,要点明确,逻辑性较强,有助于突破教材中的难点。例如:《中国开始沦为半殖民地半封建社会》一节"鸦片战争的影响"一目,头绪多,内容杂,且特别是对中国社会性质的变化,不能从逻辑推理中形成鲜明的概念。于是,我利用表解法设计了下面的板书,利用启发式谈话法边分析边板书:

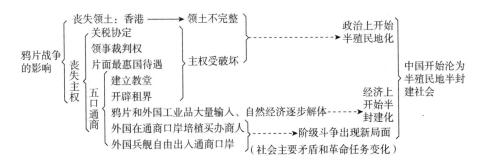

这一板书,不仅揭示了现象与本质间的联系,阐明了因果变化关系,便于学生深刻地认识鸦片战争使中国开始沦为半殖民地半封建社会这一历史概念,而且发展了学生逻辑思维能力。

第三,**简易图示法**。这是一种将大量的知识信息进行精心提炼,加工浓缩,然后将提出来的知识要点,借助于数码、符号、颜色等信号进行科学编排组合,来揭示历史事物之间的本质联系的板书方法。它的特点是生动有趣,直观形象,结构严密,逻辑性强,能表现教材中人物、事件、历史概念、典章制度等内容,有助于突破教材中的难点。例如:《革命根据地的建立和发展》一节,学生对"建立农村革命根据地,开展土地革命和武装斗争,是一条向农村进军积蓄革命力量,用农村包围城市,最后夺取全国革命胜利的道路"这一点不容易理解,往往囫囵吞枣。为了突破这一难点,我用了图示法设计了下列板书:

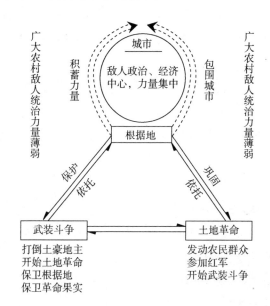

这一板书,科学地揭示了革命根据地、武装斗争、土地革命与夺取全国革命胜利的关系,使学生深刻地认识到中国革命必须建立农村革命根据地,农村是中国革命的落脚点,没有农村革命根据地,土地革命就不能坚持和巩固其成果,武装斗争也就失去依托,革命力量就无法发展壮大,因而也就无法最后夺取城市,使革命在全国胜利。武装斗争是中国革命的主要形式,离开了武装斗争就不能打倒土豪地主,就不能进行土地革命,根据地也无法存在。中国革命的根本问题是农民问题,不实行土地革命就不能发动农民群众,武装斗争就要失败,农村革命根据地也难以巩固和发展。这样,学生对毛泽东同志建立井冈山革命根据地,为中国革命开创了一条以农村包围城市、武装夺取政权的唯一正确的道路的历史结论就不再是囫囵吞枣了。

需要指出的是,简易图示法板书与挂起来的画片、图表等直观教具不同,它重在示意,因此要求外形简单明了,结构易于理解,画图迅速简便。不能为画图而画图,以免分散学生的注意力,浪费时间,影响教学效果。

三、准确科学，发展思维

板书内容准确是设计板书最基本的也是最重要的原则。为此，教师设计板书前必须认真钻研教材，准确理解教材，把握教材的整体结构，否则，就会造成不必要的失误。

例如：《统一的多民族的中央集权的封建国家——秦》一节中，秦始皇巩固统一的措施应包括"建立专制主义中央集权制度""统一货币、文字和度量衡""焚书坑儒""北击匈奴、修筑万里长城""南伐百越、凿灵渠、设置郡县"等。形成下面的板书：

秦始皇巩固统一的措施

1. 建立专制主义中央集权制度：皇帝→中央政府→郡(36)→县。

2. 统一度量衡、货币和文字。

3. 焚书坑儒(前213—前212年)。

4. 巩固和开发边疆。

北方→{ 派军北击匈奴
　　　 设置郡县、徙民实边
　　　 修筑万里长城

南方→{ 派军南伐越族
　　　 开凿灵渠
　　　 设置郡县、徙民与越族杂居

板书的科学性是指设计板书必须遵循历史教学原则和教育心理学规律。历史教学原则甚多，但与板书设计密切相关的是"按年代顺序系统叙述历史的原则"和"论从史出、史论结合的原则"。前一原则，要求教师在设计板书时要按年代顺序排列，以揭示历史发展的逻辑关系。例如"新航路开辟经过"的板书：

1415年，葡萄牙殖民者：欧洲 $\xrightarrow{\text{南下}}$ 非洲西北角

1487年，迪亚士：欧洲 $\xrightarrow{\text{南下}}$ 非洲南端好望角

1497 年, 达·伽马: 欧洲 $\underset{北上}{\overset{南下}{\rightleftharpoons}}$ 非洲好望角 $\overset{印度洋}{\rightleftharpoons}$ 印度

1492 年, 哥伦布: 欧洲 $\overset{大西洋}{\rightleftharpoons}$ 美洲

1519 年至 1522 年, 麦哲伦等人: 欧洲 $\overset{大西洋}{\longrightarrow}$ 美洲 $\overset{太平洋}{\longrightarrow}$ 亚洲 $\longrightarrow$ 非洲 $\overset{大西洋北上}{\longrightarrow}$ 欧洲。

这一板书不仅为学生理清了新航路开辟的基本线索, 便于学生记忆, 而且还能帮助学生加深认识新航路开辟的性质。新航路开辟到哪里, 西欧殖民势力就延伸到哪里。新航路是海上商路, 也是剑与火、血与泪之路, 更是西欧资本主义的发家之路。

论从史出、史论结合的原则, 要求教师设计板书既要有鲜明的观点, 又要有准确的史实说明观点, 做到观点与材料有机统一。例如为了让学生理解《汉谟拉比法典》的本质, 我先引导学生阅读本目, 概括出法典的主要内容并逐一板书, 然后诱导学生分析法典的主要内容, 从中抽象出本质结论并逐一板出, 于是形成了下面的板书。这对培养学生归纳、综合和抽象思维能力是极为有益的。

《汉谟拉比法典》——保护奴隶主利益的法典

1. 保护奴隶主的私有财产。
2. 保护奴隶主对奴隶的所有权。
3. 保护奴隶主对农民的剥削。
4. 保护商人和高利贷者的利益。

板书设计要遵循教育心理学规律, 主要是就学生的视知觉的整体性、选择性和理解性而言的。首先, 视知觉的整体性要求课堂板书的全部内容构成一个严密的整体, 切忌随意板书和残缺不全的板书。其次视知觉的选择性要求课堂的板书工整、醒目, 富于动感和颜色变化, 以强调突出某一重要内容或性质不同的事物和人物。再次, 视知觉的理解性, 要求教师在设计板书时注意知识的前后衔接, 以增强学生对新内容的理解。

例如讲授中国历史《氏族公社》一节时, 我设计了这样的板书:

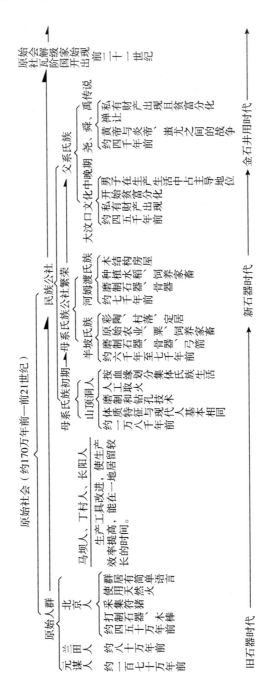

　　这一板书优点是：首先，板书以中国原始社会人类代表文化名称为经，以这些人类代表文化出现的时间和具体成就为纬，交织出一幅内容丰富和结构严密的中国原始社会图画。给学生在视觉上留下一个完整的印象。其次，板书利用红蓝彩色粉笔把整个板书内容有机地联结为一个整体,这不仅突出了重点,给学生在视觉上强烈的动感,发展了学生想象力,而且深刻地揭示了原始社会生产关系、生产工具的发展、演变情况及它们之间的关系,培养了学生的归纳分析能力,发展了学生的逻辑思维能力。再次,板书内容承上启下,不仅巩固了学生原有历史知识而且有利于理解《氏族公社》一节的新内容,也为学生学习和理解奴隶社会的历史知识创造了良好的条件。

发展学生思维能力的板书甚多,本文无法也没有必要去穷举论述。实际上,上文叙述的所有板书,都在不同程度上具有发展学生思维的功能。教学有法,但无定法。板书设计需要从实际出发,切忌只图形式而不顾实际教学效果的做法。

注:本文发表于课程教材研究所《课程·教材·教法》1988年第9期(总第59期);中国人民大学报刊复印中心《中学历史教学》第6期全文转载;后又被摘要收入《中学历史教学新论点》一书。

"导学案"设计的基本原则

"导学案"，顾名思义，就是引导学生自主学习、主动参与、合作探究的学习方案。当今课堂教学改革之所以盛行"导学案"教学，主要是因为它能较好地解决学生在教学过程中自主学习、积极参与、变被动学习为主动学习，进而提升课堂教学效率等一系列问题。

"导学案"作为学生自主学习的指南针、方向盘、路线图，教师能否编写出科学合理的"导学案"，将直接影响课堂教学的各个环节能否落实和是否高效，直接关系到学生学习的成败。因此，我们在编写"导学案"时，应注意遵循五个基本原则。

1. 目标性原则。即每个"导学案"，必须具体体现知识与能力、过程与方法、情感态度与价值观三维教学目标。如我们在设计问题引导学生自主学习时，一定要明确、具体地告诉学生看教材哪一页的哪一部分内容，要达到什么目标（包括内容与方法），自学完成后，教师将采取什么方式检查和评价反馈等。

2. 主体性原则。即"导学案"设计必须尊重学生这一学习主体，必须信任学生，注意留给学生自主学习与思考探索的时间，能让学生自主发展，做学习的主人，以充分发挥学生的主观能动性，使"导学案"真正成为引导学生自主学习的帮手。

3. 问题化原则。即"导学案"要力求做到"知识问题化"。因为，我们编写和使用"导学案"的主要目的，就是帮助学生有效地掌握学习内容和培养学生自主学习的能力。故"导学案"的编制，一定要有利于促进学生自主学习和激发学生思维，让学生在解决问题过程中体验到成功的喜悦。具体而言，就是将知识点转化为探索性的问题，通过对知识点的设疑、质疑、解释，以激发学生主动思考，逐步培养学生的探究精神，以及对教材的分析、归纳、演绎的能力。不过，这里需要强调的是，"导学案"所设计的问题不易太多和太碎，要注意由浅入深，由易到难，充分考虑学生的个性和认知规律；要注意所设计的问题应具有启发性，能引导学生阅读和思考教学内容，尽量少用填空的方式，以避免学生简单照搬课本内容。问题的叙述要简洁明了,能引发学生积极思考,使学生感到:要解决"导学案"中的问题不看书不行,看书不看详细也不行,光看书不思考也不行,思考不深不透也不行。如:你认为是怎样的? 你的判断依据? 你的理由是什么? 你发现了什么问题? 等等。

4. 分层性原则。即"导学案"必须适应不同层次学生的学习需要,创造人人参与的机会,激励人人参与的热情,提高人人参与的能力,增强人人参与的意识,让学生在参与中学习。因此,我们在编写"导学案"时,要注意将难易不一、杂乱无序的学习内容处理成有序的、阶梯性的、符合各层次学生认知规律的学习方案;要使优秀生能感受到挑战,一般学生受到激励,学困生也能尝到成功的喜悦。简而言之,就是让每个学生都学有所得,最大限度地调动学生的学习积极性,提高学生学习的自信心。

5. 课时性原则。即一课一案。不同的学科,不同的章节,其实际所需要的教学时间是存在差异的。教科书中有些章节的教学内容在一课时内是无法学完的,这就需要教师根据实际确定一节课的教学内容,分课时编写出"导学案",以增强教学的针对性,使学生的每一节课都有明确的学习目标,能有计划地完成学习任务,最大限度地提高课堂教学效益。

总之,"导学案"的编写要做到有利于学生预习,有利于课堂交流,有利于课堂展示,有利于课堂生成,有利于小结反思,有利于复习备考,有利于教师引导点拨。

注:本文于2013年5月撰写于株洲市第四中学,是为了落实学校"四导一评"课堂教学模式的构建所做的思考与探索,并作为学校编写导学案的基本原则。

引进·深入·走出

——历史教学三部曲

摘要:历史是一面镜子。从某种意义上来说,我们历史教师的教学任务,就是想方设法,巧妙地将学生"引进"历史、"深入"历史和"走出"历史,真正发挥这面镜子的作用。

关键词:引进 深入 走出

人类在走过历史的同时,更应该认识历史,用历史的功与过、是与非来观察与思考我们今天所要经历的一切。特别是中学历史教学,我们要让学生了解历史,认识历史,用昨天的经验与教训作为一面镜子,启示和领悟我们今天;用历史上的伟人品德与业绩,作为自己的人生典范。中学历史教学要实现这一切,就必须让学生从情、景各方面进入他们没有经历的丰富多彩的历史画卷,深入体验历史上人类的善恶美丑。同时,我们也必须让学生走出历史,了解这些历史变化的偶然性与必然性。将学生"引进"历史、"深入"历史和"走出"历史,就是我们历史教学的三部曲。

一、"引进"

如何将学生"引进"历史? 爱因斯坦说"兴趣是最好的老师"。如果学生对历史根本不感兴趣,自然无法将学生"引进"历史,也就更谈不上让学生"深入"历史和"走出"历史,在历史教学中培养出创新的人才,塑造他们自己的历史。如果学生有了学习兴趣的话,学习活动对他来说就不是一种负担,而是一种享受,一种愉快的体验。学生会越学越想学,越学越爱学,有兴趣的学习将事半功倍。相反,如果学生对学习不感兴趣的话,情况就会大相径庭了。俗话说"强扭的瓜不甜",学生在逼迫的状态下被动地学习,学习的效果必定是事倍功半的。所以历史教学的

第一步就是把学生"引进"历史,使他们想学、爱学。以下方法,有利于将学生"引进"历史:

1. 用神话传说、历史小故事引起学生的好奇

心理学研究表明,中学生具有好奇的心理特征。他们热衷于形象生动、趣味性较高的故事。可以说,没有哪一位学生课余不喜欢看影视动画片和传奇故事的;没有哪一位学生在课堂上不喜欢教师声情并茂地讲述历史故事。古今中外,历史故事无奇不有,从人类的起源,到历史人物、历史事件和历史现象,各种引人入胜的故事与传说不胜枚举。如"女娲造人""夸父逐日""卧薪尝胆""破釜沉舟""闻鸡起舞"、苏轼与"东坡肉"等。

2. 制作形象历史教具,引导学生进入历史情境

中国历史和世界历史教材中,介绍了许多古今中外的历史文物和古迹,历史教师若能仿制一些历史文物古迹,并在历史教学中加以运用,确实能收到意想不到的教育教学效果。如讲中国古代建筑这部分内容时,教师可以制作古亭、万里长城、北京故宫等模型。教师在教学中,利用这些模型,引导学生根据电视等媒体的画面,了解古代宫廷或民间的建筑艺术,并因势设问:"在悠悠岁月中,中国人不仅创造出了光辉灿烂的文化,也创造出具有浓厚民族特色的东方建筑。那么你想知道历史上有哪些著名建筑吗?它们有什么样的特点?"从而激发学生的求知欲。

3. 设问质疑,启迪学生思考

有人说,"问题是知识的心脏""问题是教学的心脏"。一个精心设计的"问题",一方面可以有效地帮助学生掌握相关知识,培养学生的能力和开发学生的智力,另一方面也可以激发学生的好奇心、好胜心,并努力克服困难完成相关教育教学任务。如讲授"义和团运动"时,教师就可以设置这样一个题目:义和团宣传"神灵附体,刀枪不入",并用以抗击装备精良的八国联军。有人说这是一种愚昧,也有人说这是一曲可歌可泣的英雄壮歌。你赞成哪一观点,为什么?又如讲授"曹操"时,教师可设置这样一个问题:在戏剧舞台上,曹操为什么总被扮演成一个白脸人物?

4. 利用影视录像,激活学生的思维

学生都喜欢看影视录像,而现在又有不少历史影视剧,他们描述了中外历史上的人物、事件和现象,有些真实可信,有些则面目全非,有些则真真假假,似是而非。这就为我们多角度利用这些影视资料提供了一个良好的条件。如我们讲玄奘西游印度时就可以播放《西游记》片段,通过录像激活学生的思维,《西游记》的唐僧取经,跟玄奘西游印度是不是一回事?

总之,引导学生"进入"历史,其目的就是激发学生内在的学习兴趣与学习动机,充分调动学生的求知欲,使学生从内心产生出"我要学"的欲望。当学生有了"我要学"的欲望之后,历史教师就得设法引导学生"深入"历史了。

二、"深入"

历史教师如何才能引导学生"深入"历史呢?

1. 在引导学生发现、研究、探讨问题中"深入"历史

教材中的历史知识、历史规律,虽然对人类是已知的,但是这些过程对学生来说是未知的。可以把这些知识设计成问题让学生去再创造、再发现。

如关于隋炀帝开凿大运河一事,教师可先创设这样的问题情境:有人夸他功劳不在夏禹治水之下,因为大运河开通后,南北交通方便多了。南方的稻米、丝绸源源北运,供给北方。至今大运河还在发挥作用。但也有人骂他是暴君,因为开凿大运河,加重了人民徭役负担,且开凿大运河的劳工,十分之四五因饥饿劳累而死。还有人说,"隋炀帝开凿大运河就是为了到南方扬州等地游玩"。请问,隋炀帝开凿大运河,究竟是好事,还是坏事? 我们应该怎样评析隋炀帝开凿大运河的功过是非? 然后让学生自选观点,通过查阅书籍、访问、调查等活动来收集资料证明自己的观点,最后通过双方激烈的辩论从而得出结论。

又如"郑和下西洋"这一内容,设计这么一个题目:郑和为什么能成功地实现远航? 有人说是因为郑和从小吃苦耐劳,养成了英勇无畏的气概。有人说是因为宋元以来,我国的造船业发达,能造出巨大的海船。试问,他们究竟谁说的对? 如果他们的说法是正确的,为什么郑和远航在中国历史上成为绝唱? 难道说郑和之后,就没有比他更吃苦耐劳和拥有英勇气概的人? 就不能再造那样的大海船? 如果不对,你认为是什么原因? 针对这个问题,展开小组讨论,在讨论中要求每位同学参与,做到"五动":一是动眼,认真阅读教材;二是动脑,分析教材、独立思考;三是动口,发表意见,阐述观点;四是动身,倾听别人的意见,启迪心智;五是动手,归纳、记录讨论结果。讨论结束后,各组各抒己见,全班集思广益,最后进行归纳点评,综合分析。

2. 在指导学生参观、访问等实践活动中"深入"历史

历史课堂教学是中学历史教学的主要途径,但不是唯一的途径。因为,仅靠

历史课堂教学,学生了解历史知识是有限的。为了丰富学生的历史知识,开拓学生的视野,历史教师应该想方设法、尽可能指导学生多参加一些参观、访问等了解历史的实践活动。如条件好的学校可以带领学生参观一些历史博物馆。历史博物馆存放了很多反映一个朝代或一个社会的政治、经济、文化、生活的文物。学生参观以后,教师可以就学生所看到的东西启迪学生去收集材料、去探索、去发现。如学生看到一些劳动工具,教师可以就劳动工具这一内容设置这样一个课题:古代人民发现了哪些劳动工具? 这些劳动工具对当时的社会发展起了什么作用? 在今天它们的命运又如何呢? 条件差一些的学校,教师可以带领学生参观一些庙宇和古代建筑,或者访问一些重大历史事件或现象的见证人。学生通过参观、访问,既增加了对本民族的政治、经济、文化的认识,又培养了热爱家乡的思想感情,强化了建设好自己家乡的愿望。

在第二步深入历史的过程中,有一个问题是教师应该注意的,那就是帮助处境不利的学生。学生有着不同的文化家庭背景,不同的认知方式,不同的兴趣、爱好和个性心理特征,所以学生之间必然存在着个体差异性。教师不仅要看到这种差异性,而且要关注这种差异性,尤其是要帮助和指导有特殊需要的个别学生,让他们尽可能获得好的发展。

三、"走出"

历史教学的目的并非单纯地回顾过去,更应引导学生"走出"历史,勇于面对和改造现实,并放眼于未来。培根说"读史使人明智"。所以学习历史不仅要学习历史知识,更要从历史中吸取经验教训,以史为鉴,指导我们今后的生活,塑造我们自己的历史。

1. 以史为鉴,学会求知

回顾历史可知,中华民族是一个富有创新精神的民族。中国历史上立志求知,不图富贵、不畏艰难、不为利诱、勇于探索、追求真知、坚持真理的思想家、科学家等,不可胜数。从公元 3 世纪到 13 世纪之间,保持了一个西方所望尘莫及的科学知识水平。我们的国家,是一个发明了指南针、火药、造纸术和印刷术的国家,是一个产生了张衡、祖冲之、毕昇等伟大科学家的国家,是一个产生了老子、孙子、孔子等伟大思想的国家……这样一个伟大的国度,后来为什么就落后了呢? 这与明清时期的封建专制主义的腐朽统治,八股取士、闭关锁国有关;也与近代不少中国人顽固守旧,不思进取,放弃了创新进取的努力有关;更重要的是因为外国资本主义的入侵,使近代中国社会失去了进行创新发明的重要条件、环境与基础。同时,中国在现代化的道路探索上,人们多关注"师夷之长技以制夷""中学为体,西学为用",引进先进国家的技术设备,甚至管理,机械地接受发达国家近现代化成果,没有从提高国民的整体素质、创建现代制度环境,提高国民的整体创新能力上做根本性努力。加之,几千年来束缚社会大众创新的各种桎梏没有从根本上彻底解除。于是,在科技和文化领域,我们被别人抛在了后面。今天知识经济的出现又为我们提供了一个赶超世界水平、实现民族复兴的巨大机遇,所以我们要抓住机遇,以史为鉴,学会求知。

2. 以史为鉴,学会做事

中国自古以来,就是一个反对清谈、讲究做事的国家,所以那些在历史上为中华民族做出过重大贡献的历史人物,如夏禹治水、李冰修筑都江堰、张骞"凿空"、班超出使西域、诸葛亮治蜀、顾炎武"经世致用"等历来为后人所称颂;而纸上谈兵的赵括则贻笑千古。凡是哪怕具有小学文化程度的中国人,差不多都熟悉一个古老的哲理故事——"田忌赛马"。这个以智取胜的故事已经过去两千多年了,他对于现代人还有什么意义吗? 应当说,依然意义重大。从今天的视角看,"田忌赛马"之所以成功,是知彼知己的成功,是扬长避短的成功,是最佳选择和巧妙安排的成功,是充满自信与以智取胜的成功。这不正是每一个现代人应具备的优良素质吗? 然而,非常不幸的是,今天许多学生的学习进入了为考试而死读书的误区,早已失去了"田忌赛马"转败为胜的灵气,甚至连做事的基本学识与一般技能都不具备,这怎么适应 21 世纪的需要呢? 所以要以史为鉴,学会做事。

3. 以史为鉴,学会共处

"天时不如地利、地利不如人和"。中国历来无论在治国还是在经商方面,都很重视"人和"。和为贵、和气生财,更是人们的口头禅。人活在世上,不论工作、学习和生活,都离不开与他人相处、共事。这就要求我们学会与他人和平共处,要多关心他人,积极合作,取其所长,补己所短,从而获得成功。在中国广为流传的廉颇和蔺相如的故事,就是人与人之间"和平共处"的千古佳话。蔺相如以其大智大勇维护了赵国的尊严,被拜为上卿,位在廉颇之上。廉颇极为不满,还扬言:"我见相如,必辱之。"蔺相如听说后,就尽力避开廉颇,以免冲突。有时在路上看见,蔺相如就赶紧让开车子转向躲开。蔺相如的部下甚为不满,纷纷请辞而去。蔺相如对部下说:"像秦王那样的虎狼之威我都不害怕,我还会害怕廉将军吗? 强大的秦国之所以不敢进攻赵国,是因为有我和廉将军在。我们相斗必有一伤,我之所以要这样让着廉将军,就是为了急国家之急,而不计较个人私仇。"这话传到廉颇耳里,最后廉颇"负荆请罪"两人成了刎颈之交,共商国家大业。可以说,蔺相如的谦让、豁达、大度、真诚,是他后来能与廉颇共处,为国为民建功立业所必需的品质。在今天,这个故事对我们来说,仍然具有重要的历史意义。20世纪末期,技术的高度发展使时间和空间距离大大缩短,人类居住的这个星球已浓缩成一个小小的村落。自我与他人之间、群体与民族之间、国家与世界之间、人类与环境之间,能否友好地相处已决定性地影响着整个世界的进程。中国的改革开放同样使我们清晰地认识到一个国家是不可能游离于世界体系之外的,而且每一个个人也不可能脱离社会。所以学会共处是我们要成为一个现代人、国际人、文明人所必备的素质。

4. 以史为鉴,学会做人

强调"做人",是中国传统文化教育的重要内容。历代留下来的有关做人的故事、格言、警句不可胜举。如管鲍之交、司马迁忍辱负重、魏征直言进谏等历史故事历来就为人们所传颂。但历史告诉我们,由于历史和人类社会的种种变迁,物欲的膨胀,世俗的影响,激烈的争夺,相互的蚕食,专制的束缚,思想的偏颇,人渐渐被各种污浊包裹起来,变得非人性了,出现了扭曲的人性、变态的心灵。于是地球上演出了一幕幕反文明的战争、浩劫、动乱等恶剧、丑剧。做人,需要去掉这些非人性、非理性的污浊,明白"人是什么""人应该是什么"。如今世界发展有两大趋势:一是全球化。全球经济向一体化方向发展,这种趋势越来越明显。各国在经济上的互补性日显重要。它不仅要求人们遵守一些共同的经济规则,也要奉行公认的道德观念。二是多元化。微观世界变得越来越多元化。人的不同生活方式、民族传统应得到尊重,人的个性、自主性、创造性要得到鼓励,人的权利要受到保护。人的发展应是自由、健康的、多种多样的,不应被禁锢或限制在同一模式之下。在这种趋势下,我们更应该从历史上吸取有关做人的道理,学做真正的人,学做适应人类进步、社会发展所需要的人。

学会求知,学会做事,学会共处,学会做人,是互相联系、互相渗透、不可分割的一个整体。我们可以通过求知、做事、共处、做人,塑造自己的历史。

江泽民总书记说过:"创新是民族进步的灵魂,是一个国家兴旺发达的不竭动力。"没有创新,就没有生气和活力。没有创新就没有创造,没有创新就没有发展。历史教学中的"引进""深入""走出",就是要学生由"要我学"变为"我要学",由老师灌输、学生"被动接受",变为教师巧妙"引进"、学生在教师指导下不断"深入",并最终自由"走出",从而科学地、创造性地塑造出自己的历史。或许,这就是"引进""深入""走出"历史教学三部曲的真谛。

　　注:本文发表于《现代教育报·教师周刊》2007年4月2日第24版"教育文汇"。发表时,因篇幅限制而有所删改。

浅谈历史课中学生认识能力的培养

发展智力、培养能力,是历史教学的一项重要任务,它与传授知识和进行思想教育是并行不悖、三位一体的。就能力培养来说,我认为历史课最根本的任务是提高学生运用辩证唯物主义和历史唯物主义的观点来观察、分析历史的能力,即认识历史的能力。学生认识历史的能力一旦形成,对指导学生认识今天、展望未来将起着不可估量的作用。下面,仅从三个方面谈点粗陋看法。

一、引导学生认识我国封建社会 经济繁荣和发展的原因

人类社会发展的基础,归根到底是经济发展、生产力发展的结果。衡量一个国家、一个民族先进与否,经济和生产力发展水平乃是重要的标志之一。例如,在讲授和复习秦汉、隋唐、明清的经济发展时,我们可以运用联系的方法,把教材本身有内在联系的内容(材料)有机地联系起来,通过课堂教学引导学生搞清历史发展的规律。举例来说,学习秦汉或隋唐历史,应使学生认识到:它们虽是四个不同的朝代,但它们之间有着紧密的联系,由于秦的暴政,倒行逆施,破坏了生产,违反社会经济发展的客观规律,激起了陈胜、吴广农民大起义,致使秦朝最终灭亡。西汉是在秦末农民战争的基础上建立起来的封建王朝,所以汉高祖刘邦在位期间,为了维护巩固其统治地位,采取"宽舒"政策,重视恢复和发展生产。他总结秦朝迅速灭亡的原因,认识到:事愈烦,天下愈乱;法令愈苛密,犯罪者愈多;兵马愈强大,反抗者愈多。专持暴力,不"除暴去苛",不使民"休养生息",恢复生产,是巩固不了统治的。因此,汉初先后颁布诏令,让士兵复员生产,免除若干年徭役;让战争期间逃亡的人回家,恢复原有田宅;把因饥饿卖身为奴隶的人释放为平民;下令减轻田租、算赋,其中算赋由一百二十钱减为四十钱,徭役也由每年一次成为三年一次。并以"无为而治"的黄老学说作为政治上的指导思想。汉高祖以后的几

代皇帝和宰相大都"治黄老之术",奉行"休养生息"政策,不到几十年,社会安定,生产发展,终于出现了"蓄积岁增"的"文景之治"盛世。同样,隋朝的统一为唐朝的繁荣打下了基础,隋末农民战争也与唐初的贞观之治密切相关。唐太宗李世民在总结隋朝灭亡的原因时指出,一个政权如果过分暴虐,使人民无法忍受,就必将被人民推翻,因此,他在位期间实行了一系列有利于发展生产的措施。经过十多年的努力,社会安定,生产迅速恢复和发展起来,出现了举世皆知的"贞观之治"盛世。历史教学如能注意通过反复引导学生发掘教材的内在联系,并运用它去观察分析我国古代几个封建朝代经济繁荣发展的原因,学生就会逐渐提高运用唯物史观认识历史的能力,并能形成下述三点认识:

一是前朝的农民战争的推动作用。汉、唐、明、清这几个朝代都是在前朝大规模农民战争推翻旧的王朝基础上建立起来的,而这些新建王朝的一些开国皇帝(或第二代皇帝)有的直接参加了这些农民战争和亲身感受了农民战争的威力,所以当他们执政后,必然会在统治政策和剥削方式上做出一定的调整,以适应当时的历史潮流。

二是统治者为了巩固其统治地位,必须调整政策,而这些政策的调整,有利于社会经济的发展。无论是汉初的"休养生息"政策,唐初的均田制和租庸调制及轻徭薄赋,还是明初朱元璋实行垦荒屯田、严惩贪污和控制豪强等政策,甚至还包括清初康熙帝推行的"更名田"和"地丁银制",所有这些朝代统治政策的调整,都顺应了当时历史发展,有利于经济繁荣和发展。

三是人民群众的生产积极性是社会经济发展的根本保证。经过大规模的农民战争的打击,新的封建统治者不得不暂时放松对农民的剥削和压迫,汉初的"十五税一""三十税一"和徭役三年一次与秦朝的"田租口赋盐铁之利二十倍于古""力役三十倍于古"相比,唐初的轻徭薄赋与隋炀帝时横征暴敛、滥用民力相比,无疑是一大进步。这样,劳动者的生产积极性提高了,从而使生产得到发展。明初经济的发展也与当时农民身份地位的改善密不可分。

二、引导学生认识历史人物的功过是非

重要的历史人物对历史发展有着重要影响,教师应引导学生进行正确观察和分析,对历史人物的功过是非有一个正确的认识。我们在讲授唐朝繁荣的经济时,不能只强调唐太宗的个人作用,而忽视当时的历史条件和农具改进的推动作用及广大人民辛勤劳动的作用。讲秦始皇,我们不能只强调秦的暴政,而有意无

意地忽视秦始皇建立我国历史上第一个统一的多民族的专制主义的中央集权的封建国家所起的重大作用和影响。我们必须引导学生运用辩证唯物主义和历史唯物主义的观点评析历史人物的是与非,既要关注其阶级本质,又要注意具体问题具体分析,运用具体史实帮助学生形成运用发展变化的观点评析历史人物的能力,使学生认识到:任何朝代都有它发展衰落的过程,人们是在这变化着的历史舞台上活动的。因此,历史人物的活动也会有一个发展过程,不会永远停留在原来的地方。像唐太宗这样一个复杂的伟大的历史人物,在教学中既要突出他之所以能够成为杰出的、进步的历史人物,是由于他顺应了历史发展趋势,但也要说明唐太宗的后期,政治上未能慎终如始,即使纳谏,也未再坚持下去,又东征高丽,劳民伤财。综合考察他在位 23 年,真正朝气蓬勃的时间也不过十多年,后来就走下坡路了。只有这样,才能引导学生在分析历史人物、事件的过程中,逐渐养成运用辩证的、历史唯物主义的观点来认识历史人物的能力。

三、引导学生认识历史上的改革和变法

我国历史上大大小小的改革和变法有几十次之多,帮助学生弄清楚这些改革和变法的历史背景,也是提高学生认识能力的重要方面。具体可抓住三点:一是在社会大变动时期,人们的思想及社会的政治和经济都在大变动之中。例如:春秋时期的管仲改革和战国时期的李悝、吴起、商鞅等变法,正是这一系列的改革和变法,使封建社会取代了奴隶社会。这便是上层建筑变革对经济基础起的反作用。二是在封建社会里,当一些新王朝建立之后,为适应当时的政治、经济发展的要求,为了国家的进步和社会的发展,大都进行了一些改革和变法。例如:教材介绍了秦朝初年,秦始皇为使刚建立的封建国家在政治和经济上相一致,并适应统一的多民族的专制主义的中央集权的封建国家的需要,对法律、度量衡、货币、文字、车轨等进行了改革;刘邦为巩固新的统治,一面实行"休养生息",一面废除了秦的苛法;曹操破除门第观念用人唯贤、屯田致富、统一北方;朱元璋改革吏治;康熙帝废除圈地,实行"更名田"等。这些改革和变法都是使新建立的王朝的上层建筑和经济基础相适应,以促使社会前进。三是当一些封建王朝遇到危机时,也即是上层建筑已阻碍社会经济发展,或经济基础已不再适应当时的统治需要,一些有所作为的政治家也会提出改革,以挽救封建统治。例如教材着重介绍了被列宁称为 11 世纪中国改革家王安石的变法,还有被称为挽救民族危机的戊戌变法运动。这样,学生便会逐渐树立经济基础决定上层建筑,上层建筑反作用经济基础

的观点;当经济基础和上层建筑不相适应时,不一定都要通过暴力革命,有的是通过改革和变法来使两者适应,它也能推动社会历史的前进。

总之,历史教学要使学生认识到,历史现象是极其复杂的,不能用一个模式生搬硬套,既不能割断历史"断章取义",更不能信手拈来进行"类比"。历史教学的任务是:既要把各种不同的改革(及改革家)做综合的考察、研究(找出共性),使学生认识改革是为了顺应历史发展的潮流,同时又要看到每次改革各具特点,千姿百态,所起作用及成败得失各不相同,进而引导学生运用历史唯物主义的锐利武器来学习历史、学好历史。

注:本文于1995年8月撰写于永州市第三中学。

引导学生感悟历史的几个问题

尊敬的各位领导、老师和同仁：

你们好！

按照湖南省中小学继续教育指导中心的安排，今天由我来给各位讲一讲当今中学历史教学中的问题，这既使我感到荣幸，也使我诚惶诚恐。我头上虽然有一个特级教师的光环，但实际上只是一个普通的中学历史教师，腹中空空，并没有多少学问。给各位骨干教师讲课，实在是班门弄斧，贻笑方家。既然领导要求我来讲，我也只好献丑了。下面所谈的几个问题，只是我在学习和实践中的一些粗浅想法，谬误一定不少，敬请领导、专家和同仁斧正。

一、历史教材缺乏让学生体验与感悟历史的材料

在长期的历史教育实践中，发现一个耐人寻味的问题，很多学生爱好历史，却不爱上历史课；爱看历史课外读物，却不爱读历史教科书。究其原因自然能找出不少，但我们的历史课太死板太僵化，我们的历史教科书太枯燥乏味，应是其重要原因之一。一句话，我们传授给学生的历史，从形式到内容，都与丰富多彩的历史本相和生动活泼的学生天性存在很大差距，历史课程在某种程度上存在着异化和扭曲的现象，直接制约着历史课程质量的提高。进入 21 世纪的历史教育改革，必须考虑的一个问题，应当是如何最大限度地开发学生学习历史的潜能，真正发挥学生的主体性，使学生通过历史课堂找到学习的乐趣，激起探究的激情，获得受用终身的体验和感悟。

历史教学是历史课程的实施，而历史教科书则是历史课程的重要方案。历史教学关注的是"怎么教"，而历史教科书则规定了"教什么"。二者共同构成了历史课程。课程的真实含义究竟是什么？长期以来，人们一直仁者见仁、智者见智。在我国，一般认为，课程即学科。但我以为，这种课程观有失偏颇，因为它把课程

视为外在于学习者的静态的东西,对学习者的体验和感悟不够重视。美国教育家杜威认为,课程就是学生在教师指导下所获得的经验。这种观点将学生置于课程的中心,重视学生在教学情境中自发获得的体验和感悟,有利于消除课程中"见物不见人"的倾向。长期以来,在计划经济状态下的历史课程方案(主要是教科书)是"专制"的、封闭的一方,而历史教学则成为被控制的一方,二者单向地、机械地发生关系,这样的课程就是制度课程。知识经济呼唤课程由"专制"走向民主、由封闭走向开放,使课程真正成为被教师和学生实实在在体验和感悟到的课程,即体验课程。唯其如此,课程才能走近历史本相,走进学生中间,为他们所喜闻乐见,为他们所主动接受,他们的主体性才能得到充分的发挥。

历史课程的两个方面,都离不开学生的实际。教科书在定位上,必须注意学生的年龄和心理特点、认识水平和认知规律,不能像培养历史学家那样,唯恐知识体系不完整,唯恐灌输的知识有缺漏。这样只能导致物极必反的结果,一方面严重束缚课程的实施,即教育教学改革中留给学生自我发展、自主探究的空间和时间都会受到局限;另一方面,使学生原本存在的对历史课程的好奇和兴趣受到抑制,造成学生通过我们的历史课程而讨厌历史课程的可悲现象。历史教科书应当着眼于培养合格的中学毕业生,而不是历史学家,应着眼于为学生终身学习和终身发展提供行之有效的思维方法,而不是尽可能多地灌输知识。没有必要搞得大而全、繁而难、深而透。历史教科书可以凭借线索清晰的历史轮廓、优美通俗的文笔、图文并茂的形式、活泼有趣的活动、启迪智慧的问题,为历史课堂教学推行研究性学习推波助澜,为学生体验和感悟历史营造一个宽松民主的氛围。

以抗日战争史为例,现行中学历史教材高中历史和初中历史都有这部分内容,然而这部分内容能否让学生体验与感悟中国抗日战争中所表现出来的中华民族种种优良精神、能否体验与感悟日本法西斯的种种罪恶则是另外一回事。

人民教育出版社主编的高中《中国近代现代史》下册,总共有11章,33节(课时),其中与抗日战争有关的仅有二章,六节(课)。这6节的具体内容是:第一章第三节"九·一八事变和抗日救亡运动的兴起",第五节"抗日救亡运动的新高涨";第二章第一课"抗日战争的爆发",第二节"日本帝国主义在沦陷区的殖民统治",第三节"国民政府的内外政策",第四节"共产党坚持敌后抗战和抗日战争的胜利"。这些内容,对于曾亲历抗日战争的人来说,看了这些标题就知道内容是什么,而且会勾起许多惨痛的回忆。可是对于中学生来说,他们就只能了解字面上的东西。那么,作为抗日战争这样事关我们国家民族存亡又对今后中日关系有着长远影响的重大历史事件,我觉得教科书未免写得太简略了,而且缺乏有震撼力的材料和思考题。譬如,日本企图"征服中国"的深远渊源,从田中奏折到甲午战争到二十一条,一字未提;日寇在我国南北各地大肆烧杀,用砍头、剖腹、挖心、肢解、火焚、活埋等极其残暴的手段杀戮我国军民的事实,也看不到集中的有感染力的记载;日寇在整整八年中对我国广大地区狂轰滥炸造成的惨重伤亡,日寇到处强奸中国妇女和捕捉中国妇女充当"慰安妇",日本战败后不赔偿不道歉反而倒咬一口……凡此种种令人发指的罪行,通通一字未提。书中有许多插图,可就偏偏没有采用那张有名的令人惊心动魄的日兵高举军刀劈杀我国平民的照片,也看不到象征着恐怖和死亡的日本军旗的狰狞形象。南京大屠杀只写了不到一千字,日寇对我国搞灭绝人性的细菌战范围之广、荼毒之烈也被大大缩小了。用这样的教科书来教育孩子们,当然收不到理所应有的强烈效果。据说,新版高中历史教材有关抗日战争的内容更少,这实在令人悲哀!我认为,关于抗日战争的历史教材,其重点是如实地记载日寇的侵略暴行和我国军民的英勇抵抗,思考题应重在探索日本法西斯何以如此惨无人道?中国为何发生这样的悲剧?它的教训何在?我们怎样防止历史的悲剧重演?只有这样,才能提醒孩子们毋忘日本军国主义的深仇大恨,激发他们的爱国主义热忱与树立振兴中华大志;而不是着重地论证谁积极谁消极、谁打得多谁打得少。即使要论证这些问题,也应以鲜活的史实来展现,而不是抽象的枯燥的几条说教。

二、历史课堂教学应多让学生体验与感悟历史

历史教学作为历史课程实施的一方,在知识经济大潮冲击下,面临着师生双方角色的转换。教师,过去一直被誉为传道、授业、解惑的园丁,园丁作为一种精神固然可喜,但作为一种工作方式则值得商榷,因为他忽略了学生的个体差异,漠视了学生的个体体验和感悟,仅仅将学生视为可以一视同仁任意剪辑的花草。人是知识经济状态下最宝贵的资本,正像土地是农业经济条件下最宝贵的资本、工厂是工业经济条件下最宝贵的资本一样,人的个性在知识经济时代必须得到张扬。我们的历史课堂应以张扬学生的个性为己任。衡量历史课堂教学的成败与否,不在于学生死记硬背了多少知识,考试得了多少分,因为信息爆炸、信息渠道拓宽、信息源头多元化,通过知识量的积累而不是质的飞跃来考查学生是不明智的,而在于学生能否通过我们的历史教学体验和感悟历史,亲身参与,主动探究,思考回味,合作学习,逐步树立终身受用的历史素养和历史思维方法。

不怕大家笑话,长期以来,除高三历史教学我比较注意学生的考试成绩外,高

一和高二的历史教学，我是不重视学生的考试成绩的。我常说，如果要高中学生在平时和毕业会考中取得好成绩并不难，只要你每节课把相关的知识点列出，要求学生背下，再做一些练习就行了。但这样的历史课实在是乏味。所以，我教的高一高二学生历史考试成绩并不是学校最好的。但我所教班级的大多数学生，绝对欢迎我上课。因为我给他们的不仅仅是考试成绩，而是诸多思想火花，获取知识、探索和思考历史与现实问题的方法。也许这些东西他们一生都不会忘记。实际上，人们所记忆的历史知识，特别是不感兴趣的历史知识，会随着时间的推移而淡忘。对于这一点，在座的各位领导与同仁应该是有深刻体会的。大家如果有兴趣，也可以去做一个实验——半年后，在不事先通知的情况下，用同一套会考历史试卷去测一下高二理科班的学生，其结果大家一定会目瞪口呆——不仅学生的成绩会大幅度下降，而且他们的名次也会有巨大的变化。大家想一想，拿会考的历史成绩来衡量学生，究竟有多大意义。不过，话又说回来，如今一点也不重视学生历史的考试成绩也不行，这不仅学校领导、学生家长会喊我们"下课"，而且我们自己也不会干，因为学校评先、评优、评职称，都得靠教学成绩。这或许是我们当历史教师的"悲哀"。当然，这里涉及如何考察教师的教学水平与成绩的问题，实际上是教育体制、考试体制和考评体制改革的问题。这是另外的话题，这里不便多说。

我曾看过这样一篇文章，文中介绍了美国一个历史教师所上的一堂历史课，课题是《美国独立战争》。教师预先设计的教学目标就是让学生感悟独立战争爆发的原因就是"长大了的孩子与蛮不讲理的家长的矛盾"。上课之初，教师宣布："今天要进行小测验，每人上来领一张白纸，交五美分。"学生听后，纷纷不满："一张白纸怎能值这么多钱？"教师严厉地说："不交不行！"学生们嘟嘟囔囔，有先有后交了钱，领到了白纸，不满和怨恨溢于言表。这堂课即将结束之际，教师将五美分退还给每一位学生，并宣布："花钱买白纸这件事不是真的，请写出你的感受。"这就是这堂课的检测题。这堂历史课足以令中国的历史教师耳目一新，甚至是瞠目结舌。教师精心策划的这种教学情境，可以使年幼的学生切身体验和感悟历史，领会美国的开国英雄们反抗英国残暴殖民统治和掠夺斗争的必要性，弘扬美国的爱国主义。其教育效果远非按部就班地讲授美国独立战争的背景、经过、结果所能比拟。

中国留美学者高钢曾经在一篇文章中谈到他 12 岁的儿子在美国学习历史课的情况："老师留给他们的作业是一串关于（第）二次（世界）大战的问题：'你认为谁对这场战争负有责任？''你认为纳粹德国失败的原因是什么？''如果你是杜鲁

门总统的高级顾问,你将对美国投放原子弹持什么意见?''你是否认为当时只有投放原子弹一个办法去结束战争?''你认为今天避免战争的最好办法是什么?'……学校和老师正是在这些设问之中,向孩子们传输一种人道主义的价值观,引导孩子们去关注人类的命运,让孩子们学习高屋建瓴地思考重大问题的方法。这些问题在课堂上都没有标准答案,它的答案,有些可能需要孩子们用一生去寻索。"在这里,教师扮演的角色只是学生学习的积极促进者、发现者、欣赏者和帮助者,学生真正成为历史教学的主体,他们自己动手搜集、考证资料,自己做出独具个性的独立思考的结果——答案。在没有统一标准答案的开放环境中,学生寻求答案的过程本身就是体验历史和感悟历史的过程,也是学生个性张扬、自信心强化的过程。尽管中国与美国国情和文化背景迥然有异,但科学真理是没有国界的,历史教学作为一门各国历史教育工作者共同探索的科学,同样没有国界。他山之石,可以攻玉,世界上一切先进的历史教育理念和方法,都值得我们理性地加以研究和借鉴。

现代教育充分重视学生主体的自由选择和发展的特殊性,提倡每一个学生都依据自身条件和客观需要去最大限度地发挥主体的能动性。历史教学应该以培养学生的体验与感悟作为终极的追求目标。我们的历史教学,长期以来,考查学生的趋同思维多,鼓励学生的求异思维少;考查学生的学习结果多,指导学生的学习过程少;考查学生显性的知识掌握程度多,促进学生体验与感悟少。造成这"三多三少"的根源,固然有顽固的考试模式在作祟,更重要的是很多历史教师教学观念的更新跟不上时代的步伐,习惯于因循守旧,故步自封,在一种"封闭"的教学情境中越俎代庖,不能构建教与学良性互动的现代教学机制。

历史教学是教师的教与学生的学的互动与统一,这种统一的实质是交往。教学过程是师生交往、积极互动、共同发展的过程。交往昭示着教学不再是教师教、学生学的机械相加,传统的严格意义上的教师教和学生学,将不断让位于师生互教互学、互惠互动,彼此形成一个真正的"学习共同体"。置身其中,学生的主体性、自主性和创造性不断得到开发和提升,学生从历史课程中生发体验和感悟,找到学习历史的兴趣,思考、诘问、评判、创新历史认知,个性得到最大限度的张扬,只有这样历史教学才能焕发青春和活力。

三、在讨论与探索中体验与感悟历史

课堂讨论历来被广泛地应用于历史教学,且被认为是思想教育的重要手段,也被看作培养能力的重要方面。通过近几年的工作经验总结,我深刻体会到传统教育观念没有错,但在新形势下我们要结合素质教育的要求,把更多的注意力倾注到学生身上,关注接受教育的主体,思想教育不是从书本出发,而是从学生已有的思想出发。如何从历史课的角度分析判断学生的思想情感,将是本题讨论的重点。

历史课堂上的讨论往往是针对某一历史事件或人物展开,评价其的功过是非是首要目的,进而使学生提高认识和觉悟。那么要想达到目的,其关键是什么呢?我认为是每个学生个体现有的思想水平。学生在讨论当中所体现的不仅是每个人的分析判断水平,更是他(或她)的情感、价值趋向和人生观、社会观。所以,一次真正的课堂讨论就是学生思想的一次自我表露。教师注重这种表露,就是对学生主体地位的尊重,同时也是更好地了解学生并与学生在思想上双向交流的重要方法。

例如,有一位教师曾就抗日战争史,组织了一次"抗日战争专题讨论"。他事先准备好若干问题,为了便于展开思路,在每个问题下面又设置了四个选项以供参考,并且事先声明答案不是唯一的。为了打消思想顾虑,他再三鼓动学生们,"把你的心里话讲出来"。其中有几个问题的讨论很值得深思,既反映了教学效果,也反映了这些学生的思想状态。

其一,关于汉奸问题。汉奸问题一直是中国历史的大问题,抗日战争中尤其突出。关于汉奸,学生通过历史教学和其他渠道了解了不少,因此这个问题讨论起来自然非常激烈。

在"汉奸"这个问题之下,他设置了四个小项:

A.汉奸是民族败类;

B.汉奸是个人原因造成的;

C.汉奸是社会原因造成的;

D.今天还会不会有汉奸。

不同的班级不同的学生回答差异很大。关于A,虽然多数人赞同,但是仍有个别同学不赞成。比如有的认为汉奸不一定是民族败类,他们有可能是被迫的,甚至将来可以再次为国出力,成为对国家有贡献的人。对于这类观点我们不能简单地认为是无知,或者是学生过于善良,实际情况正反映出在目前社会风气下很多人对原则立场和人格气节的轻视,回答问题的学生正是根据自己的主观认识得出以上结论的。回顾历史,我们会发现那些主张"曲线救国论"的汉奸败类十之八九以此为借口,这绝非简单巧合。当然,我们不必上纲上线地看待这个问题,但它是思想教育工作必须面对的现实,也是学生思想的"真情告白"。

关于 B 和 C,讨论的时间最长、参与人数也最多。观点分成两派,一派坚持认为汉奸是个人原因造成的。论据如下:当汉奸的人就是怕死,就是贪图富贵,就是只顾自己不管别人,总之应该自己负责。对于这种观点,我们不用简单化地肯定或否定,而是进一步提出问题,"如果是个人原因造成的,那么个人就不受社会的影响? 个人的思想意志不是社会环境造成的吗"? 针对这些问题相当一部分学生暂时回答不出来,但也有的反驳说,"虽然社会环境很重要,但个人的道路是自己走的"。另一派观点坚持认为是社会造成的,其论点更具有现实性。许多坚持"社会原因造成"观点的学生认为:很多人当汉奸是因为贫穷,而贫穷是社会造成的;也有的提出如下问题:"如果是社会原因造成的,那么为什么不是所有的人都去当汉奸? 倘若因为贫穷,那贫穷的劳苦大众为什么抗战到底? 而许多富人统治者却跑去当汉奸呢? 假如因为国家弱小,那么为什么有千百万仁人志士去救亡图存呢?"对于以上问题,坚持这种观点的应答者甚少,反对者倒是用它做武器,证明自己的观点。

讨论过程中,教师并没有立即提供现成的答案。因为,对于这些十四五岁的少年而言,这种讨论与其说是对历史人物的评价,不如说是对现实问题的理解。汉奸问题可能是一个遥远的事,然而像青少年犯罪等问题却很实际,说白了是一个如何做人的问题。至于把原因归于哪方面,恰恰反映了这些学生人生观和价值取向的不同。试想:如果讨论的问题是"造成青少年犯罪的原因是什么? (社会原因还是个人原因)",那么坚持以上观点的学生又当如何作答? 在讨论过程中有一个学生的回答给这位老师留下了深刻的印象。他是一名被认为"双差"的学生,而且家庭生活比较困难。讨论汉奸的成因时,他说:"这是社会造成的。因为社会对他们照顾不周,使得他们生活贫困,所以他们才去当汉奸。"尽管他的观点根本站不住脚,但他的说法却很耐人寻味。结合他自身情况,我们不难理解他的看法。特别是关于"社会对他们照顾不周"的说法,正反映了他自己的心声。他对汉奸的成因并不清楚,但他却对自己的生活境遇很清楚,当然也很不满。所以,由此及彼,这名十四五岁的少年把本来没联系的历史和现实相结合,得出了相应的结论。其实,我认为这种情况不是历史知识贫乏的结果,而正是现实生活造成的。事实上,这个学生在班内曾有小偷小摸的行为。主观上他给当汉奸找到借口,现实生活中他必然也给自己找到借口,这一切都是因为"社会照顾不周"。唯物主义历史观有一个基本观点,即"社会存在决定社会意识",群体如此,个体更是这样。当然,我并不将这个学生判断为不可救药。但是,我认为如果没有人去帮他改善生活状况,只是单纯地思想教育,恐怕很难使他的思想发生重大转变。

关于D,"今天还会不会有汉奸",回答也是两种观点都有。否定者认为现在生活好了,国家也比过去强大,所以不会有人去当汉奸。而肯定者更能联系现实情况,他们有的指出:现在生活好了,可仍然有人只顾自己,损害他人利益,这样的人就可能当汉奸。还有的认为那些贪污腐化的人在国家困难时会当汉奸。也有的提出那些生活困难的人如果得到好处可能会当汉奸。设计这个问题是为了引申前两点,更直接反映现实情况。否定者怀有美好愿望,从理论上得出结论。而反对者则从现实出发,表示了不无道理的观点。特别值得一提的是,把汉奸的成因归结为个人还是社会无论哪个方面,对于这一点都存在两种答案。可见不同程度的认识之间具有交叉性。有的学生虽然年纪小,但对今天的社会已经存在某种程度的担心。这是走向思想成熟的标志,但也反映了一些未成年人心中存在着社会的阴影。

其二,"抗日战争使中国损失最大的是什么"。他也提供了四个选项:

A.人口　　　B.尊严　　　C.财富　　　D.发展时间

对于这几项,我进行了充分研究,目的是反映不同程度的思想认识。

有的学生根据日军屠杀中国人民的事实(特别是南京大屠杀),选择了人口这一项;有的直接选择财富。总的来讲这两种认识是初步的,而且人数不多。更多的人选择了尊严,仅从这一点说明:多数人已经具有独立的人格意识,知道尊严的重要,同时能对"最大"这两个字有更加理性的认识。虽然年纪小,但多数人已能对民族存亡的大事用成年人的眼光看待,应该说这是时代特征的体现。不过,本题中最复杂也是难度最大的一项是"发展时间"。对于这种既新又"特"的观点,我在讲授相关内容时只是简单地提及。在6个教学班讨论中,有一名学生选择了这一点。该生平时就属于"有思想"的那种人,认识水平比较高。他发表意见是在教师讲授内容的基础上,自己重新组织,进行分析,提出了大胆假设,具有独创性。关于这几项论点,本无高下之分,但学生在表述中却体现了不同的认知层次。

其三,"日本侵华给你印象最深的是什么"。

这里,教师没有提供具体的选项,而是让学生根据自己的印象直接回答。多数答出了像"南京大屠杀"或是"731细菌部队"等大众化的答案。当然,这是顺理成章的答案。然而,只有一名女生根据所学知识,认为"奴化教育"和剥夺中国人民的思想意识,给自己的印象最深刻。如此答案,对于高一的学生来说真是难能可贵的。因为,她已从肉体等物质层面看到了更高的精神层面,明白精神侵略(文化侵略)比武装侵略危害更大。

综上所述,我们通过分析可以看到:在历史课讨论发言时,广大学生都会在自己现有的思想水平上,有意无意地从现实情况出发,对历史人物或事件做出评价。他们直接表达自己的心声,多数人已具有相当的分析和判断能力。从历史的角度看,历史人物和事件是客观的,而判断历史或评价历史又是主观的。学生作为学习历史的主体,同时也是主观的。尽管学生年龄小、涉世不深、经验少,但他们仍是一个独立的认识主体。承认其主体地位是尊重事实、搞好教学的第一步。早有先哲讲过,"一切历史都是当代史",都是当代人对历史的重新认识,尚处于少年的学生亦不例外。当然,从以上几个事例中,我们也可以看到作为21世纪的学生所具备的新特点。首先,自我意识强。表现在:具有独立的思维能力;敢于标新立异,提出与众不同的观点;考虑问题多从自我立场出发。其次,认识问题有层次、有深度,个别学生具有超前意识。再次,成熟度提高。反映在一些学生思想上早熟,说明社会状况对学生的思想影响正逐步加深。如果把以上几个方面结合起来看,那么要想上好历史课必须首先了解学生,而这种了解不只是知识结构的,更是思想感情的。分析和理解学生的思想状况,是师生双向交流的前提,也是贯彻思想教育的第一步。我的努力只不过是抛砖引玉,只要探究下去,更大的成果将待我们去收获。

    注:本文为2005年10月本人在湖南省基础教育新课程培训班上的专题讲座文稿的一部分,原题名为《感悟历史和历史研究性学习中的几个问题》。其中,《历史研究性学习中的几个问题》已收入拙著《高中历史新课程教与学》一书,故本书不再重新收入。

历史教学中如何引导学生发现问题

教育部考试中心颁发的《2017年普通高等学校招生全国统一考试大纲·历史》明确指出:历史学科将"注重考查在唯物史观指导下运用学科思维和学科方法发现问题、分析问题、解决问题的能力"①。就中学历史教学"发现问题"而言,我们至少要解决两个问题:一是何谓历史学科中的"发现问题"? 本人以为,历史学科中的"发现问题",主要是指历史研究者或学习者,依据自己掌握或外界所提供的历史材料(或历史信息源),从中发现历史上存在着的并符合自己研究或认识历史所需要的、有价值的历史问题信息。二是历史教师在日常教学中如何引导学生发现历史材料中所隐含的历史问题。本人不揣浅陋,主要围绕历史教学中如何引导学生发现历史问题的一些不成熟想法与做法,以求教于方家。

一、情境发现法

学生"学习历史是一个从感知历史到不断积累历史知识,进而不断加深对历史和现实的理解过程;同时也是主动参与、学会学习的过程"②。所谓"情境发现法",就是教师在历史教学过程中,有目的地引入或创设一定的历史情境,引导学生感悟历史,进而运用已有知识智能发现历史情境中存在的问题,通过积极思考,独立探究,理解历史和深刻认知历史,并帮助学生逐步形成发现问题和解决问题的能力的一种教学方法。

例如:当今不少教师在讲授"美国联邦政府建立"时,常节选《五月花号公约》中的相关内容,并通过"移民们打算在北美建立怎样的社会"之类的问题引导,旨

---

① 教育部考试中心. 2017年普通高等学校招生全国统一考试大纲(文科). 北京:高等教育出版社,2016:133.

② 中华人民共和国教育部制订. 普通高中历史课程标准(实验). 北京:人民教育出版社,2003:4.

在说明美国早在建国前就拥有自由、契约(法治)、民主精神,并成为美国人至高无上的精神与追求,为美国政治传统奠定基础,是美国 1787 年宪法的历史渊源所在。实际上,这一做法是存在断章取义之嫌的。① 针对这一状况,也为了培养学生发现问题和解决问题的能力,我则做了如下设计调整:

阅读下列材料,你从中发现和感悟到什么?

五月花号公约

吾等签约之人,信仰之捍卫者,蒙上帝恩佑的大不列颠、法兰西及爱尔兰国王詹姆斯陛下的忠顺臣民——为了上帝的荣耀,为了吾王与基督信仰和荣誉的增进,吾等越海扬帆,以在弗吉尼亚北部开拓最初之殖民地,因此在上帝面前共同庄严立誓签约,自愿结为一公民团体。为使上述目的得以顺利进行、维持并发展,亦为将来能随时制定和实施有益于本殖民地总体利益的一应公正和平等法律、法规、条令、宪章与公职,吾等全体保证遵守与服从。

——百度·百科:五月花号公约

学生经过阅读感悟,便不难发现:①乘"五月花号"远涉重洋到北美去的是一群效忠于"大不列颠、法兰西及爱尔兰国王詹姆斯陛下的忠顺臣民"(存在忠君思想)。②这群人到达北美的终极目的,是为了在弗吉尼亚建立从属于英王的殖民地。这已为后来他们的所作所为的历史事实所证明。③这群人签署"公约"的目的,是为了确保他们顺利建立殖民地,并维护殖民地总体利益和实现利益均沾。这些殖民理念,深刻影响着后来美国历史的发展。④体现了"民主""公正""契约"等精神,即以契约确保公平和平等。⑤成为美国 1787 年宪法制订的重要历史渊源。

为继续培养学生发现和解决问题的能力,我在上述基础上,还向学生展示了另一版本的《五月花号公约》:

五月花号公约

我们所有在下列文件上签署姓名的人……是为了荣耀上帝的神明、传播基督的信仰和我们国君的荣誉而远涉重洋,(我们)立志在弗吉尼亚北部地区建立第一个殖民地;我们在上帝和相互之间面前共同而神圣地宣布:为了建

---

① 汪瀛. 史料引用与解读之偏颇——以《美国联邦政府的建立》教学为例. 中学历史教学,2017(2).

立良好的秩序,保护我们的生命,推进上述的目的,我们在此立约组成一个公民的政治实体(a Civil Body Politick);我们将不时地实施、制定和建立那些(在我们)看来是最有效的和最有利于殖民地共同利益的公平的法律、法令、宪法及官员,我们承诺将服从和遵守这些法律和官员的管理。

——王希《原则与妥协:美国宪法的精神与实践》第 20 页

　　学生通过阅读,对比前一版本,也不难发现与感悟出:①王希著作中的翻译表达与百度百科翻译表达有所不同,但含义没有本质变化。②王希著作引用的《五月花号公约》,有意省略了百度百科翻译中的"信仰之捍卫者,蒙上帝恩佑的大不列颠、法兰西及爱尔兰国王詹姆斯陛下的忠顺臣民"与"平等"等内容。③王希著作中的翻译之所以省略相关内容,有可能是为掩盖这群人的"忠君"思想,以便更好地体现他们的自由、民主、法制(契约)精神,从而说明美国的自由、民主、法制精神的源远流长。

　　我想,上述做法,比单独节选《五月花号公约》中的相关内容,断章取义说明《五月花号公约》的"自由、契约(法治)、民主精神已成为美国人至高无上的精神与追求,为美国政治传统奠定基础",更符合历史实际,更能培养学生发现和解决问题的能力。

　　创设历史情境,引导学生的方法很多。或利用历史知识中隐藏着的矛盾事实;或利用学生讨论中对某一问题发表的不同观点;或通过介绍史学界对某一历史问题研究的不同观点;或有目的地将历史与社会现实加以有机联系;或引导学生深入观察和深刻理解各种矛盾的历史事实和社会现象;或针对学生难以认识理解的史实;或借助各种教学手段和现代化教学设备,生动地再现历史场景;或通过对历史事实的假设和对假设的检验,等等。

二、比较发现法

　　没有比较,就没有鉴别。"通过对历史事实的分析、综合、比较、归纳、概括等认知活动,培养历史思维和解决问题的能力。"[1]这是高中历史新课程的重要目标之一。所谓"比较发现法",就是教师在历史教学过程中,将有一定关联的历史现象、历史人物、历史事件等材料组织在一起,引导学生比较阅读或观察,发现和感

---

① 中华人民共和国教育部制订. 普通高中历史课程标准(实验). 北京:人民教育出版社,2003:4.

悟其异同,分析其缘由,从而把握历史发展进程的共同规律和特殊规律,认识历史现象的性质和特点的一种教学方法。

命制历史比较题,考查学生比较发现和解决历史问题的能力,是高考历史试题命制的常态。比较典型、难度大、学生得分率低的试题,莫过于2013年全国Ⅰ卷第41题"地图比较题"和2014新课标全国1卷第41题"目录摘编题"。前者,为显性比较,难在学生比较观察、分析历史地图能力差;后者难在隐性比较和学生历史学科思维不到位,当年不少考生竟然从语文学科的思维角度提出了"修改目录"的种种建议,有的甚至变为"修改病句",实在令阅卷者啼笑皆非。为防止悲剧重演,也为了培养学生比较发现问题的能力,我曾利用这两道高考历史试题融入我的历史教学之中。

例1:在讲授"从汉至元政治制度的演变"时,为说明我国古代地方行政区划的变化,我利用了2013年全国Ⅰ卷第41题"地图比较题"引导学生发现:

历史地图包含地理、政治、经济、军事、文化等众多信息,这是不言而喻的事。那么,第41题包含了哪些信息?依据这些信息能说明哪些问题?我们不妨对其进行一番发掘。

41.(12分)阅读材料,完成下列要求。

历史地图包含了政治、经济、文化等多种信息。

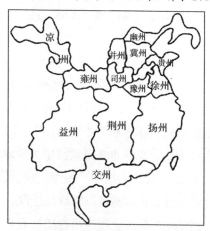

图9　东汉十四州示意图

图10　唐开元十五道示意图

来源于《2013年普通高等学校招生全国统一考试(全国新课标卷1)文科综合》

比较图9、图10,提取两项有关汉唐间历史变迁的信息,并结合所学知识予以说明。

命题者据第41题信息,给阅卷评分者提供了两个答案示例:

示例一:信息:汉代的州主要集中于黄河中下游地区,唐代的道南北分布大体平衡。说明:汉唐间南方社会经济有了很大发展。

示例二:信息:汉代州名与唐代道名有很大不同。说明:唐代"道"的划分更注重山川地理形势。

实际上第41题是一道开放性历史试题,我们从中获得的信息和能说明的问题绝对不止命题者所提供的两个答案示例。从本题所提供的图文材料,我们能从中获得的信息和能说明的问题至少还有以下几个方面:

①时空信息:中国的东汉时期和唐朝开元年间。说明:两图较好地反映了古代中国两个相对强盛的封建王朝行政区划的变化,其中图10的行政区划是唐朝最强盛时期开元年间的行政区划。两图从一个侧面反映了汉唐之间的强盛变化。

②行政区划级别与数量信息:东汉时期,统治者将政权直接控制区划分为十四州管理;唐朝开元年间,统治者将政权直接控制区划分为十五道管理。说明:东汉州级行政单位源于西汉以来的监察区(刺史制度),是地方最高行政单位,即州郡县三级行政单位;唐朝开元年间道成为地方最高行政区划(严格地说,开元年间的"道"还是监察区,类似于西汉刺史制度),形成道州县三级行政制。这一变迁应与唐朝直接控制的疆域扩大和经济发展有关。

③州道大小与分布变化信息:东汉的州密集分布在北方黄河中下游地区,南方只有益、荆、扬、交四州,故北方每州所占面积小,南方四州所占面积大,北方州与南方州所占面积相差比较悬殊;与东汉州相比,唐开元年间的道,南北分布大致平衡,全国各州的大小除少数两州外,也相差不大,基本趋于平衡。说明:东汉时,我国的经济重心在黄河中下游地区,故东汉统治者高度重视对黄河中下游地区的管辖与经营。到唐朝开元年间,我国南北经济发展基本趋于平衡,南方的经济发展越来越显得重要,于是唐朝统治者不得不加强对南方地区的管辖与经营。

④疆域信息:比较《唐开元十五道示意图》与《东汉十四州示意图》,我们还可以发现:唐开元年间,唐政权直接控制的行政区划比东汉的要大,其突出表现在北方(或西北至东北地区)。说明:唐朝实际控制的疆域面积比东汉的要辽阔,唐朝的综合国力要强于东汉。

⑤"州道区划"之外的名称信息:在《唐开元十五道示意图》中,除十五道外,

还标注了吐蕃、南诏、流求三个"名称"。说明:这是隋唐时期中国周边"新兴"的少数民族政权。唐朝统治者为处理好与这些少数民族政权之间的关系,曾两度与吐蕃"和亲",即唐太宗与唐中宗应吐蕃赞普之请曾先后将文成公主与金城公主嫁给他们,成为汉藏两族交往史上的两段佳话。另外,唐玄宗册封南诏首领皮罗阁为云南王。

例2:我在执教"抗日战争"时,就向学生抛出了这一试题,借以培养学生发现和解决问题的能力。

阅读材料,完成下列要求。

材料 下面是1960年我国中学历史教科书中"抗日战争"内容的目录摘编。

第二十章 全国抗日战争的开始

第二十一章 两条战线、两个战场

1. 抗日战争中的两条路线

2. 国民党军队的大溃退

3. 平型关大捷

4. 敌后抗日根据地的建立和迅速发展

第二十二章 毛主席《论持久战》的发展和中国共产党的六届六中全会

第二十三章 国民党反共高潮的被击退和《新民主主义论》的发表

第二十四章 日本帝国主义在沦陷区的殖民统治

第二十五章 解放区的巩固和发展

第二十六章 国民党的黑暗统治和民主运动的开展

第二十七章 抗日战争的最后胜利

1. 中国共产党第七次全国代表大会

2. 解放区军民大反攻和日寇的无条件投降

3. 抗日战争胜利的伟大历史意义

根据材料并结合所学知识,对该目录提出一条修改建议,并说明修改理由。(所提修改建议及理由需观点正确,符合历史事实)

试题抛出后,因试题没有直接要求学生比较分析,学生确实不知如何修改为好。于是,我提醒学生,你们难道没有发现"目录摘编"内容与今天你所学的抗日战争历史存在差异吗? 一石激起千层浪,课堂立刻活跃起来。学生经过观察比较、思考、讨论探索，不仅提出了"修改建议，并说明了修改理由"，如"增加了国民党正面战场抗战和远征军入缅作战的史实"等，而且还获得了如下发现与感悟：第一，现行高中历史教材有关抗战史内容的篇幅被大量缩减，这在一定程度削弱了爱国主义教育素材。第二，现行高中历史教材删除了抗战期间国民党消极抗战、大溃退、反共和黑暗统治等内容，这不利于我们全面了解国民党及其军队在抗战中的表现，不利于科学认知抗战期间和抗战胜利后国共两党关系的演变，不利于理解抗战胜利后为何迅速爆发了国共两党内战和国民党迅速败退台湾的历史。第三，现行高中历史教材大量缩减了中国共产党建立抗日根据地，领导中国人民浴血抗战的史实，不利于我们认识中国共产党在抗日战争中的中流砥柱作用；第四，缩减了日本帝国主义在沦陷区殖民统治的史实，不利于我们全面认识日本帝国主义侵华罪行等。

三、归纳发现法

利用归纳发现法原理命制高考历史试题并不是什么新鲜事。例如，2008年全国文综I卷第39题"土尔扈特回归祖国题"，命题者向考生呈现了一份《土尔扈特回归祖国大事年表》，并要求学生据此回答"分析土尔扈特回归祖国的原因"和阐释"如何理解土尔扈特的回归是'值得我们传诵的一篇伟大的叙事史诗'"。考生若具备一定的归纳发现能力，就可依据《土尔扈特回归祖国大事年表》中的基本史实，发现归纳出土尔扈特迁徙、土尔扈特与沙俄的关系、土尔扈特与清政府的关系等三条主线，从而不难阐释土尔扈特回归祖国的原因：土尔扈特与其他蒙古各部联系密切，遵守本民族的法典，保持其文化传统；与清朝政府保持往来，眷恋故土，对祖国有认同感；沙皇俄国压迫和奴役土尔扈特人，让其充当炮灰，土尔扈特游牧区屡受侵扰和掠夺。由此，也就不难理解土尔扈特回归祖国的历史意义：土尔扈特克服艰难险阻、回归祖国，表现了不畏强暴、心向祖国的优秀传统；为统一多民族国家的发展做出了贡献；体现了中华民族强大的凝聚力和向心力。

归纳发现法本是从事发明创造的一种有效的方法。将归纳发现法运用于历史教学，就是教师在历史教学过程中，有目的地将某些具有共同特征的历史事件、历史现象、历史人物等材料陈列在一起，借以引导学生归纳发现与概括出一般的、共同的属性、特性，进而对所发现的问题进行分析、阐述、说明的一种教学方法。因此，在日常历史教学中，我们也应有意识地运用归纳发现法培养学生归纳发现历史问题和解决历史问题的能力。

例1：阅读下列材料，你从中发现了什么？

1977年11月，安徽《关于当前农村经济政策几个问题的规定》，规定生产队可以实行定任务、定质量、定工分的责任制；四川也制订了《关于目前农村经济政策几个主要问题的规定》，允许和鼓励社员经营少量的自留地和家庭副业，特别肯定了四川农村不少地方已经实行的"定额到组、评工到人"的办法。

1978年12月，十一届三中全会通过的《关于加快农业发展若干问题的决定(草案)》允许"包工到作业组，联系产量计算报酬，实行超产奖励"，但强调"不许包产到户"。几乎同时，安徽省凤阳县小岗村18户农民神情隐秘而带悲壮地签订了一份契约："我们分田到户，每户户主签字盖章。如此后能干，每户保证完成每户全年上交和(的)公粮，不在(再)向国家伸手要钱要粮；如不成，我们干部作(坐)牢、杀头也干(甘)心。大家也保证把我们的小孩养活到18岁。"

1980年4月，邓小平指出："我赞成政策要放宽……有的可以包产到组，有的可以包给个人。这个不用怕……"随后，中央发布《关于进一步加强和完善农业生产责任制的几个问题》的会议纪要。对"包产到户"的性质做出了新的解释，"没有什么复辟资本主义的危险"。

1981年底，全国农村有90%以上的生产队建立了不同形式的农业生产责任制。

1982年的中央"一号文件"正式肯定了土地的联产承包责任制，从此"包产到户"在全国农村铺开，"大包干"成为这一时期中国农村最"热"的词。

——根据《四川日报》2008年9月12日版组编

学生经过归纳发现：第一，我国农村家庭联产承包责任制的形成，经历了从允许实行包工到组、联产计酬，反对包产到户发展到同意包产到户的过程。第二，我国农村经营方式经历了从集体生产到分户自主经营的变化。第三，我国农村产品分配方式经历了从平均主义到自负盈亏到按劳分配原则的变化。第四，我国农村产业结构经历了从较单一种植走向多种经营，乡镇企业和非农产业兴起，农业趋于专业化、商品化、社会化的发展变化。

例2：观察下列中国古代制度，你能从这些制度变革中发现什么？

西周的分封制和宗法制,秦朝的皇帝制度、三公九卿制与郡县制,汉武帝的中朝和推恩令,隋唐的三省六部制和科举制,宋朝的二府三司和通判制度,元朝的行省制度,明朝的内阁制与设置三司,清朝设置军机处。

学生经过归纳发现:第一,从中央与地方的关系看,经历了由地方分权到中央集权的变化。第二,从行政管理手段看,经历了由血缘纽带管理到官吏任命管理的变化。第三,从君主拥有权力看,君主权力不断强化。第四,从政治与经济的关系看,经济基础决定上层建筑,上层建筑适应经济基础而产生和发展。

历史归纳发现法是从个别事实走向一般概念、结论的思维方法。在历史教学过程中运用归纳发现法,既有利于整合教材知识,帮助学生建立起立体的知识结构,便于学生理解,又能帮助学生揭示前后史实之间的内在联系,培养学生发现和解决问题的能力。

注:因篇幅限制,本文曾以《高考历史"发现能力"考查例析》为题,摘录了其部分内容发表于《核心素养报》总第0004期,2017年4月25日。

网络环境下中学历史研究性学习

摘要：网络为中学历史研究性学习突破教材与图书资料的制约提供了新的物质基础。网络环境下的中学历史研究性学习，一方面要遵循自主性、方法性、开放性和交互性原则，另一方面要根据"课题""网络课堂"等不同的历史研究性学习方式采取不同的教学策略。

关键词：历史研究性学习　网络环境　原则　策略

中学历史研究性学习，是新课程改革以来提出的一个新课题。以网络技术和多媒体技术为核心的信息技术被日渐广泛地应用于我国的教育教学中。如何契合中学历史研究性学习的教学实际，指导学生有效利用网上资源，开展历史研究性学习，是值得我们认真研究和探索的问题。

一、网络为中学历史研究性学习提供了新的物质基础

1. 中学历史研究性学习需要网络平台的支持

学生要解决历史研究性学习过程中的"历史问题"，需要大量的历史资料。由于种种因素的制约，我国中学历史教材，无论是传统教材，还是新课程标准教材，它向学生提供的历史素材是相当有限的；即使是各中学图书馆，其所藏历史类图书也相当有限，且借阅和查找不太方便。这就在一定程度上制约了中学历史研究性学习的实施。而现代网络上具有巨大的丰富多彩的"历史资料"，并且不少是"免费午餐"。于是，网络资源就成为成本低、资源丰富多彩、搜索查阅方便的最大资源，成为突破中学历史研究学习资料不足、信息不灵"瓶颈"的最佳途径。

2. 学生已具备使用网络进行历史研究性学习的条件

当今世界，信息网络发展异常迅速。以网络技术和多媒体技术为核心的信息技

术被日渐广泛地应用于我国的教育教学中,"校园网""校校通"工程的启动和发展,中学信息技术教育的实施,学生已具备使用网络进行历史研究性学习的条件。

二、网络环境下历史研究性学习的基本原则

1. 自主性原则

中学历史研究性学习从本质上说是一种学习方式。自主学习是现代教育的重要理念,它强调学生主动探索、主动发现,从而确保学生的主动性、积极性和创造性得到充分的发挥。因此,在网络环境下,历史教师的任务就是通过网络向学生提供各种与其研究目标有关的学习材料,设计基于网络的教学活动,让学生根据自己的认知水平去选择、学习和探究,让学生真正成为历史研究性学习中的主人,充分调动其学习的积极性、主动性和创造性。

2. 方法性原则

从方法论角度来看,中学历史研究性学习的终极目的是为了培养学生自主学习的能力。中学历史研究性学习对教师提出了更高的学习指导要求,特别是学习方法的指导。在网络环境下,历史教师指导学生进行历史研究性学习,一方面要指导学生掌握传统的历史学习与研究方法,另一方面还要指导学生掌握如何科学运用现代网络技术进行历史学习与研究的方法,从而更好地实现中学历史研究性学习的教学目标。

3. 开放性原则

基于网络环境的历史教学是一个开放的教学空间。它要求师生的心态是开放自由的,不受压抑的;要求教学内容和教学结果不拘泥于教材、教参的权威和教师知识视野的局限,鼓励学生质疑问难,允许学生发表与教师、课本不同的意见和看法,尊重学生与众不同的观点和标新立异的观念。因此教师要善于创设开放的教学情境,营造积极的思维状态和宽松的思维氛围,努力保护学生的好奇心、求知欲和想象力。

4. 交互性原则

传统教学从理论上讲是直接的面对面交流,由于种种原因,很多学生既不敢当面提出问题,也不善于探索、发现和提出问题,网络化教学打破了学生不敢当面提问的尴尬局面。这就要求教师充分利用网络的交互性,一方面鼓励学生借助网

络强大的 BBS 功能,向教师发送问题,与老师、同学进行共同探讨和即时研究,利用网络自主安排学习内容和进度,或有针对性地重点研读某部分内容;另一方面利用网络对学生进行研究性学习个别辅导等。

三、网络环境下两种历史研究性学习策略

1."课题"历史研究性学习策略

第一,科学组建课题小组和确定课题研究频度。由于中学生年龄特征、智能水平和学业负担因素的制约,中学"课题"历史研究性学习最好组建学科小组进行。课题组成员应有分有合,各展所长,协作互补。他们自己推选研究和组织能力较强的同学为组长,聘请有一定专长的历史老师或校外史学工作者为指导老师。同时,"课题"历史研究性学习在中学历史研究性学习中,应处于次要地位,一个学期,甚至一个学年开展一次就可以了。

第二,指导学生明确研究流程。教师要指导学生明确"课题"研究流程:确定课题——分工合作;制定计划——利用网络搜集资料;建立假说——分析研究;得出结论——利用网络交流成果,总结评价。这里需要强调的是,网络环境下"课题"历史研究性学习流程的各个环节,都要充分发挥网络的优势作用。

第三,指导学生科学运用网络搜集整合与研究课题相关的材料。网络资源丰富、多样、快捷,学生在课题任务驱动下,最喜欢用"网易""雅虎""百度"等常用的搜索引擎搜集资料。这些搜索引擎虽然能搜索到许多材料,但也有明显不足——相关"关键词"信息条目太多,往往使人大海捞针,有时一天下来也难以获得有价值的材料。因此,我们应指导学生查阅历史专题或专业性网站,以提高学习效率。同时,要指导学生科学确定"关键词",以尽量减少无用功。

第四,在网上创建一个师生共同交流的平台。学生在"课题"历史研究性学习过程中,不可避免地会遇到很多困惑与问题,这就需要通过与教师或课题组成员协商才能解决。在网上创建一个交流平台,就能为学生迅速解决相关问题创造条件,大大提高学生历史研究性学习的效率。如由美国圣地亚哥州立大学教育技术系教授伯尼·道格(Bernie Dodge)和汤姆·马奇(Tom March)首创的 Web Quest就是一个较好的交流平台。它主要由网页形式的情境模块(创设情境,激发学生研究兴趣)、任务模块(分析任务,发现并提出要解决的问题和达到的目标)、资源模块(教师围绕任务,提供相关资源)、过程模块(学生自主探究学习,并形成初步

成果)、评价模块(自我评价与互相评价,实现交流与共享)和总结模块(学生、教师共同进行反思与总结)构成,既强调学习者的认知主体作用,又不忽视教师的引导和管理作用,使学生真正成为研究性学习过程中的主人。这里需要指出的是,教师制作 Web Quest 不要拘泥于一些固有的模式,完全可以结合学校、教师、学生的实际情况和需要,对 Web Quest 的功能进行必要的补充。比如可以增加一些诸如 BBS 论坛、联系方式、搜索引擎、成果展示、网络问卷等项目,从而更好地发挥网络在历史研究性学习中的作用。

2. 网络课堂历史研究性学习策略

网络课堂历史研究性学习,就是利用网络教室进行历史教学,教师在课堂内充分利用网络资源,因地制宜,就地取材,组织学生开展历史研究性学习,以充分调动每一个学生的学习积极性,培养他们的创造力。教师在教学策略上还应注意以下几点:

第一,利用丰富的网络资源,为历史教学设置情境,化抽象为形象,激发学生的学习兴趣、情感与探索心理。历史具有过去性,不能重演。网络具有非常丰富的资源,它把文字、图形、影像、声音、视频图像、动画和其他多媒体教学软件的先进技术有机地融合在一起,为历史教学营造了图文并茂、形象生动逼真、知识表征多元化的模拟与仿真情境,其效果是任何单一方式无法比拟的。教师要科学运用网络资源营造历史情境,再现历史场面,变抽象为形象,使学生如闻其声,如见其人,如临其境,从而激发学生的学习兴趣,形成相关表象和情感,引发思考探索。

第二,利用网络良好的交互性,积极组织学生进行课堂讨论交流,以协作的方式完成课堂历史研究性学习的任务。我国中学班级授课规模大,人数多,在传统教学中,师生之间、学生之间的交互,只有通过面对面的语言表达来实现,在同一时空下,只能是某一特定师生或学生之间的交互,往往容易导致师生交互流于形式。在网络环境下,师生要充分利用网上电子布告牌系统 BBS、在线聊天系统 CHAT、电子邮件 Email、视频会议 CCS、网络讲座、网络辅导与答疑等信息技术展开同一历史研究性"问题"的教与学,采用竞争、协同和角色扮演等形式进行交互合作和沟通,最后互相补充,集思广益,对同一问题得出更为全面、科学的认识。

第三,应用网络技术,拓宽学生历史研究性学习的时空,实现历史个性化学习。历史知识纵贯古今,横揽中外,它几乎涵盖了人类社会发展的所有层面和领域,包括政治、经济、文化、军事等诸方面。任何历史现象或历史事件,都有其纵横联系。教师要运用网络 CAI 多媒体软件和网络交流平台,帮助学生解决相关历史问题,构建起一个完整的历史知识结构,揭示各历史知识板块的联系,组成历史知识的长链。同时,教师还可利用网络跨时空的特点,为因种种原因没有完成课堂学习任务或想深入研究某些问题的学生,利用课余时间继续辅导他们进行历史研究性学习,真正实现因材施教。

随着运用网络进行历史研究性学习的深入,我们也发现有一些问题需要进一步研究解决。如怎样防止网上信息泛滥给学生带来的不利影响,怎样防止学生利用网络对他人或社会的攻击,怎样防止学生在研究学习中网上抄袭,怎样确保网络安全等。

四、网络环境下历史研究性学习应注意的问题

1. 正确处理学生的主体地位与教师的主导地位的关系

建构主义学习理论认为,学生在学习方法上的主体作用表现在三个方面:要求学生用探索法、发现法去建构知识的意义;在过程中要求学生主动去搜索并分析有关的数据和资料,对所学习的问题要提出各种假设并努力加以验证;要求学生把当前学习内容所反映的事物尽量和自己已有的知识事物联系,并对这种联系加以认真思考。在网络环境下的历史研究性学习,必须充分地发挥学生的主体作用。不论是课题式历史研究性学习,还是网络课堂历史研究性学习,教师都应该让学生自主地查阅资料,自行确定网页的框架和内容,共同探讨来确定、完善本组的观点,随机地与教师进行交流、对其他组进行质疑。

实现学生的自主并不等于教师对学生的学习放任不管。相反,越是宽松开放的环境,教师的主导作用就越要到位。建构主义认为,教师的主导作用可以体现在以下三个方面:激发学生的学习兴趣,帮助学生形成学习的动机;通过创设符合教学内容要求的情景和提出新旧知识之间的联系线索,帮助学生建构当前所学知识的意义;为了使意义建构更有效,教师应该在可能的条件下,组织协作学习,并对协作学习过程进行引导,使之朝着有利于意义建构的方向发展。教师在网络环境下指导学生进行历史研究性学习,应该通过精心设计语言、问题和教学课件,组织调动学生学习的积极性,启发学生主动思考问题,指导学生运用科学的方法,通过科学的途径探究真理;教师应该参与每个组学生的讨论,检查各组的分工和各项任务的完成情况,并对他们的疑问和各组探究成果(网页文件)提出指导性意见,使每个组的学生能够顺利地做好集体探究的准备;教师应通过多媒体教室的

"广播教学"功能向全体学生介绍这一阶段探究的具体步骤和要求;运用"监视监听"功能掌握每一个学生的探究进度和情况;对探究有困难或通过F12"电子举手"寻求帮助的学生,运用"遥控辅导"帮助他们解决疑难问题,并在交流区中与学生进行及时的交流,帮助他们完善自己的研究成果和发言提纲;另外教师在最后总结的时候应提出问题引导学生得出结论。这样学生在教师的不断启发、点拨和指导下,克服了探究过程中的一个又一个障碍,达到了很好的探究效果。

2. 正确理解信息技术与学科教学的课程整合

信息技术与课程整合是指在课程教学过程中把信息技术、信息资源、信息方法、人力资源和课程内容有机结合,共同完成课程教学任务的一种新型的教学方式。信息技术与学科课程的整合是改革传统教育模式、教学方式和教学手段的重要途径,同时也是中学历史教学改革的一个突破口。

随着信息技术在学生和教师中的普及,技术层面的问题已基本不再作为整合的障碍之后,整合的理念和操作过程中的问题就成为课题研究能否深入开展的决定性因素。网络环境在教学中的作用从简单的电教观到工具观,直到近来有学者提出的学习环境生态观的不断发展,正体现了课程整合的发展趋势。在观念的障碍扫清之后,对于网络与教学的结合方式上存在的"简单的相加"或"完全的替代"等认识均是十分不利的。在提高认识和实践探索的基础上,就历史学科的教与学而言,整合表现为以师生的基本技能和网络环境为前提,以建构主义学习理论为指导,以高中历史课程计划为依据,将与历史相关的信息资源(包括广域和局域环境下现成的和教师自制的资源)与课程内容有机地"融合",提高教学效率、改善教学效果的新型学习方式。

3. 正确处理"研究成果"与"研究过程"的关系

我国的历史教学,长期以来只重结果(考试成绩),不重过程。反映到历史研究性学习中,自然就成了关注学生的研究成果,忽视学生的研究过程,忽视学生对历史的体验和感悟,忽视学生创新思维能力的培养。实际上,历史教学应该以培养学生体验与感悟历史、培养学生的创新思维能力作为终极的追求目标。中学历史研究性学习最重要的不是研究成果,而是让学生在体验和感悟中找到学习历史的兴趣,思考、诘问、评判、创新历史认识,培养学生的"问题意识"和解决问题的能力,张扬学生的个性。因此,"研究过程"应是历史研究性学习的中心环节。教师对"研究过程"的调控应注意三个方面:第一,根据因材施教的原则,教师在指导学生设计和选择历史研究性问题时,要注意问题的层次性,让学生根据自己的知识、能力水平选择不同的问题,力求让知识水平较低的学生也能享受到成功的喜悦,激发他们学习的兴趣;同时给成绩优秀的同学在认知能力、个性爱好等方面留下充分发展的空间。第二,在教师指导下,学生在研究问题过程中,根据教学的主客观条件和需要支配自己的活动,或独立思考,或与人讨论,或查阅史料,或向老师质疑求解,从而唤起学生的主体意识,让学生在教学活动中处于积极的自主地位。在整个教学过程中,在教师科学指导下,学生发现问题——确立研究主题——搜集整理相关资料——探求解决问题——形成相关结论,从而发展了学生的主动精神,形成学生的精神力量,促进学生生动活泼地成长,帮助学生创造自信、谦爱和朝气蓬勃的人生。第三,历史研究性学习活动,是一种极富创造性的思维活动,它为学生思维能力和创造能力的发展提供了无限自由发展的舞台。培养学生的创造能力是当代教育的核心。江泽民总书记指出:"创新是一个民族的灵魂,是一个国家兴旺发达的不竭动力。"近年来,如何培养学生的创造力成为各国教育工作者共同关心的问题,个性教育与创造力培养在学校教育中开始占有重要地位。而现代创造教育理论认为,一个人是否有创造力,首要的关键性的一步就是看他能否发现和提出问题。美国创造学教育专家托兰斯把是否感知或感受到问题列为创造性思维的第一条。我国著名的教育家陶行知在《创造的儿童教育》一文中明确指出:"发明千千万,起点是一问,禽兽不如人,过在不会问。智者问得巧,愚者问得笨。人力胜天工,只在每事问。"历史研究性学习,一个必要的前提条件和重要内容,就是培养学生发现并提出问题。教师要利用网络的交互性,在指导学生讨论相关研究性学习问题时,力求做到使每一个学生都动起来,敢想、敢问、敢说、敢争论,充分展示学生的求知欲、表现欲与创造欲。同时,欢迎学生发展独立见解,保护学生的创新精神。

主要参考文献:

①新课程师资培训资源包研制工作组.信息技术与课程整合.北京大学出版社,2002.

②何克抗.建构主义——革新传统教学的理论基础.电化教育,1997(3)(4).

③李克东.基于 Web 学习模式的研究.

注:本文发表于《衡阳师范学院学报》2007年第1期。发表时因篇幅限制而有所删节。

如何撰写历史研究性学习小论文

历史研究性学习,对今天广大中学历史教师和学生而言并不陌生,但在中学历史教学过程中,要卓有成效地落实历史研究性学习目标与要求,则绝非易事。其中难题之一,就是广大中学生不会撰写历史研究性学习小论文。因此,如何指导学生学会撰写历史研究性学习小论文,就成为广大中学历史教师亟待研究和解决的问题。下文就是本人在历史研究学习的教学中一些简陋做法和思考,仅供同行们参考。

一、发现问题,确立论题

历史材料浩如烟海,同一则史料也蕴藏着丰富的问题。但对于初涉历史研究性学习的中学生来说,往往不知从何处着手。学生在历史研究性学习过程中,遇到的第一个问题,也是最大的一个问题,就是不善于从材料或教材中发现问题,确立论题。不少学生为了完成相关历史研究性学习任务,往往简单模仿史学专业工作者的研究论题,如"辛亥革命探析""试论唐太宗的民族政策""罗斯福新政之我见"等,大有学者之风。实际上,这些学生交来的"论文",要么抄袭他人的作品,要么东凑西拼,要么似是而非。原因何在,学生功力不足是根本。学生从事历史研究性学习,因时间、资源和能力等因素的限制,不可能达到史学专业工作者的层次,在选题上宜小不宜大,最好是选择教材上发现的问题,或现实生活中发现的与历史相关联的小问题,并以此为基础,选择一个角度确立论题。这是学生完成历史研究学习任务的第一步。

教师如何引导学生从教材中发现问题,确立论题? 我认为,教师在引导和启发学生掌握基础知识的基础上,可针对教材中的重点知识,通过联系现实、创设情境、纵横比较、变换角度、综合归纳、形象差异、以今律古、因果联系、设身处地等方法发现问题,确立论题。现仅以变换角度为例进行说明:

所谓变换角度,就是引导学生换一角度发现问题。变换角度有三种情况:一是提供材料或观点,创设新情境,以深化认识,提高学生发现和分析问题的能力;二是对已形成结论的知识问个"为什么",以训练学生归纳史实、论证观点的能力;三是联系相关知识提出问题,以培养学生纵横联系、比较分析的能力。例如,第一次世界大战的爆发原因,根据教材可归纳出下列基础知识:①根本原因是帝国主义政治经济发展不平衡,改变了帝国主义国家之间力量的对比,造成了它们之间的新矛盾,形成了几个帝国主义大国争夺世界霸权、重新瓜分殖民地的局势。②直接原因是帝国主义的两大军事集团互相争夺、疯狂扩军备战的结果。③争夺巴尔干矛盾是三个中心环节之一,巴尔干成为帝国主义争夺的焦点和欧洲的火药库。发生在该半岛上的萨拉热窝刺杀事件点燃了一战爆发的导火线。依据这些基础知识,我们可运用变换角度的方法,发现或设置出下列问题:

(1)有人说,第一次世界大战是一次偶然的灾难,假如在巴尔干半岛不发生塞尔维亚民族主义者打死奥匈帝国皇储夫妇,一战就不会爆发。由此可以引出众多论题:第一次世界大战是必然的还是偶然的;塞尔维亚民族主义者是一战罪魁祸首;没有奥匈帝国皇储被刺,就没有第一次世界大战;民族主义与世界大战;民族主义是战争的根源;危险的巴尔干半岛;巴尔干半岛与第一次世界大战;等等。

(2)在巴黎和会上,德国代表在接受《凡尔赛和约》文本时说:"有人要我们承认我们是战争的唯一祸首,我本人承认,那就是欺人之谈。"据此可以引出如下论题:为战争狡辩的德国;德国不是一战唯一的祸首;对德不公的《凡尔赛和约》;英法德都是一战祸首;《凡尔赛和约》潜伏着战争危机;帝国主义与战争。

二、理解论题,找好突破口

从目前中学历史研究性学习的实际来看,不少历史研究性学习"课题"是由教师为学生确定的。实际上,在历史研究性学习中,无论是教师"命题",还是学生自由选题,都涉及准确理解"论题"内涵、找好突破口的问题。

例如:我们曾以2004年上海历史高考试卷中的"文明在传承和交往中发展"做论题,要求学生写一篇历史研究性学习小论文。该题是这样的:

美国哈佛大学哈佛燕京图书馆内悬挂着一幅清末民初一位诗人写的对联:"文明新旧能相益,心理东西本自同。"

对联赞叹了人类文明在时间和空间上的传承与交融。哲学家、社会学家、经济学家、科学家、文学家……各有评论。假如你是历史学家,对这副对联做何评论?请自拟一个题目,写一篇历史小论文。

注意:

(1)观点明确,论述集中,不要泛泛而谈。

(2)联系中外史实,详略以说明观点为度。

(3)文字通顺,条例清晰,结构合乎逻辑。

结果许多学生交上来的历史研究学习小论文,与论题的内涵要求相差甚远,有些学生甚至于从狭隘的历史观出发,大力批判"文明新旧能相益,心理东西本自同"的观点,与试题内涵根本是风马牛不相及。出现这些现象的根本原因是学生没有准确理解对联的"内涵"。

实际上,这副对联包含了历史发展的路径,蕴藏了文明交融与传承的历史真谛。在人类历史发展的曲折长河中,文明演进的线索从宏观上看:一是纵向传承,即人类文明形态和相关成果在纵向上传承演进。"文明新旧能相益",实际上阐明了人类文明在时间纵向传承中的继承与发展的关系。例如,没有希腊、罗马文明所奠定的基础,就没有欧洲的近代文明;没有古代中国的华夏文明,就没有现代的中国文明。二是横向拓展,即不同地区或国家文明的接触、交流、融合和主流文明的扩展。"心理东西本自同",实际上阐明了人类文明在空间横向交融与拓展过程中的彼此交流与联系。如日本今天的文明,就融合了古代中国文明和近代欧美文明;中国现代文明,也融合了近现代欧洲文明。学生只有运用所学历史知识,全面准确理解材料或论题的内涵,才能紧扣主题,从文明在时间纵向传承和空间横向交流两个角度加以论述。

那么,在准确理解材料或论题的内涵后,如何寻找解决问题的突破口呢?我以为,最好的方法,就像数学中的分解因式一样,从材料或论题的丰富内涵中,选择其中一个角度展开论述比较好,切忌贪多求全。以上题为例,人类"文明传承"涉及纵横两个方面,而每一个方面,都涉及政治、经济、国家、民族、外交、军事、思想、文学、艺术、科技、生活方式、社会进步等各个方面,如果不选择某一个角度作为论述主题,就很容易泛泛而谈,不着边际。当年,上海一些优秀考生,正是因为注意选择某一个角度做主题切入,从而找到了解决问题的突破口。如《穿越时空隧道的儒家思想》《四大发明与西方社会的转型》《民本思想的西渐与人权观念的东渐》《工业革命的发生、发展与工业文明》《古为今用,洋为中用——文明交融与传承的历史启示》等。当然,从什么角度选择和确立自己论述的主题,那就要看自己的"长处"了。换言之,就是要尽量选择自己熟悉、便于自己写作的主题。

三、合理谋篇,掌握论述技巧

确立好论题和论证的突破口(主题),只是写好一篇小论文的基础。学生能否写出一篇高质量的小论文,还需要在论文的谋篇布局和论述技巧上下功夫。"茶壶煮饺子——倒不出来",不仅在现在中学生中普遍存在,就是专业史学工作者,有时也存在这样的问题。如何指导学生合理谋篇布局,提高其论述能力,我认为可从下列几个方面着手:

1. 要求学生明确一篇好论文的标准

无论是做事,还是写文章,都有一个标准。明确一篇好的历史小论文的标准,是写好一篇历史小论文的重要前提。一篇好的历史小论文除了在写作、观点上符合题目的要求以外,还要做到观点明确、史论结合、论证富有较强的逻辑性、文字精练、文笔优美等特点。具体而言应包括:①论题和主题明确,符合要求,最好富有创意。②论点、论据、论证、结论四个要素齐全。论点是论文阐述的具体观点,相当于文章的主题和小标题,要明确、简练、不能含糊费解。论据服务于论点,一般用题目所给材料、相关历史事实或自己的拓展性思考来说明论点,要求论据充实,引用的材料(史料)恰到好处。论证是用理论(如历史唯物主义、文明史理论)做指导,选取典型的事例或运用严密的逻辑分析来阐述和证明论点,要求论证过程科学准确,逻辑严密,详略得当。结论是对全文进行扼要概括或总结,结论要求正确,首尾呼应,能由感性知识上升到理性认识,能抓住本质,给人以深刻启示。③语言要有史学特点。要真实准确又颇具文采,要讲究理性又富感染力,切忌文学之朦胧浪漫和虚构夸张的散文化倾向。

2. 指导学生掌握历史小论文写作方法

第一,弄清立论题和驳论题的写作差别。

历史小论文有立论题与驳论题之别,其写作要求也有所不同,学生如果不明确这一点,就容易走题,或影响文章质量。

立论题,就是从正面论证某论点的正确性,或谈谈对某一正确观点的理解与认识。如:"中英社会形态差异是中国在鸦片战争中失败的根本原因"这一论题,就要求我们运用正确的理论,选取有关的史实,从正面论证这一论点的正确性,或谈谈对这一正确观点的理解与认识。在论证方法上,我们可以选择归纳论证、对比论证、层递论证、因果论证等,文章行文格式:一是指出其观点正确。二是围绕观点或结论,进行评述或论证。从理论上看,包括社会由低级到高级发展的自然规律与新兴对腐朽的强烈落差;从实际上看,包括鸦片战争前后的清朝后期与同时代英、法、美等国的情况对比,鸦片战争的战况、结果及其原因。三是结论:上述观点是正确的。

驳论题,就是对错误的观点或立论进行反驳,否定对方的错误之处,以辨正是非,形成正确的认识。如"赵尔巽认为中国危亡实兆于太平天国"这一论题,就需要我们去驳论。驳论题,首先要认真思考对方的观点及支持观点的理由和根据,弄清其错误的实质,然后展开批驳。批驳的方法,一是批驳对方的论点,以揭示其错误的本质;二是批驳对方的论据,以证明其虚假或证据的不足;三是批驳对方的论证,以揭露对方议论中所运用的论据与论点之间存在的矛盾或逻辑错误。这样,才能驳倒错误观点,阐明正确的思想与结论。写作格式是:判断观点或结论的错误,围绕主题及规定范围确定正确的观点并进行史实论证,亦即对错误的观点进行驳斥的过程,最后,进行理论分析,指出错误之处及其根源和实质。以"赵尔巽认为中国危亡实兆于太平天国"这一观点为例,其驳论的格式为:首先是判定赵尔巽的观点是错误的;其次是根据阶级斗争是阶级社会历史发展直接动力的正确理论和太平天国农民革命的进步作用,说明中国社会逐步沦为半殖民地半封建社会兆始于鸦片战争,而不是太平天国,指出赵氏观点与史实不符;再次是以太平天国在历史上的积极作用,分析赵氏观点错在否定阶级斗争的历史作用,这是由他的阶级本质所决定的。

第二,从总体结构上谋篇布局。

教师在指导学生撰写历史小论文时,要明确告诉学生,论文在内容上包括论点、论据两个方面,在文章表达方法上,其总体结构一般为:总——分——总。也就是说,作者一旦确立其论题和主题(论点),余下来的工作就是如何"搜集论据",并合理运用自己已经占有的"论据",论证自己的"论点"。在这一过程中,可以围绕论点,确立分论点,然后分别论证分论点,并最终得出结论;也可以不预设分论点,只从某一两个方面直接论证论点,得出结论。例如以"文明在传承和交往中发展"为论点,分论点可以是:农业文明在传承中发展,在交往中丰富;工业文明在传承中发展,在交往中丰富;思想文明在传承中发展,在交往中丰富;科技文明在传承中发展,在交往中丰富;艺术文明在传承中发展,在交往中丰富;社会生活文明在传承中发展,在交往中丰富……论据:就是作者搜集占有的,能说明"文明在传承中发展,在交往中丰富"的农业文明、工业文明、思想文明、科技文明、艺术文明、社会文明等方面的史实。结论:文明是全人类共同创造的。实际上,由于中学生受时间、学识和条件的限制,难以占有如此丰富的史实,因此可选择某一两个方面的史实进行论证就可以了。

第三,行文要史论结合,最大限度地体现历史学科的特点。

论点(观点)是历史小论文的灵魂,而史论结合才构成它的身躯。历史小论文的最大特点就是"历史"性。不论论据还是论点(观点),都应与"历史"有关,抛开所提供的材料、抛开历史知识乱发挥,是不可取的。因此,历史小论文不管是评述题,还是论证题,或驳论题,都应用史实说话,一分材料(史料),说一分话。但又切忌泛泛罗列、简单堆砌,论文必须要有理论思考,具有启示意义。另外,历史小论文不同于语文的作文,所用语言、文字以明确、简练、通顺为标准,不要在修辞上花费太多的功夫。尤其注意不用或尽量少用夸张的语言和假如、如果、可能等不确定用语。

第四,合理组织史料论证相关问题(论点)。

组织史料就是当主题确定后考虑用什么史料、如何用这些史料来组织写作。就一般而言,组织"史料"时,一定要围绕论点(观点),或分层、或并列地运用"史料"论述观点;同时,运用"史料"时,要简明扼要,以说明问题为度。以前文中的"文明在传承和交往中发展"为例,可以组织的史料有中国唐朝文化领先世界、兼收并蓄的史实和中国四大发明外传的史实及近代工业文明对传统农业文明冲击的史实等。对于我们广大中学生而言,史实可以来源于初高中历史教材,也可来源于其他历史图书、调查报告、文物古迹、考古发掘、网络文章等,但不论"史料"来源于何处,一定要准确、符合历史真实,这是采用"史料"的基本原则。在具体行文过程中要充分关注观点与史料的互动关系,要善于抓住复杂材料(史料)的核心思想,使材料(史料)概括凝练,避免在行文中陷入烦琐。

注:本文发表于陕西师大《中学历史教学参考》2008 年第 3 期。

在开放式历史教学中培养学生的创新能力

作为学习主体的学生,培养他们高度自觉的学习习惯、主动的创新精神和创造能力,这是素质教育的核心。历史学习中的创新,需要历史教师寻求新点子、探索新路子,积极地启发引导,加强点拨释疑,鼓励学生标新立异,另辟蹊径,发表初具卓识的见解。这样,学生学起来才不会索然乏味。有了兴趣,学生的创新能力才有可能得到提高。

传统的历史教学老师与学生视教材为权威不许越雷池一步。学生自进入学校那一天起,每天就是读教材,然后在考试的时候准确无误地反馈。学生的头脑被当作填充教材的仓库,而不是把它看成能用教育方法来激活的知识加工厂。然而,创新的根本条件是个性的发挥,而个性发挥的前提条件是自由。那么,在教学中如何让学生获得自由,获得创造思维的空间呢? 本人认为,应在历史教学中大力实施开放式教学,在开放式教学中培养学生的创新能力。下面就此谈谈一些粗浅的认识。

一、沟通学生课堂内外的学习,提供学生创造性思维的空间

沟通学生课堂内外的学习,让学生在课堂学习中联想到课外接触到的各种直接或间接的历史学习信息,包括历史故事,历史小说,历史人物,历史遗址、遗迹,历史参考读物,有关历史人物、事件的街谈巷议等。让学生在课外历史活动或有关的历史信息接触中联想到课堂内有关的历史学习内容,有意识地抓住线索,力争促成灵感的产生。

比如说,上"中国近代史"时,学生总不感兴趣,根本不想学,并常听到一些学生发牢骚:中国近代史真没意思,不就是老受气挨打吗? 越学越憋气。爱国主义也是老调重弹。我喊两句"打倒帝国主义! 祖国万岁!"就什么都有了? 从学生的话语中透露出,他们并不是不喜欢历史,也不是不爱学中国近代史。学生们所谓

的"憋气",不正反映了他们朦胧的民族义愤吗？学生们的"憋气"应在于：为什么爱国，总是救不了国？这一简单的疑问，我想就包含了对中国近代史从新的角度进行创造思维的萌芽。

后来，在学校的组织下，学生集体观看了《火烧圆明园》，于是眼界大开。为此，我在课堂上因势利导，努力为学生提供创造性思维空间。学生们真是热血沸腾，爱憎仇恨顿时涌上心头。尤其是对影片中的两次大沽口之战，蒙古骑兵在英法联军的炮火硝烟、枪林弹雨中勇猛冲锋、前仆后继、勇往直前，学生们真是拍手叫绝、赞赏不已。这时我便将历史小说《神鞭》中的主人公及情节介绍给同学们：主人公"傻二"参加了义和团，靠祖传绝技——"神鞭"和"刀枪不入"的武功大战八国联军的洋枪洋炮，最后在义和团的血肉横飞中，身受重伤后不得不调头败阵。谈到这里，学生们心中已充满了忧郁，我紧接着向学生们提出疑问：单靠这种旧式的抗敌爱国就能救中国吗？学生们纷纷发言，但粗浅轻浮。于是，我再鼓励学生联想古代的爱国英雄岳飞、文天祥等，将古代与近代西方资本主义国家的区别找出来，进行比较，学生对此便有了更深层次的理解。

加强课堂内外的沟通学习，久而久之，学生便会主动地进行创造性思维，思路也会变得清晰明亮了。

二、沟通历史与其他学科的学习，拓宽学生的创新空间

历史学科可以在不同程度上与其他学科沟通起来，其中、语文课、政治课、地理课与历史课联系更为紧密；其次，与生物、物理、化学等理工学科也有间接或潜在的联系；与音、体、美等之间的联系更为微妙。为此，教师应独具慧眼，别出心裁，启发学生的奇思妙想。

比如：语文课中节选了《水浒传》中的片段，教师可以引导学生去发现别人不以为意的问题：《水浒传》中描写的江湖豪杰打遍天下，所到之处，衣食住行总提到使用大量的银锭和碎银子。这里，我们不妨引导学生质疑：白银成为普通流通的货币是明朝及以后的事情，而《水浒传》描写的是北宋末年的故事。联系北宋末年的货币形态，《水浒传》中所说的大锭、散银不符合北宋时的情况，这矛盾如何解释呢？鼓励学生进行发散思维，最后得出较为确切的答案。

再如：体育训练中的"高原现象"，即达到一定的程度，就再也提不高了，甚至稍有退步，给人一种到了"极限"的错觉。其实，再坚持一会儿，又会奇迹般地出现成绩上的跃进，体育训练就是这样曲折反复的过程。在中国近代民主革命中，辛

亥革命失败后,北洋军阀执政。比起清朝政府来,北洋军阀并没有倒退,只是长期以假共和面目保持一种革命不成、统一不成的局面。这是中国革命中的"高原现象"。孙中山前仆后继大半生,总在这个水平上徘徊,五四运动给中国革命带来了新的突破,又沿着上升路线进入新民主主义革命轨道。体育训练需要毅力和耐力,革命活动更需要毅力和耐力的考验。许多流星式的历史人物,他们一心报国、一心救国,一开始是革命的领潮人,后来落伍、被淘汰,也就是因为他们经不起革命斗争"路遥知马力"式的长期考验。

沟通历史与其他学科的学习,有意识地训练学生联想的敏感性,确信任何学科中都有历史,做个有心人,在沟通中异乎寻常地创造性学习。

三、沟通历史学习与生活领域的联系,
展现学生的创新才能

历史是由生活构成的,生活中处处有历史。《红楼梦》中有句话:"世事洞明皆学问。"陆游诗中也说"功夫在诗外"。对于历史学习者来说,若能创造性地进行学习,那"功夫在诗外"也是有道理的。

日常生活中的事物、环境或活动可以构成启迪契机的例子很多,当你吃饭用碗或饭盒盛饭,又用筷子往嘴里送时,就可以想到动物吃饭只能伸着长长的嘴巴去吞食或撕咬,最多再加上一只前爪踩住食物一端帮助进食。这是因为动物上肢和双手还不够发达,不会制造和使用"吃饭工具",不得不依靠嘴、牙、爪去吞食撕咬。而人的嘴巴和牙齿只需等待接受由饭盒盛好,再用筷子、勺子送上来的"现成食物"即可。这是人和动物头部下位外形在解剖特征上相异的原因。由此,也可联想到,原始社会初期的原始人的生活方式,介于现代人与动物之间,具有过渡性。

在娱乐活动中,也有不少可以与历史相沟通的东西。比如下象棋。在绞尽脑汁跃马出军、攻城擒将之余,也可以琢磨一下红、黑两军为什么都是"车"最厉害?若能从历史角度考虑,就有可能从中国军事上推测到春秋时期的车阵、车战,联想到语文课选学的《左传·曹刿论战》的情形:车阵作战是基本战法。在象棋中,"马"的威力稍次于"车",这反映了军事上骑兵的出现晚于车阵,骑兵在战国时期才大显身手。"马"在象棋盘上可以辐射状地"马踏八路",具有"八面威风",比起"车"的运用只能前后左右四方指向更灵活一些,这反映了骑兵擅长野战、运动战的特点。但是象棋中的"马"又有"绊马脚"之说,在开局和中局,双方子力较多的

情况下,"马"的行动又受到"绊马脚"的限制,其灵活性与杀伤力发挥不开,只有到了残局"马"才能显示出"八面玲珑""变化莫测"的特长来,这也反映了中国古代战争,阵地战多于运动战。在阵地战中,往往是先用步兵方阵、月牙阵、长蛇阵、八卦阵在中央做主轴,战至半酣,才用列于阵后的骑兵从侧翼突然出击,两军包抄合围,骑兵只起一个助战的作用,以增强震撼力。

在将这些棋子与历史知识相联系之后,再继续启发学生的创造性思维:象棋中为什么"士"在"将"(帅)的内侧,且居于九宫之中?而"相"(象)却在外侧?为什么规定一方不管对方有多少子力,只要吃掉对方的"帅"(将)即为胜利?启发学生从历史知识中寻找答案。这样可磨炼学生无孔不入的求索锋芒,为学生创新思维提供一种伸缩性极大的空间与渠道。只要多留心,就有可能获得意外的新发现。

总之,"多几个心眼儿,多几分新发现"。强烈的创新意识、大胆改革是改革开放新时代对历史教师的希望。为此,作为历史教师,应努力突破传统的"短期突击式堆积历史知识"的教学方式,努力将历史知识与课外的相关知识结合起来,与语、数、外等其他学科沟通起来,与生活知识联系起来。在结合中启迪思维,在沟通中寻求创新,在联系中得到表现,为新世纪的明天造就出一批具有开拓性和创造性的高素质人才。

　　注:本文于2003年7月撰写于永州市第三中学,曾在永州市历史教学研讨会上交流。

浅议新课程背景下历史教学中的学科关系

摘要：在新人教版历史教科书中，历史学科与其他学科之间的联系更加紧密。本文通过论述新课程背景下历史教学学科联系的必要性和可行性，结合具体事例，具体探讨了在历史教学中加强学科联系的做法。

关键词：新课程　历史教学　学科关系

2007年新课程改革在湖南全面铺开，就历史学科而言，开始使用人教版新课标教材。它与旧人教版教材相比，从形式到内容都有很大的改变，其重点更加突出，教材更加丰满，视野更加开阔，给我们历史教师的教和学生的学提供了更大的空间，真正树立了学生在历史教学中的主体地位。但我认为人教版新课标教材变化最显著的特点是更加注重历史学科与其他学科之间的联系。

所谓中学教学中的"学科联系"，就是要求教师把中学课程视为一个整体，在教学中向学生揭示各学科间知识、技能的相互联系。这是学科横向发展的一种做法，目的在于：完备和协调分科教学内容，有效地提高学习效率；能让学生认识到自然界这一统一体中发生的各种过程的相互联系和发展，并揭示自然界和人类社会的辩证统一的关系，从而培养学生科学的世界观。学科关系历来研究众多，但以前不管是大学的历史教学法，还是专家编写的中学历史教材，都一直无法很好地指导我们一线历史教师的教学。华东师大叶澜教授在评价以前某些中小学学科之间"各自为战"的现状时，形象地称之为"做加法"而不是"做乘法"，即各学科教学缺乏有机结合，没有发挥更好的效益。至于我们中学历史教师在具体历史教学过程中，也往往忽视历史学科的内在联系，忽视了历史学科与其他学科之间的联系。但新人教版历史教材则较好地解决了学科与学科之间的联系。

一、历史教学中加强学科联系的理论依据

马克思主义哲学告诉我们,世界是普遍联系的。恩格斯说:"当我们深思熟虑地考察自然界或人类历史或自己的精神活动的时候,首先呈现在我们眼前的是一幅由种种联系和相互作用无穷无尽交织起来的画面。"如果把中学课程视为一个整体,在教学中注重学科间知识能力的相互渗透和迁移,而不是各自为战,中学教学将获得更大的效益,因为"整体大于部分之和"。

二、历史教学中加强学科联系的现实原因

多年的教学实践证明在中学历史教学中实施学科联系不仅是必要的,也是可行的。

1.实施学科联系是由历史学科的特点决定的

历史学科涉及的知识面十分宽泛,包括政治、经济、科技、文化、艺术、思想等方方面面的知识。就历史学科体系而言,历史学科离不开哲学基本观点的支撑和统帅。从其表现形式而言,历史学科更离不开语言文学的表述和地理空间的概念。可见,历史是一门综合性学科,历史学科的这个特点,决定了历史教学中实施学科联系的必然性。

2.学科联系是时代发展的趋势

在学术发展过程中,始终存在着两种趋势:一种是不断分化的专门化过程;一种是综合化、整体化的过程。在当代,综合化整体化过程占优势,呈现出各科之间相互渗透的新特点。当代学术整体化发展的趋势具体表现为三个特点:①边缘学科、交叉学科兴起;②"纬线学科"迅速发展;③总体化综合性学科的发展。如:日本高中开设"数理"课,即包括综合数学、计算机教学、综合物理、综合化学、综合生物、综合地学等。美国普通教育则设置了跨学科的"科学教学方案",其特点即是多科性。从1981年起,苏联在普通中学的各学科示范教学大纲中,都把"学科联系"列为专门章节,明文规定讲授某个课题时应联系哪些学科的哪些课题,并提出了这种联系的大体形式。

3.学科联系与近几年高考改革的方向一致

综观近几年新课程区高考历史试题,各学科知识、能力的相互渗透融合的特

点十分鲜明。涉及地理、语文、英语等学科的试题层出不穷,高考试题中表现出来的各学科相互渗透、融合的趋势,体现了对历史教学改革的导向,有利于引导教师在平时教学中有目的地实施学科联系,让学生在学习中实现各学科知识能力的相互迁移,融会贯通,从而使学生形成宽厚扎实的人文知识功底。

三、在中学历史教学中学科联系的具体运用

在历史教学活动中,学习策略是多种多样的。历史教师如何在教学中成功地运用学科联系,贯彻合作学习,将素质教育目标真正落到实处呢?

我在讲授"唐朝和日本的贸易往来"时,就成功地实现了学科联系教学。课前布置任务,假定日本商人要到长安来做生意,让学生弄清下列问题:

(1)来时买哪些在长安畅销的日本特产去卖,回程买哪些日本人喜欢的唐朝特产。

(2)海路怎么走?

(3)长安城的历史沿革。

(4)当时的唐朝社会情况和日本社会情况的不同,双方交往的历史,长安城中做生意的场所。

将全班的学生分成几个研究性学习小组,在每小组中,每一个成员将选择一种角色,这些角色包括:

(1)地理学家:研究地形气候,制定往返路线。

(2)经济学家:调查两地商业信息,确定买卖货物。

(3)史学家:查阅长安城的历史沿革,并给予简单的文字介绍。

(4)文学家:以生动的文字描述唐朝及日本的社会情况、双方交往的历史及国际大都市长安城。

(5)导游:介绍长安城及附近的名胜古迹。

(6)政治家:唐朝及日本社会的政治制度、政策及导向。

小组每个成员都必须在他们特定的任务中,认认真真地收集资料,以简报方式写出自己的研究摘要,每一小组都必须完成课题的简要研究报告,接着再进行小组间的报告交流发言。整堂课下来,同学们准备充分,发言积极,很具有思想深度和启发性。

其中,学生的研究多次涉及学科之间的联系。对扮演地理学家和导游的学生,我提示他们注意历史学科与地理学科的联系。强调着眼于三个方面:①借助地图形成历史空间概念,以强化学生对历史知识的理解。如强调唐朝的疆域图,可引导学生观察地图,了解中国在世界的位置及其海陆路线。事实上,若离开了

地图,是无法学好历史的。②借助历史地图和图下注解,认识古今地名的变化,如古代长安就是今天的西安。③认识地理环境对人类社会历史进步和发展的关系。另一方面,也让学生认识到人类历史的发展变化也改造着地理环境。

在学生扮演文学家时,学生很自觉地实现了历史学科与语文学科的联系。学生诵读唐朝大诗人白居易描绘长安城的诗句:"百千家似围棋局,十二街如种菜畦。"真正做到了"文史不分家",达到了文史相互交融的效果。

扮演政治家的学生对政治学原理烂熟于胸。一方面,我国现行的中学历史教材是依据马克思主义哲学基本原理编写的,以哲学观点统帅史实;另一方面,中学历史教材有许多以基本的史实来支撑起来的历史观点或结论与中学政治密切相关。因此,学生在历史学习中要逐步学会运用马克思主义哲学基本原理分析历史现象,认识历史发展的内在规律,同时又要懂得如何用史实论证观点,做到史论结合。只有这样,才能真正达到读史明智的境界。

总之,历史教学中的学科联系,在知识体系上表现为历史学科与相关学科之间知识、技能的交汇、渗透和迁移。在课堂教学具体操作上则表现为"承前联系"(联系其他学科已学过的知识)、"同步联系"(联系其他学科目前正在教学的内容)和"超前联系"(联系其他学科中今后要教的内容)等三种形式。实施学科联系有利于激发学生浓厚的兴趣,有利于提高学习效率,有利于培养学习能力,有利于提高学生的素质。

历史教师应有指导学生进行学科联系的能力,须具备扎实的专业知识根底。教师在"育人"的同时也应关心"育己",俗话说"要给学生一杯水,教师要有一桶水"。然而,在今天看来,教师如果只有一桶死水的话,必然要被时代所淘汰,所以,教师应该努力使自己成为一条不断自我反思、常流常新的小河。

注:本文于2007年暑期撰写于株洲市第四中学,曾在一些历史研讨会和历史教师培训会议上交流。

如何实现中学历史教育
与艺术教育的有机融合

摘要：历史课上成艺术欣赏课，主要源于教师在艺术史教育与艺术教育认识上的偏差，对学情估计不足而脱离学生实际。要实现中学历史教育与艺术教育的有机融合，就必须加强学情调研，使"艺术史"教学设计更贴近学生实际；而巧设导入环节，关注问题导向，以点带面引导学生举一反三，合理运用现代教学技术，引导学生在比较分析中感悟历史与艺术的关系，发掘艺术创作中的人文要素和科学渗透情感态度与价值观教育，是实现历史教育与艺术教育有机融合的关键。

关键词：历史教育　艺术教育　艺术史　问题导向　比较分析　人文要素

在某市一次副校长招聘教学能力考核面试中，有两位应聘者不约而同地选择了岳麓版高中《历史必修Ⅲ·文化发展历程》第18课"音乐与美术"进行现场课堂教学。面试结束后，几位非历史专业的评委向我提出质疑："历史课是这样的吗？""两位老师呈现出来的课堂教学更像是一堂音乐与美术欣赏课，似乎偏离了历史学科和中学历史课堂教学的本质与方向！"面对几位评委的质疑，我们不论其质疑是否贴切，但有一点是值得我们中学历史教师深思的，即我们应重新审视我们的中学历史"艺术史"课堂教学活动，我们既要避免将"艺术史"授课变成一堂艺术鉴赏课，又要避免将"艺术史"授课上成一堂干瘪骨瘦如柴的历史知识传授课。前者因缺少历史的底蕴与哲思，无法彰显"艺术史"的厚重；后者因缺少艺术的润色和点缀，导致课堂缺乏美感与灵气。那么，我们应如何实现中学历史教育与艺术教育的有机融合？这是值得我们中学历史教师认真深入研究与探索的课题。

一、历史课变成艺术欣赏课的主要原因

1.认识上的偏差导致课堂教学脱离应有的轨道

历史教育与艺术教育在普通高中教育体系中是两个不同的学科教育,并分别由历史学科与艺术学科专业教师进行区别授课。表面上看,历史教育与艺术教育似乎形同陌路,互不关联。对学生而言,两大学科的唯一交集点就是中学历史教材中有美术、音乐、影视等发展演变的阐述。

中国甲骨文中的"史"与"事"相似,均有指事件之意。许慎《说文解字》说:"史,记事者也;从又持中,中,正也。"指出"史"的本意是记事者,也就是"史官"。而"历史"一词,最早出现于《三国志·吴书·吴主传》,吴主孙权"博览书传历史,藉采奇异"。"史"前加"历"字就在事件中加入了时间概念,"历史"一词就具有了当今的含义。在西方,"历史"一词源于希腊语"historia",原义为"调查、探究"。综合中西方有关"历史"的定义,我们不难理解高中历史课堂教学的学科特色就在于引导学生"调查、探究"种种历史人物、历史事件、历史现象背后的真谛与智慧。

"艺术"是泛指能给人带来想象、思考、感受的事和物,凡文字、绘画、雕塑、建筑、音乐、舞蹈、戏剧、电影等任何可以表达美的行为或事物,皆属艺术。艺术是一种特殊的社会意识形态和特殊的精神生产形态,通过生产实践活动,反映从物质世界到精神世界、生产关系到思想关系的人类的全面社会生活,创造美的精神产品,满足人类精神上的审美需要。正如马克思所说:"艺术对象创造出懂得艺术和能够欣赏美的大众。"①因此,高中艺术学科的课堂教学是引导学生通过触摸、感观、动手、领悟等去领悟艺术的美,触摸艺术家的灵魂,聆听他们的心声。从本原来说,艺术本身也是"历史",它是一个特殊群体凭借自己过人的才华、敏锐的视角、独特的感知书写的一段"历史",与其他"历史"交融在一起,缓缓流淌,喃喃细语,低声诉说过往的人和事,让今天的我们用静心去感悟它的魅力和美好,倾听它们的欢畅、哭泣、愤怒……因此,包罗万象的历史就注定高中历史教育无法回避"艺术史"的教育教学问题,事实亦是如此。现行岳麓版《历史必修Ⅲ·文化发展历程》"艺术史"内容涉及古今中外的文学、书法、音乐、绘画、影视艺术等,篇幅约占三分之一。

---

① 马克思、恩格斯论艺术:第一卷.北京,中国社会科学出版社,1982:157-158.

"作为观念形态的文艺作品,都是一定的社会生活在人类头脑中反映的产物。"①故"艺术史"教学,在事实上蕴含着艺术史实(艺术家、艺术成就因果等)认知、价值判断和艺术素养培养等多重目标。作为高中历史课堂教学,我们必须借助人类社会艺术史的发展与演变,引导学生学会从历史发展的视角鉴赏各类艺术作品,领略其丰富多彩的人文精神与艺术内涵,探寻其历史的真谛,帮助学生树立正确的人生观、价值观和世界观。"如果我们把所有的重心放在获取技术知识上,并完全忽略作为人类的心灵的浩瀚性的话,我们将变得呆板、厌倦生活和根本上的懒惰。"②

2. 教师对学情估计不足导致教学设计脱离学生实际

首先,高中生相对于初中生,不仅能更具体、更形象地感知历史事件和历史现象,也更能在此基础上对历史事件和历史现象形成抽象思维和理性反思。因而,他们对"艺术史"的学习需求不再局限于对某一作品微观上的具体把握,也不再停留对艺术家生平趣事的追踪,他们希望透过艺术家及对其作品的了解,获得一些更深层次的认识。他们能在教师有针对性的引导下,积极举一反三地思考相同历史时期的其他艺术家及其作品所呈现的主题和蕴含的历史信息;或者主动探究其他历史时期各艺术家及其作品所昭示的种种资讯。他们甚至想借助艺术家这一特殊社会群体和他们对当时社会的认知来帮助自己还原当时历史的真实面目,探寻其蕴含的历史真相。

其次,高中历史新课程改革明确要求教师积极转变教学方式和要求学生积极转变学习方式,倡导教师"灵活运用多样化的教学手段和方法,为学生的自主学习创造必要的前提"。"倡导学生主动学习,在多样化、开放式的学习环境中,充分发挥学生的主体性、积极性和参与性,培养探究历史问题的能力和实事求是的科学态度,提高创新意识和实践能力"③。事实上,随着新课程改革的不断深入和现代教育技术的日新月异,当今高中生的历史学习方式与学习手段越来越多样化。他们或通过网络等媒体大量汲取历史资料、艺术素养等信息,或出自本性与家庭、学校、社会的影响和有意引领,自小就开始参加某些艺术专业的学习,已获得不少艺术素养。到高中时代,他们通过专业学习或业余学习所掌握的艺术常识与知识,

①　毛泽东. 在延安文艺座谈会上的讲话//毛泽东选集:第3卷第. 北京:人民出版社,1991:860.
②　[印度]克里希那穆提. 教育就是解放心灵. 张春城,唐超权译. 九州出版社,2010:181.
③　中华人民共和国教育部制订. 普通高中历史课程标准(实验). 北京:人民教育出版社,2003:2.

比我们许多一线中学历史教师要深厚得多,全面得多。授课教师若对此一无所知不知或知之甚少,教学中就会自觉或不自觉地简单重复"艺术史"知识,学生自然觉得寡然无味,也难以达成既定教学目标。当然,我们也不能过高估计高中生的历史与艺术素养,将"艺术史"教学变成高大上的"艺术赏析"课和抽象的理性思维课,令学生"叹为观止""无能为力"。

二、实现历史教育与艺术教育有机融合的主要途径

1. 加强学情调研,使"艺术史"教学设计更贴近学生实际

"艺术史"教学的课前准备,授课教师应注意两点:一是就相关教学内容对授课对象进行问卷调研,尽可能准确把握学生相关"艺术史"知识的储备状况,以确保自己的教学设计更有针对性,更贴近学生的实际。二是借助网络搜索,或阅读相关书籍,或向学校美术专业教师和学生请教等,以深刻理解艺术知识,为顺利解答学生的质疑和实现教学生成奠定坚实基础。如执教《历史必修Ⅲ·文化发展历程》第18课"音乐与美术",教师就很有必要调研解决如下问题:授课班级有哪些同学喜欢音乐或美术? 是喜欢中国音乐和中国画,还是喜欢外国音乐与西洋画? 平时是如何欣赏音乐与鉴赏美术作品的? 相关的音乐知识或美术知识主要从哪些途径获取? 教材所涉及的音乐和美术作品是否会欣赏,是否已深刻理解? 如果我们能较好地解决这些问题,既能确保自己的教学设计贴近学生实际,又能为自己科学选择教学资源、促进教学生成创造条件。

2. 合理推进教学活动是实现历史教育与艺术教育有机融合的关键

第一,巧设导入环节。"好奇是人类的第一美德,兴趣是最好的老师""良好的开端是成功的一半"①。"艺术史"教学更应好好利用"导入环节",出奇制胜,刺激学生的学习兴趣。如在执教岳麓版《历史必修Ⅲ·文化发展历程》第18课"音乐与美术"时,有教师特意将课前调研使用过的类似问题依次抛给学生:①我们班有多少同学喜欢音乐? 有多少同学喜欢美术? ②你们喜欢什么风格的音乐或美术作品? ③平时又是如何欣赏历史教科书所涉及的音乐或美术作品的? 从课堂教学实际看,该导入设计相当成功:一是活跃了课堂气氛,将学生的思维引入"艺术史"的学习上来;二是因学生课前对这些问题做过一些思考,虽有话可说,但又很

---

① 吴效锋主编. 新课程怎样教——教学艺术与实践. 沈阳:沈阳出版社,2002:156.

难说好、说清,有效激发了学生的求知欲望,学生争相议论,并要求教师解惑释疑。

第二,关注问题导向。"学生深入地读书、深入地理解课文是从问题开始的。"①教师执教"艺术史",必须精确领悟《普通高中历史课程标准(实验)》的"内在精神",巧设历史教学问题,让"艺术史"教学彰显出历史教育特色和个性。仍以岳麓版《历史必修Ⅲ·文化发展历程》第18课"音乐与美术"为例,《普通高中历史课程标准(实验)》明确规定本课的历史教学核心是"欣赏19世纪以来有代表性的美术作品,了解这些美术作品产生的时代背景及其艺术价值""列举19世纪以来有代表性的音乐作品,理解这些音乐作品的时代性、多样性和民族性"②。因此,要实现本课历史教育与艺术教育的有机结合,我们在设计教学问题时必须注意三点:一是引导学生掌握19世纪以来世界美术和音乐史上的重大流派及其特点、代表人物和代表作品。它是本课最基本的教学要求,属于历史教育中客观史实的掌握层次。如果仅从"掌握知识"的视角处理本课教学,我们可以通过直接设问,引导学生阅读,然后利用《19世纪以来音乐与美术成就简表》(包括时间、流派、代表人物、代表作品和价值等),就能较好地完成教学任务。二是教师要引导学生理解这些重大音乐与美术流派的特点、代表作品与它所处时代背景之间的关系及其艺术价值,认识一定的文化艺术总是一定的政治经济的反映。这是本课最重要也是最基本的落脚点,属于历史教育中理论认识的掌握层次。这里需要注意的是,《课标》要求学生获得"作品与时代背景关系和艺术价值"的认识,不是要教师生硬地"灌"给学生,而是要教师通过合理引导,帮助学生运用相关知识在"欣赏19世纪以来有代表性的美术作品"和"有代表性的音乐作品"的过程中获得。因此,科学合理选择和引导学生"欣赏19世纪以来有代表性的美术作品"和"有代表性的音乐作品"就成为教师在讲授本课时必须面对和需要解决的问题。否则,本课就有可能演变成一节纯美术史知识与评价观点的识记课,也就自然谈不上历史教育与艺术教育的有机结合,本课的历史教学三维目标也就无法完成。三是在"欣赏19世纪以来有代表性的美术作品"和"有代表性的音乐作品"时,应突出历史视角,而不是渲染某些艺术技法,要准确把握历史教育与艺术教育欣赏的契合度,谨防将历史课上成一节纯音乐和美术欣赏课。因此,教师在设计问题时,需要注意问题的层次性、思维性、发散性、趣味性等,并将它们有机融合在问题之中。以"印象派绘画与音乐"和"现代艺术的兴起"的学习为例,有教师向学生依次抛

---

①　吴效锋主编. 新课程怎样教——教学艺术与实践. 沈阳:沈阳出版社,2002:92.

②　中华人民共和国教育部. 普通高中历史课程标准(实验). 北京:人民教育出版社,2003:16.

出了这些问题:①你知道哪些印象派绘画与音乐的代表作者及代表作品? ②他们的作品具有哪些特色? ③他们的作品为什么会具备这些特点? ④这些艺术家的努力和他们的作品对我们今天了解当时的社会会产生哪些作用? 这些问题均以艺术专业知识为起点,引导学生在欣赏美术作品过程中,明确了新古典主义的出现与当时社会环境之间的关系,明确了新古典主义美术的产生、发展,及对当时和当代社会的影响,实现了艺术教育与历史教育的有机融合。

第三,以点带面,举一反三。现行高中历史教材中的"艺术史",涉及的艺术家及其代表作品众多,而课堂教学时间相当有限。这就需要我们教师在准确理解《课标》要求的基础上,对教材中的"艺术史"知识进行大胆取舍,选择某些艺术流派或某些代表作品作为突破口,揭示艺术与时代之间的关系,突出历史教育主旋律。如岳麓版《历史必修Ⅲ·文化发展历程》第18课"音乐与美术",阐释了众多印象派绘画的代表人物及其作品,若教师对其一一讲授,只能是蜻蜓点水,难以达成既定教学目标,于是有教师抓住莫奈与《日出印象》和凡·高与《向日葵》,引导学生对莫奈和凡·高的成长历程、作品的艺术特点与时代发展之间的关系进行了重点研讨,从而收到了举一反三、触类旁通的效果。

第四,合理运用现代教学技术。艺术作品是艺术家通过视觉、听觉或两者的有机结合来反映历史与现实,传递其思想、情感、态度与价值观的。因此,合理运用现代教学技术,能更好地实现历史教育与艺术教育的有机融合。仍以岳麓版《历史必修Ⅲ·文化发展历程》第18课"音乐与美术"中的音乐艺术为例,教材概述了19世纪之初直至今天的音乐发展历程。怎样揭示教材列举的音乐代表作品所蕴含的历史信息? 怎样引导学生理解这些音乐代表作品的时代性、多样性和民族性? 显然,仅依靠教师的讲,是难以实现的。而运用现代教学技术手段,以音乐作品鉴赏为切入点,就成为一个很好的选择。于是,有教师在调查得知所教班级学生对贝多芬、施特劳斯的作品比较熟悉后,为突出音乐作品的多样性,选择了贝多芬的《命运交响曲》、施特劳斯的《蓝色多瑙河》中的片段播放给学生欣赏。教学实践表明,学生在课堂上能普遍辨别其不同风格,并能结合相应的材料,领悟其中所蕴含的历史信息。这里需要注意的是:将音乐作品纳入历史教学,虽能帮助学生领悟不同时代、不同民族在音乐创作中的反映和特色,并能增强历史课堂的魅力,活跃课堂气氛,有利于提升学生的艺术修养,但如果我们在"度"上把握不好,只是简单地将不同时期不同风格的音乐作品进行逐一展示或过多地设计音乐鉴赏环节,就会失去我们历史学科教学应有的特点和价值。

第五,比较分析,感悟历史与艺术的关系。没有比较就没有鉴别,学生也难以真正理解不同艺术形式、不同艺术流派的特点及其形成原因与影响。教师引导学生比较分析不同的艺术形式、不同艺术流派的代表作品,旨在揭示艺术的继承性和发展性,突出历史对艺术发展的深刻影响。因为,世界上任何人在进行任何艺术创作时,都会自觉或不自觉地、或多或少地继承和发展前人或他人的艺术成果。以岳麓版《历史必修Ⅲ·文化发展历程》第7课"汉字与书法"为例:汉字在长期演变过程中,经历了由商周的甲骨文到金文、篆书、隶书、楷书的演变脉络。有教师有意识地向学生提供了甲骨文、篆书、隶书、楷书等字体,并询问学生:"汉字为何从篆书发展成隶书等字体?你从中得到什么启迪?"学生经过观察发现,小篆使每个字的笔画数固定下来,但篆书笔画繁复,保存了象形字的遗意,画其成物字体诘屈,不便于书写与辨认,不利于文化的普及、传播与发展,也不适应春秋战国以来文化教育发展下移的大趋势。隶书用笔画符号破坏了象形字结构,成为不象形的象形字,构成了新的笔形系统,字形渐成扁方体,大大方便了书写与辨认。但隶书讲究"蚕头燕尾""一波三折",仍存在书写不便之处。三国钟繇精心研究书法,开始把字体由隶书转化为楷书。楷书使汉字的字形字体基本稳定下来,确定了"横、竖、撇、点、捺、挑、钩、折"的基本笔画,笔形得到进一步规范,汉字书写艺术走向成熟。后世历代书法大家,虽然创造了众多且别具一格的书法艺术,但基本上是在这些基础上的变化而已。这样,学生在教师引导比较分析的基础上,不难获得如此认识:"汉字字体演变和书法艺术发展,主要体现在简化和美化两个方面。文化教育的发展与'普及',促使汉字朝实用方向发展,即简化;审美要求书法艺术提高,促使不同艺术风格的书法不断涌现,即美化。正因为人们在书法的运用中既有实用要求,又有审美要求,且两者互相联系、互相制约、互相促进,从而就有了大篆演变为小篆,篆书演变为隶书,隶书演变为楷书,以及行草书法之出现等。"岂止是书法艺术,前面列举的音乐、美术等艺术流派与创作,无不如此。

第六,发掘艺术创作中的人文要素,科学渗透情感态度与价值观教育。掌握历史知识不是历史课程学习的唯一和终极目标,而是全面提高学生人文素养的基础和载体。艺术作为一种社会意识形态,既是艺术创造者对当时社会的一种主观反映,也是人类实践活动的一种形式,是人类把握世界的一种方式。艺术家按照美的规律塑造艺术形象,以人为中心对社会生活做出感性与理性、情感与认识、个别性与概括性相统一的反映,把创造性的生活与表现情感结合起来,并用语言、音调、色彩、线条等物质手段将形象物质和外观,成为客观存在的审美对象。因此,优秀的艺术作品是全体人类共同的精神财富,它能促进人们之间的交往,推动历史的前进,陶冶人的情操与性情,满足人们的精神需求,是不可多得的情感态度与价值观教育的好素材。因此,我们在进行"艺术史"教学时,一定要坚持深入发掘艺术家或艺术作品中的情感态度与价值观因子,及时科学地渗透历史情感态度与价值观教育,或寓教于史,启智固志;或寓教于情,潜移默化;或寓教于形,铭刻肺腑;或寓教于理,深明大义。仍以岳麓版《历史必修Ⅲ·文化发展历程》第 18 课"音乐与美术"中的音乐艺术为例,有教师以解剖现代派画家毕加索为切入点,展示了其名作《格尔尼卡》,并引导学生观察分析:"你从《格尔尼卡》画面发现了什么? 从中你获得什么启示?"于是,学生纷纷发表自己的见解,并达成这样的共识:"《格尔尼卡》从一个侧面再现了 1937 年德国空军疯狂轰炸西班牙小城格尔尼卡后的悲惨情景。虽然,画面里没有飞机,没有炸弹,但聚集了残暴、恐怖、痛苦、绝望、死亡和呐喊。被践踏的鲜花、断裂的肢体,手捧死去的孩子号啕大哭的母亲、仰天狂叫的求救,身残倒地、断臂仍然握着断剑的战士,濒死长嘶的马匹,光芒冰冷尖锐的顶灯……这是对法西斯暴行的无声控诉,撕裂长空。画家以象征和半抽象的立体主义手法,以超时空的形象组合,打破了空间界限,蕴含了愤懑的抗议,成就了史诗的悲壮;在支离破碎的黑白灰色块中,散发着无尽的阴郁、恐惧,折射出画家对人类苦难的强大悲悯和对德国法西斯罪行的强烈控诉。"

新课标背景下的历史教学,其理性思维和知识内涵已大大超过以往的历史教学。特别是"艺术史"教学,对教师的专业素养、教学素养与教学机智等提出了更高要求。它在警示我们中学历史教师:我们应多多加强"本体知识"之外的知识储备,加强文学、艺术、哲学、地理、宗教、科技等方面知识的学习,实现中学各学科知识的融会贯通,提高自己的人文素养。如是,我们就能更好地运用自己的教学机智,驾驭课堂,调动课堂,确保教学目标的达成。

注:本文发表于中南出版传媒集团主编的《新课程评论》,2017 第 1 期。本文还为中国人民大学主办的复印报刊资料《中学历史、地理教与学》2017 年第 5 期全文转发。

课堂教学评价中的几个问题

一、课堂教学评价的对象与指标

课堂教学评价是推进素质教育教学改革的关键环节。要做好课堂教学评价，必须先弄清如下几个问题：

1. 课堂教学评价的对象是什么？

课堂教学评价的对象是课堂教学，具体说是教师与学生在课堂上的活动及效果。评价对象不是教师本身，因此，教师未在课堂上表现出来的素质不能作为评价因素，教师的既往表现也不能成为干扰因素。我们评的是客观存在的课堂情况，执行评价标准不能因人而异。问卷和座谈中，有一种"做假"说，认为有准备的课、别人帮忙出主意"导演"的课是假的，不真实。这个问题是否应该辩证地看？许多研究课、观摩课是集体研究的成果由一位执教者表现出来，大家评的还是这节课，通过评课来研究教学。当然，执教者受益最大，内在的是受到一种锤炼，外在的也许因此而一鸣惊人，很像一位演员遇到了好导演、好剧本。执教者在自评的时候应主动说明受到了哪些指点和帮助。但我们也不能否认，研究课、观摩课的执教者如果不具备较好的素质，不经过刻苦的努力，就难以上好课；上好了这一节课，也许就可以上出许多这样的课，那就由"假"变真了。

2. 课堂教学评价指标是什么？

评价指标是衡量事物的角度或维度。"当我们要衡量某个事物的价值时，……要从该事物找到表征它的属性、特征的那些维度，这些维度被称为评价指标。"①评价指标的确定是以评价对象的属性和特征为根据的。那么，课堂教学、

---

① 丁朝蓬. 教材评价的本质、标准及过程. 课程·教材·教法, 2000(9).

素质教育思想指导下的课堂教学的属性和特征是什么呢？是教师的主导为学生的主体发展服务，是促进全体学生发展、展现个体生命活力的生动活泼的教学活动，是平等和谐的师生、生生关系。从素质教育的理念出发，课堂教学评价的一级指标应该是二维的，一个维度是教师的教，一个维度是学生的学。在这两个维度下再分别分解出符合素质教育特征和学科特点的二级指标。

二、观察思考教师对学生的评价

每一个人在心灵深处都渴望得到别人的肯定，而来自他人的一句普普通通的喝彩，也将给我们的生活注入美丽，有时甚至会影响一个人的一生。根据教学规律和新课程标准要求，课堂教学评价由注重对教师的评价转变为注重对学生的评价，一是注重对学生参与的评价；二是注重对学生发展的评价。为此需实现四个转变：由单一智能到多元智能，由结论到过程，由静态到动态，由现实到预测。促进一切学生的全面和谐发展。因此在教学评价中应坚持以下五个基本原则。

1. 活动性原则

能力的形成和发展，永远起始于主体的积极活动过程，能力是在主体活动的过程中产生和形成的，也是在主体的活动中表现出来的。因此，评价课堂教学要把学生是否积极主动地动手、动口、动脑，是否人人积极参与探索、实践、交流等学习作为重要内容进行评价。

2. 情感性原则

情感是学习活动的"催化剂"，它与认知能力的发展互为前提，互相促进，是不可分割的两个方面。一方面，认知活动可以促进情感的分化，可以提高情感交往能力，升华人的情感境界；另一方面，情感因素又可以成为学习活动的动力系统。积极情感体验还可以直接、间接转化为人的动机和意识，提高人的学习效率。因此，加强教育者与学习者、学习者与学习者之间的情感交流，使教学情感化，也是评价课堂教学的一条重要原则。教学过程中，教师与学生情感交流的途径是多方面的，其中，教师对学生的学习评价，是师生交流不可忽视的途径。教师对学生的评价不仅影响学生对本节课的学习，甚至影响学生的一生，广大教师切不可等闲视之。一般来说，教师对学生的评价，应突出以下三点：

第一，热切的激励性。在强烈的评价意识和明确的评价目的的基础上，一般地说，评价以激励为主，这种激励主要表现在两个方面：一种是对优秀的反馈信息的激励,如某个学生题目做得正确甚至有独创性,回答问题正确流利、干脆等,教师就可说:"某某学生答得精彩,有见地。"一种是"后进生"的激励,后进生有一个很突出的心理障碍是缺乏自信。而在这时,教师的激励性评价就显得尤为重要。教师要善于从学生的反馈信息中,敏锐地捕捉到其中的闪光点,并及时给予肯定和表扬,把爱的阳光洒向那些易被遗忘的角落,使他们在引导激励下看到自己的能力和进步,从而增强学习信心,并逐渐由后进生转向优等生。如平时不爱发言的学生发言了,反馈中哪怕只是那么一丁点儿合理的内容,也应给予充分肯定。这好比一棵断树,只要还有一根树脉未断,它就还有生存并长成参天大树的可能。关键是能否用百倍的爱心去关心呵护它。

第二,诚挚的情感性。在评价过程中,要注意融注情感教育,做到心诚意切,对学生高度负责。评价恰当,不但能使学生获得精神上的支持,也可获得感情上的满足,这就要求教师了解学生、观察学生、分析学生,实事求是地肯定学生的优点。教师要善于"从鸡蛋里挑出骨头来",让学生品尝到成功的喜悦,唤起他们的学习激情,产生莫大兴趣和动力。教师决不可主观片面地随意否定学生,因为气可鼓而不可泄。当然,也不能把赞美之词当作廉价施舍,那样的话,效果也将适得其反。

第三,切忌伤害学生的语言。如"这么简单的问题你还问"。学生问的问题无论多么简单,多么可笑,教师都应耐心、认真地给予回答,让学生在收获知识的同时,也获取成就感,为他们的后续学习提供良好的心理优势和知识准备。又如"这是你蒙对的吧"。有一位教师在一次上课中,提问一位学习成绩一般的男学生。那位学生思考了一会儿并准确地回答了那道问题。教师表扬了他之余,又加了一句"你是蒙对的吧"。那位男生没有说什么,但他的脸色却很难看,全班顿时静了下来。学生需要赞赏,一句不经意的话,可能给学生的心灵蒙上阴影,给他们带来莫大的伤害。成绩平平的学生更需要老师的呵护,以此来提升自信与自尊。再如"这么简单的题你都做错"。这句话的直接结果,就是学生在以后的教学过程中不敢再问教师。因为教师已经给学生泼了冷水。教师应正确认识、处理学生在学习上出现的错误,哪怕是看似简单的错误。不能以教师自我为中心来评价学生,而应以科学的评价观为指导来进行。

3. 开放性原则

开放性是课堂教学评价的一条重要原则,它要求课堂教学做到:一是教学中必须激发学生的学习活力,不断激起学生的理解、领悟、体验、探索、发现,以及想象和表现的愿望,让学生的思维、心态处于开放状态。二是创设有利于学生发展的开放式教学情境,通过教学时空的拓展变换,教学评价方法多元,师生之间和生生之间的多向交流,为学生营造一种开放的学习空间,以激发学生的学习活力。三是不拘泥于教材、教案,而要充分考虑学生学习活动过程的多样性和多变性,以学生的反馈信息,不断调整教学过程,促进学生健康、和谐地发展。

例如,有一位语文教师讲授《窦娥冤》一课,讲到窦娥临刑前发了三桩誓愿:"雪溅白练、六月飞雪、亢旱三年",接着让学生思考问题:这三桩誓愿实现的可能性大不大,为什么作者要这样写?它体现了窦娥的什么精神?有一位学生主动站起来回答:"体现了窦娥死得不甘心,想报复,亢旱三年,不只老百姓连贵族官宦也要饿死……"这个回答出乎教师预料之外,没等学生讲完,教师就示意坐下:"胡扯蛋"。这个学生神情非常沮丧,显然这是一个极端失误的课堂评语。教师应当考虑到学生思想仍未成熟,思维活跃,也较单纯,如果仅从字面理解,学生的回答是有一定道理的。当然,学生这种理解不符合作者的本意,也与窦娥的品性不符。在这时候,教师应耐心地引导开启,把学生的思想诱导到文艺创作的浪漫主义艺术手法上来,指出这是为窦娥的遭遇鸣冤叫屈,也是对罪恶的封建制度的控诉。在教学中应允许学生畅所欲言,甚至是不可理解的与众不同的思路,给学生一个充分表达的锻炼机会,若错了,再慢慢循序渐进地引导学生接受正确的观点,这正是教师发挥主导作用、"化腐朽为神奇"的最佳契机。

4. 创新性原则

培养学生的创新精神和实践能力是课堂教学的一项重要任务。课堂是培养学生创新精神的主渠道,但不是所有的课堂教学都能培养学生的创新精神,课堂既可以是培育创新精神的摇篮,也可能是窒息创新的坟墓。以教师为中心、教材为中心、应考为中心的那种课堂,永远不会培养出真正的创新型人才,课堂教学评价,要突出对培养学生创新意识、创新精神和创新能力的评价。通过评价激励教师和学生的主观能动性、创造性,特别是要激励学生能大胆质疑、大胆猜想、大胆探索、敢于逾越常规,学会从不同角度寻找解决问题的多种方法,培养学生思维的深刻性、独立性、灵活性、批判性和敏捷性。

5. 多元性原则

注重学生综合素质的考察,不仅要关注学生成绩,而且要关注学生的创新精神和实践能力的发展;尊重个体差异,注重对个体发展独特性的认可,给予积极评价,发挥学生多方面潜能。

三、观察思考学生在教学中的表现

课堂教学的本质是知识的生成过程,学生是课堂教学的主体。评价一节课不仅要看教师的教学水平和教学艺术,也就是看教师教得如何,更要看学生学得如何,学生是怎样学的。现代教学评价中,常涉及"学生参与度"问题。

学生参与度是判断学生主体地位是否落实和学生主体作用发挥如何的主要指标。什么是学生参与度? 有两种看法:①学生参与度 = 发言学生数/全体学生数 x %;②学生参与度 = 学生活动时间/上课时间 x %。

大家认识比较一致的是,要落实素质教育,特别是培养学生的创新精神,必须从根本上改变"师讲生听"的教学模式,让学生动脑思考、动口表达、动手操作。要把这些作为教学评价中可测量的要素,才能促使教师在日常教学中去落实。对"学生参与度"的量化问题,大家有不同看法。其一,没有量就谈不上质。绝大部分学生被动地听,你怎么可以说学生的主体作用得到了开发? 没有一定的参与度,教师在课堂上就不能根据学生学习的情况及时调整教学。其二,机械地计算参与度,会助长形式主义的提问和无意义的学生活动,比如"是不是?""对不对?""行不行?"之类的简单提问,乱哄哄不知学生在议论些什么的所谓"讨论"。"乱问"不如不问,这样的做法对教学质量的提高没好处。其三,对"以讲为主"不能一概否定,有质量、有启发的讲述要胜过无意义的问答和无效的学生活动。

我认为,"学生参与度"是值得专门研究的一个问题。到目前为止,教学评价者判断学生在课堂上的学习状态如何,大多是用描述性的模糊表达法,比如说"学生思维活跃""学生发言积极"。这种描述往往因缺乏证据而没有说服力。如果不是同时听这节课的人,很难从这种描述中了解真实的课堂情况。因此,研究"学生参与度"对科学地进行素质教育质量评价具有重要意义。从目前来看,亟待研究的问题是:第一,学生参与度的概念认定。要不要用时间比或人数比来表示? 第二,判断学生参与度的质量要素和层次标准。有教研员提出,课堂发言是学生参与度的基本要素,但要区分不同层次:发言的人次,体现了参与的面;主动发言的人次,体现了教师启发得法和学生思维参与的主动性;讨论了哪些有价值的问题,体现了思维参与的质。第三,不同学科、不同学习内容、不同教学模式对学生参与度的不同要求。比如有的学科就明确提出了讲、练比例。

一般而言,判定学生的参与度,主要坚持对学生"三看":

一看学生的参与状态。学生在课堂中主体地位的确立,是以一定的参与度做保证的,学生没有参与,或参与得不够,就谈不上"主体"。评价学生的参与状态,既要看参与的广度,又要看参与的深度。就广度而言,学生是否都参与到课堂教学的活动中来了,是否参与了课堂教学的各个环节;就深度而言,学生是被动应付地学习,还是积极主动地探究?是浮光投影,浅尝辄止,还是潜心钻研,情动辞发?所以教师唱主角,学生当配角的课不是好课;只有少数优秀生展示才华,大多数学生做陪客旁观的课不是好课;表面热热闹闹,但没有引起学生认知冲突的课不是好课。课堂上教师要把学生的积极性调动起来,把活动贯穿于教学的整个过程中,使每个学生都动手、动口、动眼、动脑、动情。

二看学生的交往状态。课堂上,教师是否创设平等、宽松、民主、和谐的学习环境,让学生感觉到自己在这个环境里是安全的,他能与同学、教师甚至教材进行平等的对话。他讲错了没有关系;他提出问题,没有人笑话;他不认同老师,也不会受批评;他对教材有异议,也没有人指责。当他学习困难时,会得到善意的帮助;当他取得成功时,会得到诚挚的祝贺;当他标新立异时,会得到大家的喝彩。在这样的环境里,学生迫切地想与大家交流自己的学习体验,课堂成了学生放飞心灵的天空。这样的课,就是好课。反之,课堂上视书本为"圣经",把教师的话当作"金科玉律",学生唯书是从,唯师是从,这样的课就不能算是好课。

三看学生的达成状态。过去评价课堂知识含量,主要是看教师课堂传授的知识点是否足够多,至于学生接受的效果如何又另当别论。如今更要看学生自己有无切实掌握这些知识点,并将这些新的知识点纳入自己原有的知识体系中,内化为自己的知识。同时,要关注每一个学生的学习达成状态,要让每个学生在原有基础上得到尽可能的发展。在致力于面向大多数中等水平学生的同时,让优等生"吃得饱",早日脱颖而出,让学习有困难的学生"吃得了",真正做到面向每个学生的每个方面,使每个学生每堂课学有所得。

评课焦点从主要看教师转向主要看学生,这不仅是视角上的转移,更是教育思想、教育观念的根本转变,只要观念切实转变了,素质教育的思想牢固了,评价一堂课是优是劣,是不难定性的。

四、新课程一节好课的六个评价标准

新课程评价的标准与旧课程截然不同,主要有以下六个方面的标准。

第一,确定符合实际的内容范围和难度要求,设置科学合理的教学目标,并在实际教学中得到贯彻落实。

教师上的每一节课都应当具有针对性，没有一个能适合任何学生的教材和教案。教师一节课的设计，实际上就是一次创造性劳动。教师要根据教学条件和学生的学习准备度，确定恰当的内容范围和难度要求，设置科学合理的预期目标。教学目标一旦确定，就必须在教学中贯彻落实，否则，目标设计就是一种欺人的摆设。

第二，能够为学生创设宽松和谐的学习环境。

好的课堂应当是教师创设宽松和谐的学习环境，使学生在探索和学习过程中获得丰富的情感体验。宽松和谐的环境并不完全依靠故事、游戏或生动的情景来创设，教师形象生动、富于智慧幽默的语言，一个含蓄的微笑，一句鼓励的话语，富有启发性和创造性的问题，一个激起学生强烈学习动机的探索活动都可以创设一个良好的学习环境，使学生不仅学会知识、形成技能，也能获得情感上的丰富体验。

第三，关注学生学习过程，倡导合作交流，注重培养创新能力。

新课程一个重要的理念就是让学生在"活动中"学习。教师能为学生提供更多"做"的机会，让学生在实际的操作、整理、分析和探究中学习并倡导学生进行合作交流，讨论、启发，让学生在"做"的过程中学习、体验知识的生成过程，培养学生的合作精神与创新能力。

第四，尊重学生需要，保护学生自尊心，培养学生自信心。

好的课堂教学应尊重学生的个性差异，尊重不同学生的知识、能力、兴趣等方面的需要。设计不同层次的问题、不同类型和水平的题目，使所有学生都有机会参加活动，并获得成功的体验。培养学生对学习的信心，相信每一个学生的回答都是智力活动的结果，都会给学生带来启示。

第五，运用灵活的教学方法，满足不同学生的实际和教学内容的要求。

"教学有法，教无定法。"教师应能够根据不同的教学内容、不同学生的发展水平，选择适合他们的教学方法，灵活机智地应变教学中的"意外"，充分发挥学生的主动性和积极性，能探究的让其探究，能接受学习的让其接受学习。让不同水平的学生学习同一教学内容都有不同层次的收获。

第六，能够为学生留下思考的时空，让学生充分发展。

好的课堂应当是富于思考的，学生有思考的内容、空间和时间。教师只扮演一个组织者和引导者的角色。学生积极参与到学习活动中，积极主动地思考。教师的责任在于为学生提供必要的时间和想象的空间，并引导学生思考。

注：本文是 2005 年 10 月在株洲市四中青年教师协会青年教师培训班上的专题讲座文稿。

在反思中前行

新课程背景下,谈论教学反思从理论层面来说,绝对不是什么新鲜话题。但从教育实践的层面来说,教学反思似乎又是新鲜话题。试问:我们反思过自己的教育教学言行吗?我们时时反思过自己的教育教学言行吗?我们反思过自己的教育教学是否科学吗?我们又怎样科学反思自己的教育教学言行?我们是否将科学的教育教学反思落实到实际教育教学之中?叩心自问,自己离此相距甚远……

或许有人会问,反思很重要吗?回答是肯定的。因为,只有反思,我们才能真正认识自己的优劣之处,才会看到他人的长处,虚心向他人学习;只有反思,我们才能真正发现教育教学的真谛,才会在教育教学实践中坚持真理,永不言弃。反思确实是不断提升教师个人教育教学能力的有效手段,是不断提升我们教育教学效益的重要途径,它应贯穿于我们的教育教学生涯。

或许还有人会问,在日常教育教学中难道有那么多教育教学言行需要反思吗?回答仍然是肯定的。日常教育教学不是没有问题可供我们反思,而是可供我们反思的问题实在太多,不胜枚举。作为教师,我们是否反思过自己每天的言行?是否能做学生的表率?作为一位传道、授业和解惑者,我们可以反思自己的备课:我坚持深入研读过每一课的课程标准要求吗?我认真深入研读过每一课教材吗?我深入研究过学生学习每一课的基础与实际需要吗?我所确定的教学三维目标合适吗?我所采取的教育教学策略与方法能实现所确定的三维教学目标吗?我的教育教学言行符合教育教学规律吗?我的教育教学结果达到了既定的三维教学目标吗?……

以上课为例,我们应给学生一个什么样的课堂?给学生一个"情感的课堂",我们就应该体现我们学科教学的"人文性",其基点就在于"情感"。一个没有激情的教师,如何能调动学生的情感,能让学生充满热情地学习?教育教学应给学生一个"充满激情的我",陪伴孩子度过每一段"燃烧的岁月"!因此,我们上课就应尊重学生的"需要",注重"激趣"变苦为乐,充分展现各学科的人文之美。给学生一个"交流的课堂",我们就应实现"文本对话""师生交流"和"生生交流"。给学生一个"开放的课堂",我们就应大胆地让孩子去"感悟",去"展示自己"。教学不仅仅是一种告诉,更多的是学生的一种体验、探究和感悟。如此种种,我们做到了吗? 我们反思了吗?

教育是什么? 教育的本质是培养人,为人的发展服务,为人的幸福奠基。我们的学生幸福吗? 我们在教育教学过程中感到幸福吗? 我们的教育教学行为真正符合教育的本质吗? 教育教学是一个过程,这一过程的结果关系着千千万万个孩子一生的命运! 教育家杜威先生说过:"给孩子一个什么样的教育,就意味着给孩子一个什么样的生活!"从这一意义上说,教师在乎什么,学生就发展什么。一个勤于反思且善于反思的教师,也会培养学生良好的反思习惯,从而在不断反思中感悟学习、感悟生活、感悟真理、感悟幸福……

我思故我在,我思故我新。我们需要在教育教学反思中前行!

注:本文是2011年9月在"株洲市中学历史名师工作室"一次研讨会议上的发言。后发表于校报《株洲市四中》第11期,2011年9月25日。

02

| 提问探索 |

课堂提问，看似不难，实则不易。因为，课堂提问是一门艺术，它不仅涉及是什么？还涉及为什么？还有什么？怎么样？而且，同一意义的提问，不同的设计与发问，其在教学中所产生的影响与效果是大不相同的，甚至相差悬殊。真可谓失之毫厘，谬以千里。

课堂提问是教学过程中教师和学生之间的一种相互交流的方式。一方面，教师通过提问，可以了解学生对知识的理解程度，诊断学生在学习中遇到的障碍，反馈教学效果，对学生进行个别指导；另一方面，教师通过提问，能有效激发学生的学习兴趣，维持学生的注意力，开发学生潜能，培养学生能力，提升教育教学质量。不过，精彩的、富有特色的、能激发学生求知欲望的、激励学生主动学习与积极探索的提问，不仅需要我们深刻理解和牢固掌握相应的提问方法，更需要我们在课前反复琢磨，精心设计，才能达到理想的效果，甚至进入化境。

课堂提问设计，与教师的教龄关系不大，但与教师的专业修养、语文修养密切相关；与教师的教学追求密切相关。只要我们用心琢磨，反复推敲，年轻教师一样能设计出精彩的提问，甚至使自己的教学提问成为自己课堂教学的一大特色。

提问的理论依据

课堂提问,就是教师在教学过程中,根据教学大纲、课时目的要求和学生智能水平设计问题,以引导启发学生分析问题、掌握知识和发展智能。

近年来,随着中学历史教学改革的不断深入,在历史教学方法上,很多专家、教授和中学历史教师,就如何克服传统历史教学方法的弊病,开发学生智力和培养学生能力做了种种探索,取得了可喜成绩。其中,提问作为开发学生智力和培养学生能力的有效手段,已为历史教学工作者所接受,且贯穿于历史教材和中学历史教学过程之中。人教版九年制义务教育初中历史教材每一课都设计了问题提示和相应的思考题,是绝好的说明。提问作为开发学生智力和培养学生能力的有效手段,是有其科学理论依据的。

第一,从教育思想的角度来说,在历史教学过程中,教师是主导,学生是主体;教师是外因,学生是内因,外因通过内因而起作用。教师的主导作用不仅是按照规定的教学大纲(今课程标准)和教材组织教学活动,更重要的是充分调动学生的主动性、积极性,使学生自觉地进行思维。提问就是调动学生的主动性、积极性和激发学生思维的有力手段。因为,在课堂教学过程中,教师提出任何一个问题,都是面向全体学生的,所有学生都有被教师请来解答问题的可能。学生要解答教师的提问,就必须主动、积极地阅读教材或教师提供的相关材料,并进行积极思考。否则,他就无法解答教师提出的问题。

第二,从心理学角度来说,课堂提问符合感知、注意和识记三大心理学规律。

首先,提问符合感知规律。从知觉的选择性看,在同一个时间内,人在感知客观现实时,总是先选择某一种事物作为自己的感知对象,以获得清晰的形象。因此,在历史教学过程中,教师设计、提出问题,能使学生明确学习任务和目的,有选择地去感知历史教材或教师提供的相关材料中的内容,以获得清晰的形象。又因为知觉的选择性往往受到对象的新颖性影响,且对象的新颖程度越高,其吸引力就越大,也就越容易被知觉。故新颖的提问,往往容易引起学生去优先知觉所要掌握的教材内容。从知觉的理解性来看,人在感知面前事物的时候,并不简单地决定于分析器对新事物的照相式的反映,而总是在过去的知识、经验参与下,对新事物加以理解的。故讲授新课过程中,教师联系已有知识提问就具有重要意义。特别是在目前高考文理分科这一特定历史条件下,文科班学生原在初中和高中一、二年级已把中学历史教材学过一遍,他们对教材已有了不同程度的了解和掌握,教师灵活地运用提问这一手段,更有利于唤起学生原有知识经验中的感性材料,引起学生主动学习的兴趣,从而收到良好的教学效果。

其次,提问符合注意规律。注意是心理活动对一定的对象的指向和集中。人们要想有效地进行活动,就必须把心理活动指向并集中于活动对象。请注意,从其心理活动发生来说,它是有机体的一种定向反射,其意义之一,就是使心理活动具有选择性,能够使人对外部众多的信息加以过滤,而只对那些对人有重要意义的、符合人当前活动需要的、与活动目的相一致的信息进行加工,从而避开无关信息的影响,使指向的活动得以顺利进行,指向的对象得以精确反映。由于教师所提出的问题,就全班同学而言,他们都有被问的可能,这就使他们必须适时地避开与问题无关的信息,把注意力集中到所提的问题上来,做好回答问题的准备。正是在这种心理状态下,学生能根据教师在教学过程中的提问内容的改变而转移,这有利于培养学生的注意品质。

再次,提问符合识记规律。识记是一种反复认识某种事物,并在头脑中留下印象的过程,它是记忆的第一步,是保持的必要条件。根据人在识记时主观上有无明确的目的和自觉性,可把识记分为有意识记和无意识记。研究表明,学生在学习过程中,依靠无意识记获得不少知识,但是无意识记缺乏目的性,识记的内容往往带有偶然性和片段性,大量的系统的科学知识需要学生有意识记。许多实验证明,在其他条件相等的情况下,记忆的目的愈明确、愈具体,识记效果愈好。因此,从识记效果来看,提问作为一种教学手段,能使学生较多地处于积极的、有目的的、有意识记状态,因而学得活,印象深,保持的时间也相对较长,不易产生遗忘。再者,有研究表明,识记对理解具有依存性。以理解为基础的意义识记,无论在识记的全面性、速度还是精确性和牢固性方面都比机械识记好。提问作为一种教学手段,一方面,通过联系旧知识设问,使新知识纳入相应的知识系统中去,成为已有知识系统的有机组成部分,并通过比较、综合、弄清他们之间的联系,这样所识记的材料就不是杂乱无章、支离破碎的对象了,而是一个有机整体,从而更有利于保持和回忆。

第三,从控制论的角度来说,提问符合反馈原理。所谓反馈,是指施控系统的信息(又称给定信息)作用于被控系统(对象)后产生的结果(真实信息)再输送回来,并对信息的再输出发生影响的过程。教学过程中重视反馈信息,既可使教师掌握情况,改进教学,又可以使学生强化正确,改正错误,找出差距。提问作为一种教学手段,不仅可贯穿在整个教学过程中,而且是一个多层次多角度的运动变化的信息过程。在整个教学过程中,师生都是信息源,都是信息接收器;师生的言行既是信息,又是反馈。教师通过设问及师生对所授内容的质疑,能及时掌握学生对知识的理解、掌握程度和是否正确,发现学生思维活动的障碍,从而有针对性地控制教学。有位历史教师在总结自己的教学体会时,认为提问在教学反馈上有两个方面的作用。其一,提问获得的教学反馈信息能够帮助教师了解学生的学习实际。这位教师在讲授"秦始皇统一六国"一课时,曾有意识地提出这样的问题:"战国有七雄,为什么最后由秦来完成统一?"要求学生把散见于教材中的"战国七雄"和"秦始皇统一六国"二课内容综合起来回答,从而考察了学生归纳和综合分析问题的能力。其二,提问获得的教学反馈信息可以检查教师的教学工作,是教师调节教学的依据。这位教师通过多次回忆历史年代的提问后,发现学生容易把年代混淆,因此,有针对性地强化时间概念的教学,利用"时间带"和"大事年表"等教学手段,收到了较好的教学效果。

第四,从心理发展角度来说,中学生正处于儿童期向少年期发展的过渡时期。就初中生而言,学生一般能根据教学的要求去感知不稳定或情绪转移的现象。因此,教师有意识地提出问题和引导学生分析问题,就可以有效地防止那些干扰学生感知学习对象的因素。在识记上,教师有责任通过提问,引导学生彻底理解教材,培养学生有意识记的品质。同时,在初中生思维中,抽象逻辑思维已开始占主要地位,它为教师的设问和师生共同分析问题奠定了基础。就高中生而言,他们认识过程的各种心理成分(如感觉、知觉、记忆、思维、想象等)已接近成年人的水平,其思维发展的突出特点,就是抽象思维占主导地位,且具有一定的批判性和独立性。他们在学习过程中,喜欢探求事物现象的根本原因,对别人的意见或教师的讲课,都不愿意采取轻信盲从的态度,喜欢怀疑和争论;他们的求知欲望强,对新鲜事物很敏感,接受新鲜事物快,保守思想少,思维相对活跃,他们喜欢独立思考,遇到问题表现出有一定主见,在和别人讨论问题的时候,总是希望对方的逻辑论证要具有说服力;他们不但开始注意学习材料本身的正确性,而且也开始注意到学习材料论证方法的周密性;他们能够独立地搜集事实材料,进行综合分析,抽出事物的本质属性,独立地概括出相应结论。正因为如此,讲授高中历史过程中,教师更应充分利用提问这一教学手段,以激发学生求知欲,发展学生抽象思维和逻辑思维的能力。

　　第五,从智育发展的深度来说,智育是以系统的文化科学知识、技能武装学生,发展智育和培养能力的教育。学生在学习过程中,要深入地掌握所学知识,发展智力和培养能力,必须善于提问。正如教育家陶行知在《创造的儿童教育》一文中指出:"发明千千万,起点是一问。禽兽不如人,过在不会问。智者问得巧,愚者问得笨。人力胜天工,只有每事问。"因此,有经验的优秀教师,在课堂教学过程中,不仅自己善于发现问题和提出问题,而且还善于诱导学生去发现问题和提出问题,借以培养学生的创造性思维能力。

导入新课提问法

好的开头等于成功的一半。精彩的引言犹如戏剧的序幕,课堂的开头,一开始便应像磁铁一样吸引学生。当今课堂教学,运用提问导入新课已是各学科教学过程中不可忽视的环节。运用提问导入新课,对历史课教学来说,其重要性尤为突出。因此,这一环节如运用得好,既可以起到承前启后的作用,使学生的新旧知识衔接自然合度,又能使学生对新学得的知识有全面、系统的了解和理解,从而达到使学生掌握基础知识,开阔视野,提高综合分析问题和解决问题能力之目的,还具有制造悬念、激发兴趣和启发思维等作用。具体而言,历史课堂导入新课的提问方法主要有下列六法:

一、以旧引新提问法

以旧引新提问法,是指讲授新课前由教师提出一些富有启发性的问题复习旧课,并引导学生积极思考,从而导入新课的方法。这也是教师最常用的导入新课的方法。这一方法要求教师在设计问题时,应针对学生已经掌握的旧知识的状况,根据由浅入深、由个别到一般、由具体到抽象的认识规律,提出一些与新课内容密切相关的具有思考性的问题,启发学生思考,引导学生十分自然地过渡到新课。其目的,不仅是为了帮助学生复习巩固旧知识,更重要的在于让学生自觉地理解新旧知识之间的内在本质联系,为讲授新知识铺平道路。正如《教学论》所说:"复习不是为了修补倒塌了的建筑物",而是"添建一层新的楼房"。

例如,讲授"三国鼎立"一课时,学生对军阀混战局面这一历史现象的出现,往往将其错误地理解为"统一国家的分裂是东汉末年黄巾起义的结果"。为了引导学生正确理解这一历史现象出现的必然性,在讲授新课前,教师可联系学生已经学习过的"东汉的统治"和"两汉的经济和社会生活"中的有关内容提出下列几个问题:

1. 东汉地主经济的发展突出表现在哪一方面？（学生能回答出：豪强地主田庄的发展）。

2. 东汉田庄有什么特点？（学生能回答出：规模很大；经济上自给自足；控制着大量农民；拥有私人武装。）

3. 黄巾起义有什么历史作用？怎样失败的？（学生能回答出：经过黄巾起义的沉重打击，东汉政权土崩瓦解，名存实亡；黄巾起义是在东汉政府联合各地地主武装共同镇压下失败的。）

最后教师总结指出：东汉田庄是以自然经济为基础的，本身带有独立性；田庄的豪强地主又拥有武装，他们在与东汉政府共同镇压农民起义的过程中乘机崛起，形成割据一方的军事集团。可以说，东汉末年的军阀混战和后来的三国鼎立，乃是两汉地主经济发展的必然产物，这样，教师便有机地导入了新课。

以旧引新提问法，有利于知识间的衔接和使学生理解历史发展的因果关系。但它往往缺少趣味性，尚不能最大限度地调动学生的学习积极性。

二、联系现实提问法

历史是遥远的，有昨天还有前天；历史是前进的，有今天更有明天；历史又是联系的，今天的世界是昨天的世界的一个发展。历史知识的特点是它的过去性。历史是讲过去的事情，但是学生认识事物却总是由近及远的。联系现实提问法，就是要求教师在讲授新课时，把过去和现实有机地联系起来设计问题，提出问题，借以激发学生思维，调动学生学习的主动性和积极性。

例如，讲授高中《世界历史》中的"美国独立战争"一章时，与其按照常规复习提问而导入新课，还不如联系现在的美国设计问题来讲为好。因为现在的美国是学生比较熟悉的，他们通过课外读书、读报和看电视等途径，了解到了不少当今美国的情况，在他们的头脑里已经形成了有关美国的一些印象。他们不熟悉的是美国的历史，学生总是对那些他们熟悉的题材与不熟悉的问题感兴趣。因此，讲"美国独立战争"一章，就可以这样联系美国的现实提问："大家知道，美国现在是资本主义国家中首屈一指的大国，它对世界的政治、经济有着重要的影响。但是，美国的历史很短暂，到现在为止才200多年。那么，美国在历史上是怎样出现的呢？为何能通过短暂的200多年就发展成为世界上最强大的国家？"这样的问题一经提出，就势必造成学生心理上的悬念，激起他们探索知识的欲望与要求，提高学生的学习主动性和积极性。于是，新内容的讲授就可以顺利地进行下去。不过，教师联系现实提问导入新课,一定要选择学生比较熟悉的感兴趣的内容,才能收到预期的效果。

三、知识经验提问法

知识经验提问法,就是从学生已有的知识经验出发,选择学生熟悉的或感兴趣的事物入手,提出问题,探究它的由来。

例如:讲授"祖国境内的远古人类"一课时,教师可设计这样的导入新课提问:"同学们看过电视连续剧《小龙人》,知道我国古代有女娲捏土造人的传说。其实,世界其他国家和民族也有类似的传说,如古代埃及人认为人是创造力之神哈奴姆用水和泥土造出来的;基督教认为人是上帝创造出来的;也有人认为人是由猴子变来的。实际上,这些说法都是不科学的,那么人到底是怎样产生的呢?谁是祖国境内最早的居民呢?"

又如:讲授高中历史"希腊奴隶制的繁荣"一课时,上课伊始,教师可以提出这样的问题:"有不少同学爱看马拉松赛跑,但同学们知道马拉松赛跑是怎样来的吗?为什么马拉松赛跑的全程距离是 42195 米呢?要弄清这些问题,我们还得从希波战争讲起!"

再如,讲授高中历史"十九世纪沙皇俄国的侵略扩张"时,教师可先提出这样的问题:"同学们都知道中国历史上有'李白斗酒诗百篇'的传说。但唐朝的大诗人李白是什么地方的人,哪位同学能告诉我吗?"于是,就会有学生回答:"李白是碎叶人。"这时,教师不失时机地用教鞭指着黑板上的历史挂图问:"为什么今天的碎叶却不在中国境内,而划入苏联的版图呢?"这样,就可以有机地讲授新课知识了。

以上这些提问的共同点,就是教师利用学生已有知识经验,通过巧妙设计问题而制造了思维悬念,这无疑能勾起学生释疑解惑的强烈欲望,从而带动了全课学习。

利用学生已有知识经验提出问题导入新课,其最大优点是通过寥寥数语,就能迅速地集中学生的注意力,并且制造出相应悬念,使学生产生一种渴求答案的强烈愿望,从而产生自觉的主动的学习要求。当然,运用此法导入新课,要求教师知识广博,且对学生已有知识经验有较好的了解才能有的放矢,达到预期效果。

四、解释课题提问法

"题目"往往是文章的眼睛，也是读者接触文章的第一步。好的题目对课文内容有画龙点睛之妙，特别是有些课文标题，往往就是全课的核心内容。这样，教师在讲授新课时，就很有必要通过设计问题，引导学生"破题"，让学生在明确"题目"含意的基础上，再进入新课的学习。

例如，讲授"两汉与匈奴的和战"一课，教师可先提问："两汉是什么意思？什么是匈奴？"以此引导学生回忆已学内容，明确"两汉"与"匈奴"这两个历史概念。然后进而提出："两汉与匈奴之间为什么要和好？为什么互相之间又发动战争？我们今天应怎样看待历史上的两汉与匈奴之间的和好与战争？"这样导入新课，既可激发学生的求知欲望，又让学生明确了本课学习的主要任务，必然收到好的教学效果。

又如，讲授"革命统一战线的建立"一课时，学生对"革命统一战线"的概念和"为什么要建立革命统一战线"是不理解的。教师讲授本课，一开始就应设问破题："什么是革命统一战线？"待教师通过释题，让学生明确"革命统一战线"这一概念后，教师再提问："中国共产党为什么要同孙中山领导的国民党合作，建立革命统一战线？"然后通过启发引导学生回忆"二七"大罢工失败的经验教训和孙中山的革命历程，最后小结指出："建立革命统一战线是当时中国革命形势发展亟待解决的问题。一方面，中国共产党从1922年1月至1923年2月领导的工人运动第一次高潮的失败教训中领悟到：在半殖民地半封建社会历史条件下进行反帝反封革命，仅靠无产阶级单枪匹马是不行的，革命要取得成功，必须联合一切革命力量，必须同以孙中山为首的国民党合作，建立革命统一战线。这样，才能完成打倒军阀、推翻帝国主义的新民主主义革命任务。另一方面，孙中山为了拯救中华民族出水火，在历经几十年的沧桑奔波和屡遭挫败后，虽未气馁，但仍未找到出路的情况下，中国共产党主动提出要同他为首的国民党合作，这对孙中山说，无疑是凤愿得偿、千载难逢的良机。总之，国共合作，建立革命统一战线，是中国革命形势发展的需要，而不是哪一个人凭着自己的主观臆想提出来的。那么，革命统一战线是怎样建立的呢？它的建立有什么历史意义？"这样导入新课，既可让学生明确相关历史概念，加强了新旧知识之间的有机联系，又能激发学生的求知欲望，为高效完成本课教学任务铺平了道路。

用解释课题提问法导入新课，其主旨是要求学生明确课题概念含义和本课的教学任务,也是为了激发学生的求知欲望。因此,教师运用解释课题提问法导入新课,要起到化难、提要的作用,不能为解释课题而解释课题。

五、创设情境提问法

青少年的思维往往与声音、形象、感觉等连在一起。创设情境提问法,就是要求教师在导入新课时,设法运用声音、形象、色彩等手段,创造一种问题情境,然后提出问题而引入新课。具体来说,创设情境提问法,可从四个方面进行。

第一,利用音乐创设问题情境,然后提问导入新课。音乐作为一种艺术语言,把它引入历史课堂做一种导入新课的手段,最大的优点是能够渲染气氛,复现历史课文中的有关情景,创造一种情与景、意与境融合的艺术境界,唤起学生思想感情上的强烈共鸣,启发学生想象和思维。

例如,讲授"金与南宋对峙时的中国"一课时,可先播放歌曲《满江红》,它艺术再现了岳飞在靖康之变后的心情,以及决心"收复旧山河"的抗金意志。同时,也向学生展现了800多年前南宋抗金斗争的场面,这就营造出一个良好的问题情境。教师抓住这一情境提出:①靖康之变后谁做了宋朝皇帝?②岳飞是怎样率领军民抗击金军南下收复旧山河的?结果怎样?③南宋抗金将领除岳飞外,还有哪些人?这样就有机地导入了新课。

不过,运用音乐创设情景提问导入新课,我们必须注意选择与授课内容有一定联系的音乐,并注意教学环境和教学对象,切不可不顾实际情况,乱用滥用。

第二,利用诗歌创设问题情境,然后提问导入新课。诗歌作为一种文艺作品,具有语言精辟、生动、富有感染力的特点,素为学生所喜爱。在讲授新课前适当引用,能创设特有的问题情境,激起学生的求知欲望,使其思维处于兴奋状态。

例如,讲授"唐朝的衰落和灭亡"一课时,教师不妨先声情并茂地朗读唐朝诗人杜牧的《过华清宫绝句》和白居易的《长恨歌》中的诗句:"长安回望绣成堆,山顶千门次第开。一骑红尘妃子笑,无人知是荔枝来。""春宵苦短日高起,从此君王不早朝。""渔阳鼙鼓动地来,惊破霓裳羽衣曲"。这就在学生脑海里营造出一个封建君王与妃子过着腐朽淫逸生活的画面。教师在此基础上乘势发问:"同学们,你知道书中的'妃子'是谁吗?唐朝哪一个君主'不早朝'呢?'渔阳鼙鼓动地来,惊破霓裳羽衣曲'又反映了什么历史事件?"然后,教师板书"唐朝的衰落和灭亡",并指出:"我们通过学习本课,大家就明白我刚才所提出的问题了。"

第三,利用文物、模型及课本上的插图、图表和其他直观教具创设问题情景,然后通过提问导入新课。文物、模型及直观教具,形象直观,能帮助学生再现过去的历史形象,使看不到、摸不到的历史形象,通过学生的直感,展现在学生面前,符合青少年形象思维丰富的心理特点。适当运用直观教具导入新课,既能创造一种特有的历史情境,有利于学生形成历史表象和历史概念,又能激起学生对新知识学习的浓厚兴趣,使其进入思维的兴奋状态。

例如,讲授"秦始皇统一六国"一课时,教师先挂出《秦始皇画像》,并指图说:"同学们,你们知道这幅画像是谁吗?他就是中国历史上赫赫有名的秦始皇——姓嬴,名政。那么,我们能从这幅画像看出什么?你看,他双眼炯炯,既显示出政治家的远大目光,但又掩饰不住目空一切、唯我独尊的神态;他面带笑意,似乎功成名就,踌躇满志;他左手扶剑,右手挥指,似乎大有横扫千军之势。"于是,问题情境便营造出来。教师乘机利用这一情境提出:"历史上的秦始皇在政治上有什么作为?他真是一个目空一切、唯我独尊的人吗?若要明白这些问题,'秦始皇统一六国'一课或许能给我们提供一些答案。"

第四,利用形象的讲述创设问题情境,然后通过提问导入新课。教师在讲授新课前,可先选择一个与授课内容密切相关的历史故事或成语典故,或与授课内容相关的历史背景进行描述渲染,激发学生兴趣,调动学生思维,创设问题情境,从而顺利导入新课。

例如,讲授"维新变法运动的兴起"一课时,教师可先满怀悲愤地说:"甲午中日战争虽然规模不大,时间不长,但因清政府腐朽而中国失败,其影响极为深远。一方面,由于中日《马关条约》签订,一系列丧权辱国的内容,大大加深了中国的半殖民地化;另一方面,日本侵略扩张的成功,使各帝国主义国家眼红,它们相继而来,在中国掀起了强占'租借地'和划分'势力范围'的狂潮,胶州湾被强占,广州湾被强占,威海卫被强占;德国要山东,俄国要东北,法国要两广,英国要长江流域!眼看中国就要被瓜分,中华民族面临着亡国灭种的空前灾难。怎么办?中国的出路何在?民族的希望在哪里?难道就这样任人宰割吗?"这样,学生的爱国情感被激发起来,问题的情境也应运而生。学生几乎会异口同声地说:"不!"于是,教师接着指出:"是的,国家兴亡,匹夫有责!就在中华民族生死存亡的严峻时刻,以康有为、梁启超为代表的先进知识分子首先觉醒。他们看到祖国的危亡,愤然而起,企望用改良的方法挽救中国,拯救中华。这样,中国近代史上又出现了一场轰轰烈烈的惊天动地的大事——戊戌变法!康有为和梁启超是怎样组织变法的?他们变法能成功吗?今天我们学习的'维新变法的兴起'一课,就能较好地回答这些疑问。"这样既导入了新课,又交代了戊戌变法的历史背景,且为学生认识变法运动的"进步和爱国"这一特点埋下了良好的伏笔。

六、比较发现提问法

没有比较就没有鉴别,比较是发现问题的重要方法之一。比较发现提问法,就是要求教师在讲授新课前,提出同类问题,引导学生动脑思考,寻找和发现其规律性的因素,然后设问导入新课。

例如,讲授"中国共产党建立和发展革命根据地的斗争"一课时,教师可先引导学生回顾中国历史上几次气势磅礴的农民起义,如唐末黄巢、明末李自成起义等,使学生发现:"这些起义都有一个共同特点,那就是它们都曾转战南北,辗转东西,一度攻占皇城,建立了农民政权,然后最终却以失败而告终。其中原因固然很多,但有一个共同的重要原因,就是它们未曾建立巩固的革命根据地。当统治阶级组织反动军队反扑时,没有后退回旋之地,最终被统治阶级镇压下去。"在此基础上,教师因势利导提出:"第一次国内革命战争失败后,以毛泽东同志为首的老一辈无产阶级革命家正是运用了马列主义的原则、立场、观点和方法在认真总结和借鉴了历史上农民起义败亡及第一次国内革命战争失败所提供的经验教训的基础上,开辟了一条适应中国国情的革命道路,那就是——无产阶级必须到农村去,开辟革命根据地,发展和积蓄革命力量,最后由农村包围城市,夺取全国的胜利。那么,以毛泽东为首的老一辈无产阶级革命家是怎样开辟农村革命根据地的呢? 他们会成功吗?"这样导入新课,不仅调动了学生思维,培养了学生比较发现问题的能力,而且使学生粗浅地认识到毛泽东思想的渊源,较好深化和丰富了学生所学的书本知识。

教学新课提问法

好的开头虽是成功的一半,但毕竟不是全部。实际上,一堂历史课教学任务的完成和教学目的实现主要靠"教学新课"环节。因此,在教学新课过程中,教师要激发学生的学习兴趣,调动学生学习的积极性和主动性,启发学生理解、掌握所学历史内容,开发学生的智能,向学生进行思想教育和历史唯物主义教育,就必须科学地运用提问质疑这一教学手段。实际上,当今中学历史教学中,不论是传统的讲述法,还是改革中涌现出来的"八字法"、谈话法、讨论法和程序法等,都离不开提问。可以说,提问是当今完成中学历史教学任务和实现教学目的的主要手段之一。教学新课提问的方法很多,具体来说,主要有下列十五法:

一、引导阅读法

引导阅读法,是教师在讲授新课时,为了让学生感知、理解教材中的基础知识而设计的一些问题,让学生带着问题去阅读教材,寻求答案。这是最常见最基本的一种教学提问法。

例如,教学"战国七雄"一课时,教师在导入新课后,可提出下列问题指导学生阅读:

1."战国七雄"是指哪几个诸侯国? 他们分布在我国什么地方?

2.战国时期出现过哪些重大变法? 变法比较彻底的是哪一国? 为什么?

3.商鞅变法的主要内容是什么?

4.战国时期战争连绵,本课介绍了哪几次重大战争? 其结果和影响怎样?

学生带着上述问题阅读本课,就能较好地感知上述问题涉及的内容,为教师进一步引导学生质疑,启发学生分析、理解和掌握课文内容奠定了基础,同时也有利于培养学生的阅读能力。

教学过程是教师教与学生学有机结合的过程。教师的教与学生的学相辅相成,互相配合,彼此促进,缺一不可。在课堂上,学生不应该只是教师的盲从者,而应该是一个生气勃勃的探求者。教师提出的一系列问题,是为了让学生明确阅读目标,是为了激发学生如何解答这些问题的欲望,从而促使他们有的放矢地感知教材,提高教学效率。一般说来,运用这一提问法提出的问题,难度不能太高,从而让学生在阅读教材过程中获得成功解决问题的体验,进而在成功中认识自身价值。学生一旦认识到了自身的价值,其激励机制就会发挥更大的作用,并激励自己进一步探索。不过,教师在设计引导阅读问题时,应围绕基础知识进行,提出的问题要有明确的指向,界定清晰,万万不可西瓜芝麻一起抓。

二、变换角度法

变换角度法,就是在教学新课过程中,教师对同一个历史问题采用变换角度的方法提问学生。这是变式理论在提问中的运用。按照教育心理学的理论,变式就是使提供给学生的各种材料或事例,不断变换呈现的形式,以便使其中的本质属性保持恒在,而非本质属性不常出现,甚至成为可有可无的东西。对同一历史事件从不同角度提出问题,既有利于帮助学生巩固应当掌握的知识要点,又有利于培养学生思维的多端性、变通性和独特的综合能力,使他们学会灵活、多角度、全方位地思考问题。

例如,教学"中英鸦片战争"一课时,学生在回答课文中的思考题目"英国发动的鸦片战争对中国有什么影响"时,往往难免机械重复教材中的概括性结论,这只能让学生知其然而不知其所以然。因此,为深化学生对鸦片战争影响的认识,教师可以变换角度提出:"为什么说鸦片战争是中国历史的转折点,是中国近代史的开端?"学生或许因知识与能力的不足,在回答这一问题时,出现思维受阻。若此,教师可再提出下列问题启发学生思考:"①鸦片战争前中国政治上是否独立?领土是否完整?战后发生了什么变化?②鸦片战争前中国是什么经济占主要地位?战后发生了什么变化?③鸦片战争前中国社会主义的主要矛盾是什么?战后发生了什么变化?④鸦片战争前中国人民革命的任务是什么?战后发生了什么变化?"这样,学生将不难从政治、经济、社会主要矛盾和革命任务四方面说明中国社会性质的变化,从而完成本题答案,且较深刻地理解了鸦片战争对中国的影响,其智能也随之得到发展。

又如,教学"新文化运动和五四爱国运动"一课时,要求学生回答课文练习题"五四爱国运动的历史意义是什么"?学生有可能照本宣科地朗读(或抄写)课本中的已有结论,囫囵吞枣,如果我们利用变式提问:"为什么说五四爱国运动是新民主主义革命的开端?"学生就必须开动脑筋思考。如学生思维受阻,教师可在此基础上再提出下列问题:①什么是新民主主义革命?(由教师解答)②五四运动前中国革命中起领导作用的是什么阶级? 五四运动中起领导作用的是谁? ③五四运动前中国革命的主力军是什么? 五四运动时谁是革命的主力军? ④新文化运动在五四运动前后所宣传的内容发生了什么重大变化? ⑤五四运动发生时世界革命形势发生了什么变化? 这样,在教师的诱导下,学生不仅圆满地回答了"为什么说五四爱国运动是新民主主义革命的开端",而且深刻地理解了五四爱国运动的历史意义和新民主主义革命的概念,学会了用变换角度的方法理解和认识事物。

三、纵横比较法

比较是鉴别事物异同关系的思维过程,它往往是从分析、综合到抽象、概括的桥梁,它是揭示事物矛盾,把握事物内部联系,从而认识事物本质的有效方法。把比较运用于历史教学主要有纵向比较和横向比较。所谓纵向比较,就是从时间上对不同国家的不同时期的历史进行比较研究,"求常求变";所谓横向比较,就是从地域上对不同国家或民族的历史进行比较研究,"求同求异";通过纵横向比较,在"常"与"同"中把握共性,认识历史发展的普遍规律;于"变"与"异"中把握个性,认识历史发展的特殊规律。

例如,教学"太平天国运动的兴起"一课中的《天朝田亩制度》时,为了深化学生对太平天国的《天朝田亩制度》意义的认识,并让学生最终理解太平天国运动是"中国农民战争的最高峰"这一历史结论,教师在讲授时,可运用比较法提出这样的问题:"《天朝田亩制度》关于改革土地制度的办法是什么? 它和明末李自成起义所提出的'均田免粮'口号有何主要区别?"这样,学生通过比较思考,就不难发现《天朝田亩制度》关于改革土地制度的办法有一个最显著的特点,就是要废除封建土地所有制,建立一个"有田同耕,有饭同食,有衣同穿,有钱同使,无处不均匀,无人不饱暖"的理想社会。学生经过这一比较分析,不仅对新旧知识的掌握更加牢固,而且也使自己所学的知识得到了系统的深化,进而认识到中国农民革命不断发展和深入的规律。

又如,教学"古代希腊、罗马奴隶制国家"一章,当教师讲到"476 年西罗马帝国灭亡,标志奴隶制度在西欧崩溃"时,提出:"中国奴隶制度是在什么时期瓦解的？（春秋）中国是从哪一年开始进入封建社会的？（公元前 476 年）"通过比较，学生便会深刻地意识到世界的历史发展是不平衡的，古老的中国在历史上曾大大领先于今天发达的西欧诸国；中国人只要发奋图强，完全有能力赶上和超过今天发达的资本主义国家。

纵向比较，能显示出历史发展的轨迹和一般规律，横向比较能显示出历史发展的丰富多彩和特殊规律，通过纵横比较，有利于学生掌握历史发展规律，形成认知结构，提高知识的可用性、清晰性和稳定性。

四、综合归纳法

历史教学不仅要讲清历史事件、历史现象和历史发展过程等具体知识，还要进一步帮助学生科学地认识历史事件、历史现象之间的本质联系和因果关系。综合归纳法，就是要求教师通过提问，引导学生把散见在教材各处的有关史实加以归纳综合，对具体化材料进行本质性的概括，以形成历史概念，或引出逻辑性的结论，从而全面认识和掌握事物的本质规律。在教学新课过程中，教师运用此法提问必须注意两点：第一，教师提出的问题所涉及的具体材料，必须是学生已学过的内容，否则就必须向学生提供相关材料；第二，教师提出的问题如果学生回答不出或不全，就要引导学生对一些复杂的内容进行多阶段的分析、综合，实现由个别到一般的认识飞跃。

例如，教学"两汉经营西域和对外关系"一课，当教师讲完"张骞出使西域"一目后，有必要提出这样的问题："汉武帝两次派张骞出使西域，说明汉武帝具有较为远大的政治眼光，是一个想有所作为的皇帝。那么，汉武帝在位还有哪些作为？"然后，教师引导学生从政治上、思想上、经济上、军事上和民族关系五方面对汉武帝的作为进行综合归纳，从而使学生对汉武帝其人有个比较全面的了解与把握，真正理解"西汉的兴盛"一课中指出的："汉武帝是一位有作为的皇帝"。

又如，教学"中华人民共和国成立"一课，为了避免学生囫囵吞枣，深化学生对中国新民主主义革命经验的认识，教师有必要提出下列问题：

1.鸦片战争以来中国发生了哪些爱国的和反帝反封建的革命运动？结果如何？

2.太平天国运动的纲领是什么？洪仁玕在《资政新篇》里提出了什么主张？洋务运动又提出了什么样的救国方案？义和团提出了什么口号？孙中山领导辛亥革命的纲领是什么？所有这些纲领主张和方案实施结果如何？

3.第一次国内革命战争由勃兴到失败的原因是什么？

4.革命根据地是怎样建立和发展起来的？有什么历史意义？

5.王明"左倾"冒险主义有什么特征和危害？

6.中国共产党是怎样制定抗日民族统一战线方针政策的？第二次国共合作有什么历史意义？

教师只有在引导学生简要回忆、归纳、解决上述问题的基础上，才能引出符合历史发展逻辑的结论；也只有这样，学生才能真正理解中国新民主主义革命胜利的五大基本经验：即中国革命要取得胜利，必须由中国共产党领导；必须走社会主义道路；必须以马克思列宁主义、毛泽东思想为指导；必须建立一个在中国共产党领导下的最广泛的革命统一战线；必须建立一支党领导下的革命军队、开展武装斗争。教师提问，启发学生回忆综合归纳这些知识和解决相关问题的过程，既是学生理解、掌握新旧知识的过程，也是培养学生能力、开发学生智力的过程。

五、分析论证法

分析就是在思维中把客观事物分解成各个部分、阶段、属性，区别本质的和非本质的、偶然和必然的各种因素，掌握事物的某些单纯的规定，获得对客观事物某些侧面或某些联系的正确认识。论证则是遵守一定推理规则，从论据到论题的推演。运用分析论证的方法讲授历史，就是要求教师引导学生运用历史唯物主义观点去分析某一个历史问题，并推演出正确的结论；目的是培养学生创造思维和分析问题、解决问题的能力。

例如，教学"收复台湾和抗击沙俄对黑龙江流域的侵略"一课，教材既肯定郑成功收复台湾是中国历史上著名的民族英雄，又肯定清军进入台湾、郑氏政权归附清朝和清政府设置台湾府是具有重大进步意义的事件。学生对此往往难以理解，并产生疑惑。这里，教师不妨运用分析论证法提出这样的思考题："为什么郑成功收复台湾是爱国进步的？而1683年清军进入台湾郑氏政权归顺又是进步的？"一般来说，学生对郑成功打败荷兰殖民地收复台湾是爱国进步的没有什么疑问，他们疑惑的是郑氏政权归顺清政府为什么是进步的。关于这一点，教师可引导学生从三方面来理解：第一，从国际上看，郑成功虽然打败了荷兰殖民者收复了台湾，但西、荷、英等殖民者并未放弃对亚洲的侵略，他们对台湾仍然虎视眈眈，企图吞并台湾，然后进一步侵略中国。第二，从国内来看，清朝前期经济恢复和发展，抗击沙俄侵略取得胜利，巩固了统一的多民族国家。这时，实现统一是大势所趋,人心所向。第三,从当时台湾形势来看,郑成功后代郑克爽统治台湾,自立为王,力量孤单,台湾难免落入西方殖民主义魔掌。因此,清朝统一台湾,设置台湾府,加强了台湾同祖国内地的联系,促进了台湾的开发,巩固了祖国海防,所以具有重大的进步意义。这样,学生的疑惑解开了,其分析问题的能力也得到了培养。

又如,教学高中历史"法国资产阶级革命"一章时,为了深化学生对法国资产阶级革命历史意义的认识,教师可提出:"为什么说法国资产阶级革命是资产阶级时代最彻底的一次革命? 其革命进行彻底的原因是什么?"然后,教师启发学生联系所学内容分析论证:

第一,关于法国资产阶级革命的彻底性我们可以从四个方面来看:①从政治上层建筑方面的变革看,它推翻了腐朽的波旁王朝,废除了国王,建立起共和国,颁布了《人权宣言》,使资产阶级的自由、民主思想深入人心。②从经济基础、生产关系的变革看,它摧毁了封建土地所有制,废除了封建义务,用民主的方式解决了农民的土地问题。特别是雅各宾派的土地法。给法国封建土地所有制以粉碎性的打击。③从解放生产力看,法国资产阶级革命过程中,颁布了一系列旨在扫清资本主义发展障碍的法令。④从横向对比上看,英国资产阶级革命保留了王权,土地问题没有解决;而北美独立战争后建立的政权是资产阶级和种植园奴隶主联合政权,南方广大地区盛行落后的奴隶制经济。因此,法国资产阶级革命是资产阶级革命时代最彻底的一次。

第二,法国资产阶级革命能够彻底进行,主要原因有二:一是因为这次革命是在手工工场后期,已开始有少量的机器生产的历史条件下发生的,经济前提完全具备;资产阶级在政治上完全成熟,拥有启蒙思想作为先进的思想武器,它能提出完整的革命纲领、策略,领导和动员群众向封建制度进行冲击。二是因为法国的人民群众以极大的政治热情投入革命,他们疾风暴雨式的革命行动,砸碎了封建枷锁,击溃了外国武装干涉者,扫除了革命道路上的绊脚石,三次挽救了革命,使革命沿着上升路线发展,并得以彻底进行。

通过启发学生分析论证,不仅大大深化了学生对教材已有结论的认识,而且培养了学生用历史唯物主义观点分析问题和解决问题的能力。

六、判断辨析法

判断辨析法,是教学讲授过程中,教师有意识、有目的地针对那些学生认识不清,或认识片面的历史问题,巧设思考题,让学生判断其正误,然后引导学生运用具体历史事实分析其正确的根据和错误的原因,以培养学生思维的深刻性、批判性和运用历史唯物主义观点分析问题、解决问题的能力。

例如,教学"戊戌变法"一课,为了使学生认识戊戌变法失败的必然性,教师讲到袁世凯暗地向荣禄告密、导致变法失败时,应有意识地引导学生质疑:"有人说,袁世凯告密是导致戊戌变法失败的根本原因,如果没有袁世凯告密出卖维新派,中国戊戌变法就会成功。你认为这种说法对吗? 为什么?"这一问题提出后,势必吸引学生思考,议论纷纷,见仁见智。教师应抓住这一有利时机,向学生明确地指出:谭嗣同夜访袁世凯,求他保护光绪帝。袁世凯表面答应,暗中却向荣禄告密,出卖了维新派,这确实是戊戌变法迅速失败的重要原因,但不是戊戌变法失败的根本原因。实际上即使没有袁世凯告密出卖维新派,中国戊戌变法也不会成功,这是为什么呢? 紧接着,教师可提出下列两个问题:①中国民族资产阶级的特点是什么? 它在戊戌变法中有什么表现? ②维新派变法内容对封建顽固势力有无影响? 他们是怎样反对维新变法的? 然后用启发谈话的方法引导学生辨析:中国民族资产阶级产生在半殖民地半封建社会这样特定的历史环境中,决定了中国民族资产阶级具有革命和妥协性的特点。维新派在整个变法过程中,虽然提出了一些具有进步意义的改革措施,但由于民族资产阶级的两重性决定了他们不敢触及维护封建统治的根本制度——封建土地所有制。他们既不想推翻清朝的反动封建政权,又不敢触动帝国主义。他们依靠的是一个并无实权的皇帝,没有也不可能去发动广大群众,在他们看来历史是由少数帝王将相和英雄豪杰创造的,因而得不到广大人民群众的支持。所以当顽固派反击时,维新派便束手无策,只得去求助于曾参加过强学会的荣禄的部下袁世凯,这无疑是与虎谋皮。维新派的软弱性,决定了戊戌变法的失败。再者,从维新变法的内容上看,戊戌变法虽代表了资产阶级的利益,受到民族资产阶级和开明地主的拥护,得到爱国知识分子的支持,但维新派的改革,也触犯了以慈禧太后为首的顽固派的利益,遭到他们的极力反对。当时,在清朝统治阶级内部,以慈禧为首的顽固派把持着中央和地方的实权,各省巡抚中只有陈宝箴支持变法。这样,变法令一开始贯彻执行就受到了阻挠和破坏。1898 年 6 月 15 日,慈禧强迫光绪皇帝下令免去赞助变法的翁同龢的职务,任命荣禄为直隶总督,统率北洋军队,控制北京和天津。至此,变法失败实际上已成定局。后来袁世凯叛变只是加速变法失败罢了。经过这一辨析,学生既深刻地理解了戊戌变法失败的必然性,认识到维新变法(改良主义)道路在中国行不通,又在辨析过程中开发了智力,养成了运用历史唯物主义方法和观点分析历史问题的意识与能力。

七、定性评价法

我们的历史教材对历史上的重要历史人物,有些有定性评价,有些则没有。有评价的也存在抽象和不全面的问题。定性评价法,就是要求教师启发学生运用历史唯物主义观点和方法评价历史教材中涉及的重要历史人物,或深化学生对教材中已有的定性结论的理解,或从具体史实中引出明确的科学结论,借以开发学生的智力,培养学生运用历史唯物主义观点和方法去评价历史人物的能力。

例如,"从'贞观之治'到'开元盛世'"一课,教材中提道:"李世民就是我国古代杰出的政治家唐太宗。"实际上,初一的学生并不清楚这一定性结论的内涵。因此,教师应先引导学生质疑:"为什么说唐太宗是我国古代一位杰出的政治家?"然后再引导学生阅读"贞观之治"一目,在学生理解掌握一定史实的基础上再启发评价:唐太宗慑于隋末农民起义的威力,吸引隋亡的教训,任贤纳谏,进一步调整统治阶级政策,轻徭薄赋,发展生产;整顿吏治,发挥国家机关的效能;大兴学校,发展科举;采取较为开明的民族政策,还派人到外国学科技,积极加强对外交往,吸取外国先进文化(指出后面将详细介绍)。这些开明政策和措施,终于促进了政治清明、经济初步繁荣、民族关系融洽、社会升平的"贞观之治"——中国封建时代最著名的"治世"。所以说唐太宗是我国古代杰出的政治家。当然,我们说唐太宗是古代杰出的政治家,并不是说他在政治上没有过失,实际上唐太宗也有贪图享乐践踏法律和剥削人民的一面,只是没有昏主暴君那样无度和残暴罢了。教师启发学生对"李世民就是我国古代杰出的政治家唐太宗"这一定性结论做如上理解,既可避免学生生吞活剥地背诵教材已有结论,又有利于培养学生掌握评价历史人物的一个基本方法:即运用阶级分析法评价历史人物,看他属于哪个阶级和他执行的是为哪个阶级利益服务的政策,对社会发展是否起了促进或阻碍作用。

又如,教学"北伐战争和国民革命的失败"一课,当讲完国民革命失败的原因后,如何正确地评价陈独秀的功过就是一个必须解决的问题。否则,学生头脑中容易形成陈独秀是一个投机革命的坏蛋。因此,教师在分析国民革命失败的原因后应巧妙地提出:"陈独秀右倾投降主义导致了第一次革命战争的失败。我们是否因此就断言陈独秀是个投机革命反动透顶的坏蛋呢?"这一问题提出后,学生思维顿时活跃,议论纷纷。这时,教师启发学生联系前面几课的内容,对陈独秀做一总体评价:"陈独秀是中国近代史上一个很复杂的历史人物。五四运动前陈独秀在反封建方面是很勇敢的。1915年9月他创办《青年杂志》,发动了新文化运动,在《敬告青年》一文中他首先打出'民主'和'科学'两面大旗。在知识界引起巨大反响。毛泽东亦称之为思想界之巨星,对其影响很大。后与李大钊办《每周评论》,宣传马克思主义。他还参加了五四运动,起草过《北京示威宣言》,被誉为五四运动总司令。五四运动后,陈独秀写了大量文章宣传马克思主义,批驳各种非马克思主义思想,有力地促进了马克思主义在中国的传播。1919年夏,他又在共产国际帮助下在上海创建了第一个共产主义小组,积极帮助全国各地成立共产主义小组,对中国共产党的创立起了很大作用。因此,我们不能因为他后来发展为右倾投降主义导致第一次国内革命战争失败而否定他以前所做的贡献。当然,我们亦不能用他以前的功绩,而掩盖其今天的错误和给革命带来的巨大危害。"经过如此评价,学生既对陈独秀的功过有了比较全面的了解,又获得了运用历史唯物主义评价历史人物的方法——评价历史人物要实事求是,一分为二,不能主观片面。

八、变抽象为具体法

历史教材中往往存在一些抽象程度高、概括性强的问题,学生对这些历史问题往往理解不了。变抽象为具体法,就是把这些抽象程度高、概括性强的历史问题,还原成具体化的材料和内容进行提问,让学生通过具体问题的回答,来理解掌握抽象、概括的问题。大家知道中学生(尤其初中生)形象思维还具有重要意义。而形象思维的一个显著特点,就是用具体形象来反映、表现抽象的思想内容。因此,变抽象为具体化的提问,正反映了形象思维这一特点。这种提问方法对于年龄小年级低的学生,尤其显得重要。

例如,讲授"祖国境内的远古人类"一课,初一学生对于教材中的"会不会制造工具,是人和动物的根本区别"这一抽象结论不易理解,难以掌握。因此,教师可运用化抽象为具体的方法提出下列问题:①北京人使用什么劳动工具? 他们使用的工具是怎样来的? ②动物会不会使用工具? 如果它们能用工具,那么它们的工具又是怎样来的? ③动物有没有语言? ④北京人的外貌有什么特征? 在学生回答上述问题的基础上,教师略加比较小结,就会得出"会不会制造工具,是人和动物的根本区别"这一抽象结论,学生也就很容易地掌握这一抽象结论。

又如,教学高中历史"英国资产阶级革命"一章,学生对"君主立宪制"这一历史概念难以理解。因此,教学这一概念时,教师可设计出如下提问,把"君主立宪制"具体化:①在封建社会里掌握一个国家最高权力的是什么人? 他是否受到他人或法律制约？②英国资产阶级革命前，斯图亚特王朝国王詹姆士一世是如何解释国王权力的？③1686年政变后，英国是否还有国王？他的权利是否至高无上不受任何约束？学生通过回答这些问题，就不难抽象概括出：君主立宪就是资产阶级革命后，君主作为国家"元首"仍然保留下来，但君主的权利要受到国家宪法和法律的限制。这是资产阶级与封建贵族妥协的产物。

九、形象差异法

由于文艺作品（如小说、影视等）的影响，不少历史人物，如曹操、诸葛亮、岳飞、玄奘等人物的艺术形象在学生心中占有一席之地。而历史教材所叙述的这些人物的活动形象与学生头脑中已有的艺术形象相差颇大，有些甚至大相径庭。形象差异法就是在教学历史过程中，教师要有意识、有目的地利用学生头脑中已有的艺术形象与历史之间的差异，引导学生质疑、解惑。

例如，教学"三国鼎立"一课，教师导入新课后，可提出这样的问题："曹操和诸葛亮是同学们比较熟悉的历史人物，大家认为这两个人物谁是好人？谁是坏人？谁的本领大？谁的历史贡献大？"由于学生熟悉的是这两个历史人物的艺术形象，难免颂扬诸葛亮而贬低曹操。这时，教师应因势质疑："历史上的曹操真的不如诸葛亮吗？还是他们的本事贡献各有千秋？"然后引导学生阅读分析，正确评价他们在历史上所起的作用，纠正小说、戏剧中的某些正统观念，以及把人物神化等错误。教师这样讲授，既能帮助学生记忆，又能启发学生广开思路，培养学生分析解决问题的能力。

十、以今律古法

当今中学生接受新生事物的观念很快，但由于他们的理论知识欠缺，对古人的思想行动准则不甚了解，因而在学习历史过程中常以现代的思想和行动准则来评价古人是非，而对历史教材中的某些评述往往不以为然，或疑惑不解。以今律古法，就是在讲授历史过程中，教师要围绕学生以今律古所产生的质疑，提出各种问题，正确引导学生分析议论，使学生学会从历史人物所处的历史环境及其思想出发去正确评价历史人物。

例如，教学"金与南宋对峙时的中国"一课，学生往往认为，岳飞在前线抗金获得大胜利时听从宋高宗诏令班师回朝实在太蠢。有些甚至认为岳飞兵权在握，应该先率军杀死贪生怕死的皇帝再去抗金。教师针对学生以今律古所产生的疑惑，提出这样的问题："'十年之功，废于一旦。'岳飞明知班师会断送抗金前途，结果还是班师，这是为什么?"然后，启发引导学生分析指出：首先在我国封建社会里，爱国和忠君是一个问题的两个方面。在他们看来，有国必有君，无君则无国。岳飞既是爱国将领又是皇帝的大臣，在十二道金牌面前，他不得不听从"圣旨"班师。其次，当时在河南对抗金兵的宋军有三支。岳家军是主力，位于中路。在岳家军两侧的军队已经按照皇帝的命令撤退了。岳家军孤军深入，不班师，也会有全军覆没的危险。岳飞从军事上考虑也不得不班师。这样，既解开了学生心中的疑惑，又培养了学生从历史人物所处的历史环境及其思想出发去正确评价历史人物的能力。

十一、因果联系法

历史虽是一个十分复杂、充满矛盾的过程，但绝非一本散乱堆积的糊涂账。各种历史现象不会孤立存在和单独发展，必有其纵向发展线索和横向有机联系，隐藏着复杂多样的因果关系，构成一个具有延续性和规律性的运动系统。可是学生学习历史，却不善于把握历史发展的纵横联系，脑子好像一个杂乱无序的知识仓库，不能在更大范围内、更高层次上求得知识的综合化和系统化。因果联系法，就是在历史教学过程中，教师要巧妙地设计出一些问题，引导学生揭示历史发展过程中无数史实承前启后的地位和纵横交织的联系，既有助于学生理清历史线索，形成概念体系，学到系统化、规律化的历史知识，也可成为发展学生智能的内容和动力。

例如，教学"西汉的兴盛"一课，学生往往对西汉初年，统治者实施休养生息政策不太理解，或理解欠深刻。教学这一问题时，教师可运用因果联系法提出这样几个问题：①自春秋以来到西汉建立之前，中国处于一个什么样的局面？这种局面对于社会有何影响？②秦末农民战争爆发的原因是什么？③秦末农民战争有什么伟大历史意义？学生通过对上述问题的思考和回答，在复习旧知识的基础上：第一，学生可以更系统地认识了解在西汉建立之前，除秦15年短暂统一之外，中国自春秋以来一直处于长期战乱的局面，严重地阻碍和破坏了社会生产的发展。正因为如此，所以西汉建立时，社会经济凋敝，出现了粮价很贵，石米值五千钱，以及"自天下不能具均驷，而将相或乘牛车"的局面。第二，学生可以更深刻地认识到秦末农民战争爆发的原因是由于秦的暴政所引起。因此，统治阶级采取残暴统治的形式不可能实现长治久安。第三在回顾秦末农民战争的伟大历史意义时,在认识秦末农民战争伟大历史作用的基础上,进一步认识到西汉统治者要求群臣总结秦亡的历史教训和推行休养生息政策的真正目的。

又如,教学"太平天国运动的兴起"一课,当学到永安建制时,教师可启发学生从中寻求疑点。在教师启发下,学生不难发现这样的问题:冯云山是早期拜上帝教杰出的宣传者和组织者,为什么永安封王时位居第三?而杨秀清被封为东王,实际上掌握了太平天国的军政大权?在学生积极进行发散思维各陈假说的基础之上,教师可补充讲述戊申"天父下凡"和庚戌"花洲扶主"两件史实,说明杨秀清、肖朝贵以其大智大勇挽救了革命危急,其政治威望和军事才能使他有能力胜任东王职能,这样做也有益于太平天国革命事业的胜利发展。但由于拜上帝教的领导二元化,也给日后太平天国内部团结带来了很坏的影响,是后来导致天京事变的一个重要因素。这样学生找到了历史事件发展的前因后果,也就学到了系统化的历史知识。

十二、设身处地法

中学阶段是学生自我意识发展极为重要的时期。尤其是初中生,他们开始把自己看作是"成人",对自己的要求有了更高的自觉性。为了证明自己是"成人",他们力图在任何场合中表现自己,希望通过活动成绩来树立自己的威信。设身处地法,正是利用学生这种心理,创设问题情境,把学生置身于"历史"之中,让学生去寻求历史问题的答案,借以发展学生的发散思维能力。

例如,教学"对外交往的活跃时期"一课中的"郑和下西洋",教师可首先告诉学生:郑和下西洋是明朝对外关系史上的大事,是世界航海史上的壮举。然后启发学生:若你作为郑和率领船队航海,你需要哪些条件?并要求学生联系"高度繁荣的宋元文化"和"稀疏的资本主义萌芽"两课内容去思考。从我们的课堂教学实践来看,同学们个个自比郑和,兴趣很浓,大家你一言我一语地发表见解。总括起来主要有:一是需要强盛的国力。由于明初统治者采取了一系列休养生息发展经济的措施,使农业、手工业得到恢复和发展,政权巩固,社会比较安定,明朝成为当时世界上最强大的国家之一。这是郑和率领船队大规模航海的物质基础。二是当时造船技术相当发达,能够制造世界上最大的"宝船"。三是指南针运用于航海。四是当时已积累了大量的航海知识。五是航海人才具备,当时需要郑和这样的伟大航海家。实践证明,设身处地把学生置身于具体的历史问题情景之中,能帮助学生冲破定式思维的束缚,克服思维定式的消极影响,组成纵横交错的新意识之网。

十三、直观发现法

直观教具形象生动,能使学生获得比较丰富的感性认识,获得清晰的表象。它有助于学生对问题的理解和保持灵活及深刻的记忆。直观发现法,就是要求教师在教学过程中,充分利用实物模型、历史地图和历史图片等直观教具启发学生发现问题,培养学生观察力、想象力和分析问题能力的一种提问方法。

例如,教学"唐朝的衰落和灭亡"一课。为启发学生认识黄巢起义失败的原因,教师可先要求学生观察课本中的《黄巢起义流动作战》形势图,请从中找出一条黄巢起义失败的重要原因。学生经过观察思考,不难发现,黄巢起义的重要特点是流动作战,他率军转战大半个中国,虽沉重地打击了各地官僚地主,但没有建立一块巩固的根据地,所以当敌人反扑时,起义军没有退路和后援,从而不可避免地走向失败。

又如,教学高中历史"美国内战"中的"美国领土扩张"一课,教师可先出示准备好的两张美国国旗图片(一张为美国独立战争时的国旗,一张为美国现在的国旗),要求学生观察比较其异同。然后向学生提问:"这两张图片中的美国国旗有何异同?为什么会出现这种差异?"对于第一问,学生能很快回答:"这两幅美国国旗都是星条旗,不同之处是一幅星条旗上的星比另一幅星条旗上的星要多得多。"但对于第二个问题,学生就回答不上来了。这时,教师启发提问:"美国刚独立时是多少个州?它与美国国旗图案有何关系?"这样,学生经回忆联想,便可回答出:"美国独立时为13个州,美国国旗上条和星都代表美国的州的数量。13条13星的国旗是美国刚独立的国旗,而13条许多星的则是美国今天的国旗。"这时,教师指出:"美国国旗星的增多,表明美国州的增加,而美国州的增加则是它不断对外侵略扩张的结果。"在这里,教师巧妙地运用美国国旗的变化质疑提问,既激发了学生的学习兴趣,使学生获得美国侵略扩张的深刻印象,又培养了学生的观察和想象力。

十四、问题组合法

历史是复杂的,任何历史事件或历史现象的发生,往往是多种因素促成的。

由于中学生年龄尚小,抽象逻辑思维能力较差,加上知识上的局限,所以学生在分析历史事件或历史现象时,往往以偏概全。问题组合法,就是要求教师在讲授历史过程中,针对课文中的重点、难点,先提出一两个核心性的大问题,再分解成若干小问题,组成一组连贯的问题,其旨在从语言文字到思想内容,引导学生由具体到抽象,由浅到深,最后说明大问题,借以开发学生智力,培养学生能力。

例如,教学"秦始皇统一六国"一课,教师讲完"秦灭六国"一目后,可先设计一个核心问题:"秦始皇为巩固统一,采取了哪些政策或措施?起了什么作用?其中哪些对后世产生了深刻影响?"然后,再围绕这一核心问题分解出以下系列小问题启发学生谈话分析:

1.秦始皇是怎样建立专制集权统治的?有什么作用?对后世有何影响?

2.秦始皇是怎样统一文字、货币、度量衡的?有什么作用?对后世有何影响?

3.焚书坑儒是怎么回事?它与秦始皇巩固统一有无关系?对后世有没有影响?

4.秦始皇为巩固边疆采取了什么措施?有何作用?对后世有何影响?

这样,当学生在教师启发引导下,通过阅读、分析完成这四个问题后,不仅能成功完成上面核心问题的答案,而且深化了对秦始皇所采取的政策或措施的认识,增强了学生认识问题和解决问题的能力。

又如,教学高中历史"英国工业革命"一章,教师可先集中提出三个问题导读:①工业革命为什么首先发生在英国?②英国是怎样进行工业革命的?③怎样正确认识资本主义的工业革命?并要求学生围绕这三个问题先阅读课文做回答的准备。接着,教师以上述三个问题为中心,分解设计出以下问题,启发学生谈话分析:

第一组:工业革命为什么首先发生在英国?

1.什么叫工业革命?

2.17世纪英国在政治上有何重大的变化?与英国工业革命有何关系?

3.英国在何时开始圈地运动?其后果是什么?

4.新航路开辟后,英国在亚、非、拉殖民地干了哪些罪恶勾当?它与工业革命有无关系?

5.英国工场手工业有什么特点?与工业革命有何联系?

第二组:英国是怎样进行工业革命的?

1.工业革命为什么首先从纺织部门开始?

2.纺织部门当时发明了哪些机器?谁发明的?

3.机器出现仅靠水力能满足需要吗？是谁解决了动力问题？

4.整个工业部门都使用机器又会出现什么新问题？

5.英国工业革命经历了多少时间才基本完成？

第三组:怎样正确认识资本主义的工业革命？

1.工业革命对社会生产有何影响？

2.工业革命对亚非拉殖民地会产生什么影响？

3.工业革命对人类社会关系会产生什么影响？

4.为什么说无产阶级是资产阶级的掘墓人？

当学生在教师启发诱导下完成这些问题的答案后,再要他们回答三个中心问题,肯定是对答如流了。当然,学生认识和解决问题的能力也随之提高。

不过,运用问题组合法设计提问,要求从历史课文内容本身特点和儿童的年龄心理特点出发,体现由浅入深的认知原理。美国 B·S·布卢姆的教师教育目标分类学把认知领域分为识记、理解、运用、分析、综合、评价六个层次。国外阅读学界把阅读技能分解为感知、理解、评论、创造四个层次。这些提法在我们设计由具体到抽象、由浅入深地组合问题时是可以借鉴的。

十五、促使迁移法

迁移是一种学习对另一种学习的影响,是学习中普遍存在的心理现象。具体来讲,它是已经获得的知识、技能,方法和态度对学习新知识、新技能的影响。在当今教育界,迁移规律被越来越多的教育工作者所认识,日益受到重视,甚至有教育工作者提出了"为迁移而教"和"为迁移而学"的口号。那么,在历史教学中,如何运用提问这一教学手段促使学生的历史知识获得和学习历史技能的迁移呢？

第一,通过提问,启发学生回忆已有的学习历史技能,实现学生学习历史技能迁移。现在有许多经验丰富的优秀教师,他们在中学历史教学过程中,很注重培养学生的学习历史技能。为此,他们每当在讲授一种新的历史知识类型时,总是不厌其烦地告诉学生学习这类历史知识的方法,以培养学生学习历史的技能,为以后学习同类历史知识做准备。

例如,教学"战国七雄"一课中的"商鞅变法",由于这是学生在学习历史过程中"首次"碰到的典型的变法事件,故教师应有意识地设计一些提问,引导学生从变法的背景、内容等基本史实入手,分析揭示变法的实质,进而认识和理解变法适应了经济发展规律和阶级关系的变化,以及经济基础决定上层建筑这些规律性的历史知识。这样,学生便能掌握分析历史上变法革新的基本思路、方法等。当教学"北朝的民族大融合"一课中的"魏孝文帝改革"一目时,便不要忙于设计"北魏孝文帝是在什么历史背景下改革的? 其改革的内容和作用是什么"等常规性的提问,而应先提出:"我们以前是怎样分析、评价商鞅变法的?"然后再提出:"北魏孝文帝为什么要进行改革? 我应怎样评价这次改革?"从而促使学生把分析商鞅变法的基本思路和方法迁移到分析"北魏孝文帝改革"中来,获得较深刻的认识。此后,当学生学习北宋王安石变法、近代史上的戊戌变法,以及世界史上的大化改新、明治维新和沙俄1861年改革等内容时,便能主动实现分析变法的基本思路、分析方法的迁移了。

第二,通过提问,启发学生回忆和运用前面已学历史知识理解新的历史知识,实现历史知识垂直迁移。教育心理学告诉我们,迁移的发生,是由于在新的学习中运用已有经验的结果。垂直迁移是指同一学科前后学习之间的影响。因此,教师在讲授新的历史知识时,应有意识地设计一些提问,启发学生运用已经学过的历史知识来理解新的历史知识。从已知到未知,既可激发学生的学习兴趣,又能够促使学生历史知识的垂直迁移,提高教学效果。

例如,教师在讲授高中历史"西欧封建制度的解体和资本主义产生"一章的"新航路开辟"时,先不要忙于提出新航路开辟的原因、经过和影响这类问题。因为那样,学生阅读教材,往往照本宣科,效果不太理想。教师若能从知识的垂直迁移的角度设计出一组这样的提问,情况就不一样了。①在新航路开辟之前,东西方交通路线有哪些? 除这些路线外,我们能否开辟新的路线?②15世纪前后控制东西方商路的是哪个国家? 它对东西方商人采取什么政策?③中国明朝郑和为什么能率领船队远航到东非和红海沿岸? 教师在学生回答的基础上,再提问分析新航路开辟的历史背景,教学效果就会大不一样。因为,学生能从中国古代史学过的马可·波罗引出"寻金热",从奥斯曼土耳其扩张引出东西传统商路被阻断,从中国指南针用于航海和西传引出新航路开辟的条件。在这个过程中,回忆过去的历史知识与思维推理想象相结合,促进了知识的迁移,掌握了新航路开辟的新知识。

第三,通过提问,启发学生回忆,运用学习其他学科所获得的知识来理解新学的历史知识,实现知识水平迁移。教学实践告诉我们,中学各科之间的内容是彼此依赖、互相渗透的。因此,其他学科的学习必然会影响历史学科的学习。但就目前教学状态来看,学生虽然学习了多门分科知识,却不会将这些知识放在一个综合体中去认识。为了培养水平迁移能力强的开拓型人才,教师在教学中必须研究相邻学科的相互关系、相互渗透的问题,寻找其他学科与历史学科知识之间的关联点,并通过提问实现知识水平迁移,以促使学生迁移能力的形成。从当前中学各学科知识看,语文、政治和地理三科与历史关联最为密切,也最易发生水平迁移现象。

例如,教学"文艺复兴"中的达·芬奇,教师可以提出这样的问题:"同学们在小学语文课中学过有关达·芬奇的什么故事?"于是学生马上便会想起达·芬奇画蛋的故事,且兴趣倍增。教师抓住这一时机因势利导:"达·芬奇从画蛋开始,刻苦钻研绘画技艺,终于成为一代杰出的艺术家。那么,达·芬奇在绘画方面取得了哪些重大成就呢?"这就较好地促使了学生知识的水平迁移,有利于理解达·芬奇在绘画和科学上所取得的成就。

又如,教学高中历史"美国独立战争"中的1787年宪法规定的"三权分立",总统、参议员均由民主选举产生这一问题时,为揭露资产阶级民主的虚伪性,教师可提问引导学生回忆初中语文课中的马克·吐温的《竞选州长》一课的有关内容,既可促使学生知识水平迁移,又能生动形象地揭穿资产阶级民主这块遮羞布。

再如,教学高中历史"英国工业革命"一章时,为加深学生对英国工业革命条件的认识,教师可先提出、引导学生回忆初中《社会发展史》中讲到的资本主义发展的两个基本条件:大批自由劳动力和大量货币资本。这就有利于培养学生运用已掌握的政治理论,来加强对历史规律的认识和理解。

巩固新课提问法

巩固新课是历史教学过程中一个重要环节。但如何帮助学生巩固已学过的丰富的历史知识,并使其条理化和系统化,这是历史课堂教学中值得认真研究的问题。提问作为当堂巩固新课的有效手段已为越来越多的历史教师所接受。怎样设计提问才能有效帮助学生巩固新课呢? 在我看来,下列方法是较为行之有效的:

一、回忆复述法

德国心理学家艾宾浩斯对遗忘现象做过系统的研究,于 1885 年提出了有名的遗忘曲线。该遗忘曲线表明:人的遗忘进程是不均衡的,在识记后的最初时间遗忘很快,后来逐渐缓慢下来,到了相当的时间,几乎很少再遗忘。因此,当教师讲完一堂新课内容后,及时地提出问题,让学生回忆复述刚学过的某些内容,对巩固新课就具有重要意义了。

例如,讲授"昌盛的秦汉文化(1)——领先世界的科学技术"一课时,教师就可设计出下列问题要求学生回忆复述:①纸最先出现于我国哪一朝代? ②哪个人哪一年制成了"蔡侯纸"? ③造纸术的发明有什么历史意义? ④张衡是我国什么朝代的科学家? 他发明制造了哪两种重要仪器? ⑤秦汉时期我国在天文、数学方面有哪些巨大成就? ⑥秦汉时期我国有哪些重要医药著作? 有哪些著名医生? 各有什么成就? 当学生完成上述问题的回答,也就进一步加深了他们对上述内容的印象,就能较好地帮助学生战胜遗忘,掌握本课所学的基础知识。

又如,讲授高中历史"1848 年欧洲革命"一章后,教师可设计出下列问题要求学生回忆复述:①1848 年欧洲革命的原因是什么? ②1848 年欧洲革命首先在哪里迸发? 其中比较重要的革命有哪些? ③马克思、恩格斯在 1848 年欧洲革命过程中主要从事了哪些革命活动? 学生通过回忆复述上面三个问题,便能较好地掌握 1848 年欧洲革命的原因、基本情况、结果和马克思、恩格斯在 1848 年革命中的主要活动等基础知识。

二、深入理解法

教育心理学研究表明,学生要牢固地掌握所学知识,仅靠教师单纯的"灌"和学生死记硬背,是难以达到理想效果的,要牢固地掌握知识,先要理解知识,不理解,不但难以巩固,即使巩固了,意义也不大。所谓理解,就是人根据已有经验与知识,通过思维,对对象做出新的解释,并懂得它的特点、性质、意义和内在联系的认识过程。深入理解法,就是教师在巩固新课时,有意识地提出一些问题,一方面引导学生对学过的知识总结归类,使知识条理化、系统化,以便于记忆和贮存;另一方面启发诱导学生去透过大量历史现象,认识事物的本质,从而达到消化和巩固的目的。

例如,讲授"祖国境内的远古人类"一课时,学生通过学习,已初步知道了祖国境内远古人类中的元谋人、蓝田人、北京人、山顶洞人的外貌特征、生产和生活情况。但对刚进入初中的学生来说,他们很难从中领悟到社会生产在人类社会中的重要地位,也难以意识到生产力对人类社会发展的推动作用。因此,教师在讲完新课后可提出两个这样的思考题深化巩固所学知识:①山顶洞人比北京人有了哪些进步? 他们的生活目标有无变化? ②磨制工具的出现对社会生活的发展有何影响? 在教师启发诱导下,学生通过回答,不仅有助于理解这两个历史概念,而且将粗浅地认识到,人类社会要发展,首先必须解决衣、食、住等基本生存问题,然后才能从事意识方面的活动。由于山顶洞人已掌握了磨制和钻孔技术,比北京人掌握了效率更高的打猎、捕鱼等生产工具,并大量用于生产劳动,于是生活必需品的生产不断增加,成串的兽牙、贝壳等装饰品出现了,人们的生产活动也随之开始分工。

又如,教学高中历史"美国独立战争"一章,当讲完新课后,为了让学生对美国独立战争的性质、特点和意义等教学重点内容有深刻的认识,教师可设计如下巩固性提问:①为什么说英国的殖民统治是美国独立战争爆发的根本原因? ②美国独立战争革命的对象是谁? 革命的目的是什么? ③美国独立战争同英国资产阶级革命有何异同? ④美国独立战争中,美国处于怎样的地位? 独立战争的结果怎样? 学生在教师启发诱导下,通过回答这些问题,自然进一步深刻地理解了美国独立战争的性质、特点和意义,从而比较牢固地掌握了本章教材内容。

三、谈话整理法

教育心理学研究表明,人们对所学材料的掌握巩固程度,与其所学材料结构是否完整系统有关;无意义的和结构杂乱的材料,容易遗忘。因此,在学习历史过程中,有意识地把杂乱的学习材料整理成系统的知识有利于掌握和巩固。谈话整理法,就是教师在巩固新课时,有意识地提出一系列问题,帮助学生整理所学历史知识,使其系统化,从而达到巩固历史知识的目的。

例如,讲授"空前繁荣的春秋战国文化——老子、孔子和诸子百家"一课时,由于教材中涉及的学派及其代表人物众多,加上他们的思想主张各异,学生深感杂乱,难以掌握。因此,教师在巩固新课时可提出下列问题与学生谈话,并与学生一起完成《春秋战国时期学派简表》,帮助学生整理本课内容:①儒家学派是何时由谁创立的? 其思想主张是什么? ②战国时期儒家主要代表人物有哪些? 他们的思想主张是什么? ③道家学派是何时由谁创立的? 他的思想主张是什么? ④战国时期道家的代表人物是谁? 他的思想主张是什么? ⑤墨家是什么时候由谁创立的? 他的思想主张是什么? ⑥战国时期法家最主要的代表人物是谁? 他的思想主张是什么? ⑦春秋和战国著名军事家分别是谁? 主要军事思想是什么? 这样,学生既通过重复刚学的内容加深了印象,又使所学知识形成一个互有联系的有机整体,从而有效地掌握和巩固了所学知识。

春秋、战国时期学派简表

派别	时间	代表人物	思想主张
儒家	春秋	孔子(丘)	"仁"
	战国	孟子(轲)	"民贵""君轻""仁政"
	战国	荀子(况)	自然界发展有一定规律,人定胜天
道家	春秋	老子(李耳)	各种事物有对立面,并能互相转化
	战国	庄子(周)	痛恨社会不公平现象;人不能战胜自然
墨家	战国	墨子(翟)	"兼爱""非攻"
法家	战国	韩非子	今胜昔、中央集权、改革、法治
兵家	春秋	孙子(武)	集中兵力打败后人;周密调查
	战国	孙膑	"围魏救赵"

四、温故知新法

现在教育心理学中的认知结构论认为,学习者的学习效率与其认识结构有关。就课堂教学而言,学习者要获得理想的识记效果,必须将新概念和新信息融入已有的认识结构中。换言之,学习者在学习识记新材料时,要充分利用旧知识经验,使新知识纳入相应的知识系统中去,成为已有知识系统的有机组成部分,这样就容易把握,而且易于保持恢复。现行中学历史教材的编写体例,无论是初中义务教育课本的课时结构,还是高中历史课的编章节结构,往往把互有联系的历史事件或重要历史人物的活动分割在几课中或几个章节中讲述。故学生对那些历史事件或重要的历史人物认识上往往支离破碎,难以建立起完整的认知结构,从而影响了学习效果,温故知新法,就是教师在巩固新课时,通过提问,把学生以前学过的且与所授新课内容密切相关的知识联系起来进行综合分析,从而使学生在复习旧知识的基础上认识新旧知识之间的有机联系,加深对所学知识的理解,形成良好的认知结构,达到巩固新知识的目的。

例如,有位教师在讲授"盛世经济的繁荣"一课时,为了深化学生对唐朝经济繁荣的认识和巩固新知识,他设计提出这样的问题:"唐朝前期经济为什么能够得到高度发展?"然后积极引导学生联系前节课所学的"从'贞观之治'到'开元盛世'"一课有关内容开展讨论。于是学生议论纷纷,有的说:"唐朝前期的统治者,吸取隋亡教训,整顿吏治,重视人才,实行科学制度,加强中央集权的统治,使当时的政治比较清明。"有的说:"唐朝前期皇帝都重视发展农业生产,重视兴修水利工程,从而促进了农业生产的发展,促进了唐朝经济繁荣。"有的说:"唐朝前期统治者轻徭薄赋,注意减轻对劳动人民的剥削,有利于生产的发展。"有的说:"唐朝前期经济之所以繁荣,其中重要原因之一是进行了工具改革。如制造曲辕犁和筒车。"有的说:"唐朝实行开放政策与边境各族和平相处和交往,与外国也交往频繁,从而有利于唐朝经济的繁荣。"这位老师在学生讨论的基础上,进一步引导学生抽象概括,得出如下认识:

第一,一个朝代要使社会经济得到发展,必须要有比较清明的政治,还要有一个适合经济发展的安定的社会环境。这是社会经济发展的前提条件。

第二,当政者必须制定出适合经济发展的政治、经济政策或措施。同时还要注意加强同其他国家和地区的经济文化交流,实行对外开放的政策。这是经济发展的重要保障。

第三,科学技术就是生产力。工具的改革对发展社会经济有重要的促进作用。

可见,巩固新课时,引导学生回忆与新知识密切联系的旧知识,不仅有利于学生对新旧知识的理解、巩固和掌握,而且还能获得新的认识,确实起到了温故而知新的作用。

五、巩固升华法

从认识论角度来说,人们对客观对象的认识是一个由表及里、由浅入深的过程。巩固升华法,要求教师引导学生巩固新课时,应尽量避免知识的简单重复,而应设计一些问题,引导学生由表及里、由浅入深挖掘出历史发展的内在联系,使学生所学历史知识得到巩固和升华。

例如,一位历史教师在讲授"和同为一家"时,就很好地运用了这种方法,设计出一系列问题,引导学生由表及里、由浅入深地分析小结:

师:唐朝时边疆有哪些少数民族？分布在哪些地区？（指图）

生:（齐答）突厥、回纥、靺鞨、南诏、吐蕃。

师:唐朝在处理同各民族关系时采取了哪些方式？

生:有的通过战争,有的设立管辖机构,有的采取册封方式,还有的是和亲会盟。

师:在唐代民族关系史上,提到哪些著名人物？你怎样评价他们？

生:唐朝统治者有唐太宗、武则天、唐玄宗；少数民族首领有颉利可汗、骨力裴罗、大祚荣、皮罗阁、松赞干布；还有文成公主、金城公主等。他们都对当时的民族团结做出了贡献,都是值得纪念的人物。

师:对,我们评价这些历史人物的标准是看他对历史发展所起的作用。这些人中,尽管有的是封建皇帝,他们的目的是巩固和扩大统治,但他们的行动顺应历史潮流,客观上代表了各族人民的愿望,因此应该得到肯定和赞扬。

唐朝民族关系史上既有友好交往,也有兵戈相见,那么民族关系的主流是什么？

生:（齐答）主流是和睦友好。

师:唐和东突厥之间的战争是什么性质的战争？

生:是各族统治阶级之间的战争。

师：对。友好交往是唐与边疆各民族关系的主流，各民族统治阶级之间的战争只是一时的历史现象，在阶级社会里是不可避免的。虽然，国内各民族之间的战争也有正义与非正义的区别，但是这是中华民族内部的事，同异族侵略有本质的区别。在长期友好交往中，各民族虽有大小之差，有先进与落后之别，但是各有所长，各有所短。因此，交流是双向的，学习也是互相的。可以说，唐朝各民族之间友好交往，是唐朝繁荣的原因之一。同学们，你们能回答唐朝的民族关系取得重大发展的原因是什么吗？

生：（齐答）经济繁荣，国力强盛，统治者采取开明的民族政策。

师：对。首先，唐朝时，由于农业、手工业、商业、交通都有了发展，经济的繁荣，国力的强大，这是发展民族关系的物质基础；其次，唐朝前期几个皇帝比较善于用人，又采取了一系列加强中央集权的措施，使国家统一，政治清明，社会安定，这又为发展民族关系提供了重要条件；第三，唐朝实行开明灵活的民族政策，用不同的方式处理不同的问题，也是民族关系发展的重要原因之一。由于各民族经济文化的交流，加速了边疆地区的发展，使唐朝更加繁盛，在经济和文化方面处于世界先进地位，从而为唐和亚洲、欧洲国家的往来创造了有利条件。

教师如此小结，既帮助学生回忆了所学新课内容，并使其所学知识得以系统化，较好地完成了巩固新课任务，同时，还使学生所学知识得到了升华，为学生举一反三，分析以后的其他朝代的民族关系提供了理论和思辨方法。

六、兴趣求知法

兴趣是人们积极从事实践活动，不断获得认识、开阔眼界从而丰富人物的精神生活的推动力量之一。教育心理学研究表明，凡是那些难度适中，具有一定趣味性，且学生经过一定努力即可克服困难获得答案的问题，学习效果就很好；凡是那些对人没有重要意义的、不能引起人的兴趣的、不符合人的需要的问题，则比较容易被遗忘。兴趣求知法，就是要求教师在巩固新课时，提出一些有趣味的问题，让学生积极地从所学历史知识中寻求答案，从而达到巩固新知识的目的。

例如，讲授"秦末农民战争和楚汉之争"一课，教师在巩固新课提问时，为激发学生兴趣和思维的积极性，可把常见的"秦末农民战争爆发的原因是什么？秦始皇有哪些功过"等一类提问，变为"秦始皇建立了一个强大的统一的封建帝国。他自称'始皇帝',企图世世代代传下去。但事实上只到秦二世就灭亡了,它在历史上只存在 15 年,是一个相当短命的王朝。这究竟是为什么？我们应怎样评价秦始皇的功过是非"？秦始皇的愿望与历史事实之间的巨大反差,势必激发学生了解的兴趣和积极探求答案的心态。这时,教师再引导学生回忆"秦始皇统一六国"中的有关史实和本课所学内容进行综合分析。这样,学生不但会很好掌握秦末农民战争爆发的具体原因和秦始皇功过的具体史实,而且还会深刻地认识到,人民群众是历史的创造者和历史的主人,不论是谁,只要他违背人民的利益,无视人民的力量,必将受到历史的惩罚。秦始皇作为我国封建社会第一个皇帝,虽然在完成和巩固统一上功绩显著,但由于他在完成和巩固统一的同时,与其继承者秦二世对人民施行暴政,从而最终引发了秦末农民战争,导致了秦朝的覆灭。

又如,有一位教师在讲授"西汉的兴盛"一课时,为引导学生巩固新课,他巧妙地提出了这样的问题:"通过学习本课,同学们知道课文中有几处提到马吗？你能通过'马'说明西汉的兴盛吗？"问题提出后,立即引起了学生的兴趣,学生很快地找出,教材中有三处提到"马":一是西汉初年皇帝出门找不到四匹毛色一样的马来驾车;二是陆贾谏劝汉高祖,过去可以在马上打天下,现在怎么能在马上治天下呢！其用意是谏劝汉高祖在治国问题上要宽刑薄赋、文武并用;三是汉武帝初年,大街小巷到处有马,四野牛马成群。于是,在教师的启发下,学生围绕着"马",从西汉初年的贫困,统治阶级吸取秦亡的教训,实行休养生息政策,生产得到恢复发展,到汉武帝西汉经济繁荣,国力雄厚,西汉进入鼎盛等一系列史实紧密联系起来,从而获得深刻难忘的印象。

七、比较异同法

比较就是在思想上把各种事物和现象加以对比,以确定它们的相同点、不同点及其关系的思维过程。教育心理学研究表明,教学中通过对相似、相近或相关的不同事物进行比较,学生可以明确不同概念间的区别及相互关系,从而防止概念间的混淆及彼此割裂。比较异同法,就是要求教师在历史教学过程中,通过提问,将所授内容中的相似、相近或相关的历史事实有机地联系起来加以分析比较,既可有效地防止学生混淆历史概念或历史事实,又可加深学生对历史本质的认识。

例如,讲授"繁盛一时的隋朝"一课,教师在巩固新课时可提出这样的问题:"隋朝的统治类似于以前哪个朝代？"于是,学生便马上会想到:"隋朝的统治类似于中国历史上的秦朝。"接着教师追问:"隋朝的统治与秦朝的统治有哪些异同之处?"在教师启发引导下,学生不难得出:隋朝与秦朝相似之处主要有:①公元前221年秦灭六国统一全国,结束自春秋以来长达几百年之久的诸侯割据混战局面;589年,隋灭陈统一全国,结束了自三国以来长期的分裂割据局面。②秦统一后,为巩固统一防止匈奴南下劫掠,修筑了西起临洮东到辽东的万里长城;隋统一后,为加强南北交通,巩固隋朝对全国的统治,开凿了以洛阳为中心,北起涿郡,南到余杭,全长四五千里的大运河。万里长城和大运河都是我国古代闻名世界的伟大工程。③秦始皇为加强统治,在中央、皇帝以下设丞相、太尉、御史大夫,在地方则推行郡县制;隋文帝为加强统治,在中央实行三省六部制,在地方则实行州县制。这些措施对后世产生了重大影响。④秦始皇和隋炀帝都是我国历史上有名的暴君。⑤秦朝与隋朝都是我国历史上短命的王朝。都是二世而亡,秦自公元前221年统一到公元前206年被农民战争推翻,前后只有15年;隋朝581年建立,618年灭亡,共存37年,而统一时间只有29年。

隋朝与秦朝相异处有:①秦始皇创建了皇帝称号,这一点隋没有。②秦始皇焚书坑儒,钳制了思想,摧残了文化;隋文帝用分科考试办法选拔官员,对促进文化科学发展具有积极意义,且影响深远。③秦统一文字、货币、度量衡,有利于国家统一和各地经济文化交流,对后世影响深远;而隋无这方面建树。

通过比较,学生既复习巩固了旧知识,又强化巩固了新知识,认识了隋朝与秦朝的异同,从而对隋朝这一历史概念有了比较完整的理解。

复习课堂提问法

　　复习是中学历史教学过程中必不可少的重要环节。在历史复习课中,教师根据教学大纲(今课程标准)和教材内容,提出一些精彩的问题指导学生复习所学内容,不仅可以强化识记,防止遗忘,而且还可以加深学生对所学知识的理解,理清线索,融会贯通,形成系统,发展学生的识记能力和思维能力。历史复习课提问,是对已学知识的提问。有关讲授新课和巩固新课的提问方法虽然也基本适用,但由于学生通过学习已掌握了相当的历史知识,它一方面为学生思考和回答老师提出的问题准备了条件,另一方面也向教师设计历史问题提出了更高的要求。即教师设计的历史问题,要有新意,避免简单和机械重复;要具有典型性,要突出重点,抓住关键,攻克难点,使学生能够触类旁通,举一反三。因此,教师在设计历史复习课的提问时,除了运用前面所提到的一些方法外,还可以采取下列方法来设计历史问题,以较好地实现历史复习课的功能。

一、梳理线索法

　　由于现行历史教材的课时结构或编章节结构,往往把历史上某一历史现象、某一历史事件和某一历史人物的活动分割到几课或几章几节中介绍,因此,学生对这些历史现象、历史事件和历史人物往往难以系统把握。梳理线索法,就是教师有意识地设计一些问题,通过提问复习,帮助学生梳理某一历史现象、历史事件和历史人物活动的发展线索。具体来说,主要有下列方面:

　　第一,设计问题,帮助学生按历史发展阶段梳理线索。人类历史的发展既有连续性,又有阶段性。马克思说:"一切发展,不管其内容如何,都可以看作一系列不同的发展阶段,它们以一个否定另一个的方式彼此联系着。"①九年制义务教育

---

① 马克思恩格斯选集:第 1 卷 . 北京:人民出版社,1995:169.

初中历史教材,虽是以课时为单位编写的,但仍体现了人类历史发展的阶段性,正如王宏志在《新编九年制义务教育初中历史教材的改革及使用建议》中说:"人类社会的历史发展是划分阶段的,每个阶段又分为若干时期,没有编、章、节这些阶段和时期怎样表现? 我们在编写中,研究了这个问题。通过每课正文之前的提示,写明社会发展阶段和历史时期,同样能起到分编、章、节的效果。"因此,要使学生掌握历史发展的基本轮廓,就要通过提问引导学生梳理历史发展各个阶段的线索,明确各阶段历史发展的基本特征,并进行相互比较,找出其异同和相互间的联系。

例如,复习中国古代史时,为了让学生掌握我国奴隶社会的发展线索,教师在引导学生复习时可提出这样的问题:"我国奴隶社会从哪一年开始到哪一年结束? 它包括哪些朝代? 各有何特点?"在教师启发引导下,学生通过回忆概括,不难得出并掌握中国奴隶社会的历史发展线索:我国奴隶社会从公元前21世纪开始,到公元前476年结束,前后经历了夏、商、西周和春秋四个朝代,其中夏朝是奴隶制形成阶段,商朝是奴隶发展阶段,西周是奴隶制强盛阶段,春秋是奴隶制瓦解阶段。

第二,设计问题,帮助学生梳理某些历史事件的发展线索。从某种意义讲,历史是由各个具体历史事件组合而成,而每一历史事件又有其发生、发展、结果的过程。历史复习过程中,教师要有意识地设计一些提问,启发和引导学生或按大历史事件过程中的小事件的发生顺序,或按历史事件发展的时间顺序,梳理出线索,提炼出中心,化繁为简,从而使学生完整系统地掌握某一历史事件。

如复习中国近代史,为了让学生系统地掌握太平天国运动,教师可以提出这样的问题:"太平天国运动从哪一年开始? 到哪一年结束? 请以太平天国运动中所发生的事件为珠,以时间为线,展示其兴亡过程。"在教师启发引导下,学生自然会系统掌握太平天国运动的兴亡过程:太平天国运动爆发于1851年1月,败亡于1864年7月,历时14年。其兴亡基本过程是:金田起义→永安建制→进军武汉→定都天京→颁布《天朝田亩制度》→北伐西征→天京事变→安庆激战→天京陷落。

第三,设计问题,帮助学生梳理重要历史人物的活动线索。历史是人创造的,人物是历史的主体,特别是一些重要人物对历史发展有着巨大影响。教师在历史复习课中,根据教学目的需要,或以某一历史人物活动为中心设计提问,或以某些历史人物的活动为中心设计提问,把那些重要的历史人物的活动从教材中的各课,或各编、章、节中提炼归纳出来,串连成线,梳理出某一历史人物,或某一历史时期,或某一国家、朝代、地区的历史的发展线索。它不仅有助于全面了解历史概况,而且能对一些重要的历史人物活动获得比较全面的了解,从而对他们做出全面、科学、正确的评述。

例如,为了使学生对伟大的民主革命先行者孙中山有个全面的、科学的、正确的深刻认识,教师在复习中国近现代史时,就可以设计这样的提问:"①孙中山为什么走上了资产阶级民主革命道路?他是怎样致力于资产阶级民主革命的?②孙中山的奋斗目标集中体现在什么理论中?③孙中山后来为什么同中国共产党合作?国共合作后孙中山做了哪些重大工作?④我们应怎样评价孙中山?"这些问题提出后,学生自然难以系统准确回答。教师应积极启发引导学生从孙中山少年时生长环境、求学道路和上书李鸿章请求变法遭拒绝三方面分析孙中山走上资产阶级民主革命的必然性;从孙中山创建兴中会,组织同盟会,提出反清纲领,领导多次起义,宣传资产阶级革命,领导辛亥革命,就任中华民国临时大总统,主持制定《中华民国临时约法》,领导反对北洋军阀的二次革命,组建中华革命党,发动两次护法运动等,阐述孙中山如何百折不挠致力于资产阶级民主革命的伟大精神;从"三民主义"和孙中山发表的《中国国民党宣言》阐述孙中山的奋斗目标;从孙中山始终坚持民主革命立场,第二次护法运动失败,中国共产党和苏联的帮助,阐释孙中山实现他一生的伟大转变,从而实现了国共合作;从组织召开国民党"一大",提出"联俄、联共、扶助农工"的三大政策,重新解释三民主义,创立黄埔军校,领导平定广州商团叛乱,北上北京试图召开国民会议等方面,阐释孙中山对第一次国内革命战争的重要贡献。在此基础上,教师再启发学生对孙中山做一总体评价。这样,学生一方面能得到如下认识:孙中山是一个伟大的革命先行者,伟大的民主主义革命家,忠诚的爱国主义者与社会主义的忠诚朋友。"他全心全意地为改造中国耗费了毕生的精力,真是鞠躬尽瘁,死而后已。"[①]早年他致力领导同盟会进行辛亥革命,反对北洋军阀专制独裁统治。晚年,他勇敢地接受了中国共产党提出的主张,并为它的实现进行了坚决斗争,把旧三民主义发展为新三民主义,实现了第一次国共合作,推动了中国革命的发展,立下了永不磨灭的丰功伟绩。他的革命的三民主义学说,是中国人民的一份宝贵的精神财富。孙中山的一生,是伟大的一生。另一方面,学生又能清晰掌握1894年到1924年间的重大历史事件的发展线索,巩固了这一时期的主要史实。

---

① 毛泽东选集:第5卷. 北京:人民出版社,1977:312.

二、总结规律法

人类历史悠久，历史知识浩如烟海。从表面上来看，人类历史的发展过程似乎是一团乱麻、一盘散沙而杂乱无章。实际上，人类历史的发展是一个有规律的过程。任何历史事件和历史现象不等于时间、地点、人物活动等要素的简单相加，而是有其内在的本质的联系，即历史规律性。因此，学生要学好历史知识，单靠死记硬背是不行的。总结规律法，就是教师在历史复习课中，有意识地设计一些提问，启发学生找出规律，并做到举一反三，触类旁通，借以开发学生智力，提高学生能力，增强学生记忆力。具体来说，主要从两个方面进行：

第一，通过提问，启发引导学生抓住历史发展规律。也就是在复习历史过程中，教师通过提问，启发引导学生在分析大量的具体史实前提下，揭示人类历史发展规律，使学生做到心中有纲，纲中有目。

例如，在复习中国原始社会的历史时，教师可设计这样的提问总结原始社会历史发展规律："中国原始社会发展分为哪两个阶段？在社会关系上有什么共同特点？其发展规律是什么？"然后，教师启发学生从使用工具、使用火、有无私有财产和阶级四个方面去归纳概括，学生便不难抓住原始社会的发展规律：即从整体上看，人类历史上的原始社会是一个无私有财产，无穷富差别，无压迫和剥削，共同劳动，共同享受的社会。但从原始社会发展上看，它遵循着从旧石器发展到新石器，从使用天然火到人工取火，从无私有财产到私有财产的产生，从无阶级社会向有阶级社会过渡的规律发展。一旦学生抓住了原始社会这一发展规律，就能牢固清晰地掌握中国原始社会发展过程中的基本史实了。

第二，通过提问，启发学生抓住历史事件的共同规律。中学历史知识繁多，古今中外交错复杂，教师要有意识地设计一些历史问题，启发引导学生抓住一些历史事件发展的共同规律，不仅能帮助学生牢固地巩固所学知识，而且能深化认识，培养能力。

例如，在复习高中《世界历史》中的"英国资产阶级革命"和"法国资产阶级革命"等章节时，教师可先设计这样的提问："请比较英法资产阶级革命的异同，概括出资产阶级革命的一般规律。"然后，教师引导学生从革命原因、目的、意义等方面进行比较，使学生得出资产阶级革命的一般规律："第一，资产阶级革命通常都是在资本主义经济发展，但却受到封建制度（或其他落后因素）的阻碍下发生的。第二，资产阶级革命的目的，一般是为反对封建制度，反对地主阶级统治，建立资产阶级专政,或地主资产阶级的联合政权。第三,资产阶级革命的意义都是为资本主义发展扫清道路;对其他资产阶级革命起了推动作用;但资产阶级革命是以一种剥削方式代替另一种剥削方式,使人民身上又套上了新的枷锁。"这样,不仅有利于学生掌握英、法等国资产阶级革命的特点,而且培养了学生能力,使学生掌握了资产阶级革命规律,从而为他们梳理和掌握"美国内战"、沙俄"农奴制度的废除"和日本"明治维新"等同类历史内容创造了条件;也为学生举一反三,总结农民革命规律提供了思维方法。

三、归类分析法

现行中学历史教材是以时间为经,以政治、经济、阶级斗争、民族关系、对外关系、文化科学等内容为纬,叙述各个朝代或各个历史时期的各国历史发展概貌。这样,学生在学完了《中国历史》和《世界历史》后,也许能叙述或阐释某一国家的某一历史时期在政治、经济、文化等各方面的历史概貌,却很难分别叙述或阐释某一国家的政治、经济、文化等方面的纵向发展变化,更不容说从中寻求发展规律和提高认识了。因此,教师在指导学生复习(尤其是高考复习)时,应站在统帅教材全部内容的高度,有意识地设计一系列提问,启发学生把教材中的同一类型、或同一性质、或同一方面的历史知识整理成一个专题,使学生能比较清晰地掌握某一国家的某一历史问题发展演变线索,形成关于某一历史问题的完整表象,形成整体记忆,进而探索某一历史问题的发展演变规律,提高学生的认识,达到巩固知识、培养能力的目的。

以中国古代封建社会经济发展为例,教师在复习本问题时,先设计一系列有关各个朝代社会经济发展原因、主要表现和经济制度的提问,教师在学生对中国封建社会各个朝代社会经济发展做了比较全面回忆的基础上,再设计一些探索规律、提高认识的提问:①中国封建社会经济发展的共同原因是什么? ②中国封建社会经济发展的主要表现是什么? 各个经济生产部门之间有什么内在联系? ③我国古代经济重心有何变化? ④从中国封建社会经济发展演变规律,你获得哪些重要认识? 这样,通过师生互动,我们可以总结出以下规律性:

1.经济发展原因:在我国封建社会,各个重要朝代经济都得到恢复和发展,其原因固然有异,但有几个方面是共同的:一是统一稳定的政治局面;二是前代末期农民战争的推动;三是统治者吸取前代衰亡教训,调整了统治政策;四是广大人民的辛勤劳动。

2.经济发展的表现:我国封建社会经济的发展,不外农业、手工业、商业三大部门,以及对外贸易概况。农业不外以下七个方面:①经验的积累;②工具的改进;③水利的兴修;④荒地的开垦;⑤人口的增加;⑥农作物的推广;⑦产量和收入的增加。手工业主要有以下四大部门:冶铁业、丝织业、制瓷业、造船业等。商业经济发展主要表现为商品的种类和量的增多,城市的兴起和发展,货币关系。对外贸易主要讲港口、贸易对象和交换的物品。

3.经济生产部门之间的内在联系:首先是农业生产的恢复和发展,其次是手工业的进步和商业的发展。农业是中国封建社会最主要的生产部门,它是手工业发展和商业繁荣的基础。

4.我国古代经济重心的变化:黄河流域是中华民族文明的摇篮,后来随着历史的变迁,经济重心逐渐南移,两晋南北朝时期和南宋时期,是我国经济重心南移最重要的两个时期。南宋时,南方的社会生产水平和商业繁荣超过了北方。

学生在把握上列规律的同时,还可以获得下列认识:

1.农业是经济发展的基础。从经济发展各部门的内在联系来看,手工业、商业的发展都依赖于农业,农业是经济发展的基础,只有加快农业的发展,才有工业的发展与繁荣。

2.经济的发展,一靠政策,二靠科学。历朝经济的发展,尤其是汉唐时期,之所以社会经济发展空前繁盛,一靠政策对路,二靠科学技术的进步和应用。好的政策,能给经济的发展增加新的活力;科学技术是第一生产力,科技的发展,能给经济的腾飞增添双翼。

3.稳定的政局,是经济发展的保障。历览各朝经济的发展,稳定则兴,动乱则衰。东汉末年的混战,西晋八王之乱、唐朝安史之乱和藩镇割据等,都给经济的发展带来了灾难性的破坏。"白骨露于野,千里无鸡鸣"就是其生动而真实的写照。

四、有机联系法

心理学研究表明,意义识记无论在识记的速度和全面性,还是识记的精确性和牢固性方面,都比机械识记要好。而意义识记的关键在于建立联想。对于学习历史来说,有些历史现象和历史事件,从表面上看,似乎没有什么内在联系,但只要教师仔细分析,就可以发现它们之间存在着某种意义上的联系。有机联系法,就是要求教师在复习历史过程中,要善于设计一些历史问题,启发学生分析,把那些看似没有联系的历史现象、历史事件有机地联系起来,从而提高复习效率的方法。

例如,中国历史上的东北、西北、西藏、西南、台湾等边地曾发生过很多历史现象和历史事件,表面上看,这些历史现象或历史事件,由于不是发生在同一时期,似乎没有什么联系,是孤立的。但教师如站在统帅教材全部内容的高度,就会发现其中有许多历史现象或历史事件之间存在着某种意义上的联系。它们或反映了我国边疆的变化,或反映了边疆各民族与内地人民之间的关系变化,等等。于是,教师可根据某种意义上的联系,设计出下列提问,启发引导学生思考、发现和建立有关历史知识的联系:①中国古代,东北、西北、西藏、西南地区先后生活过哪些民族? 它们是怎样更替的? ②中国历代中央政府在西北、东北、西藏、西南地区先后设置了哪些统治机构或采取了哪些统治措施? 它说明了什么? ③为什么说台湾自古以来就是中国的领土? ④近代以来,帝国主义国家在中国东北、西北、西藏、西南、台湾地区进行了怎样的侵略和争夺,我国政府(清政府、北洋军阀政府、国民政府)对此分别做出何种反应? 这些地区的少数民族人民进行了怎样的反击或斗争? 结果如何? 产生了什么影响? 这样,不仅能使学生全面系统地掌握历史上不同历史时期发生在这些地区的重要历史现象、重大历史事件及其发展过程,而且还可以促使学生对其内在联系、来龙去脉,或某一侧面进行更深入的思考,获得新的认识。

五、人为联系法

意义识记的关键在于建立联想。从整体上看,人类历史是一个互有联系的有机体,历史发展进程不容割断。但这并不是说,所有的历史要素(如时间、地点、事件、人物等)都存在着某种内在的本质的必然联系。人为联系法,就是要求教师在复习历史过程中,在指导学生识记那些没有内在的本质的必然联系的历史知识时,巧妙地设计一些提问,创造一种人为的意义联想,从而提高复习效率的提问方法。具体来说,可从两方面进行:

第一,以某一地点(或地域)提问,引导学生归纳出该地点(或地域)历史上所发生的重要历史现象和重要历史事件,从而建立联系,使学生全面系统地掌握发生在该地点或地域的历史现象和重大历史事件。

例如,复习中国历史时,教师可提问:"南京作为中国历史上的都城,这里曾建立过多少政权?"在教师引导下,学生便不难列举出:在中国古代定都南京的有三国的吴、东晋、南朝的宋、齐、梁、陈,此后朱元璋在这里建立明朝;在中国近代,洪秀全建立过太平天国政权,孙中山在这里建立过中华民国,蒋介石在这里建立过国民政府,汪精卫在这里建立过伪国民政府。

又如,复习法国历史时,教师可以提问:"1789年至1871年间,法国巴黎曾发生过哪些革命事件?"在教师引导下,学生自然不难列举出:1789年第一次武装起义,1792年第二武装起义,1830年的"七月革命",1848年"二月革命"和"六月起义",1867年铜业工人罢工,1870年9月4日革命,1871年3月28日巴黎公社成立等。

此外,像中国的西安、北京、广州、上海等地,世界历史上的君士坦丁堡、伦敦等均可按此法归纳整理,帮助学生建立历史知识之间的联系。

第二,以时间提问,或引导学生把某一时间发生的中外历史事件归纳在一起,或引导学生把几个看似无关联的历史年代设法通过某种因素联系起来,以建立某种联想,从而达到牢固识记的目的。

例如,为了让学生牢固识记沙皇废除农奴制的时间,教师复习时可提问:1861年中外历史上发生了哪些重大历史事件?在教师引导下,学生便可找出发生在1861年的中外历史事件:①美国内战开始;②俄国废除农奴制改革;③意大利召开新议会;④马克思《资本论》第一卷出版;⑤中国洋务运动开始,总理衙门成立,那拉氏发动政变等。

又如,1640年与1840年这两个历史年代,仅从时间上看,无论怎么说它们之间似乎不存在什么内在联系。如果教师提出下列问题,情况就发生了变化:①1640年,英国历史上发生了什么大事?有什么意义?②1840年中国历史上发生了什么大事?对中国社会有什么深刻影响?③英国资产阶级革命与中英鸦片战争有什么关系?学生通过回答这三个历史问题,就不难建立这样的联想:1840年英国资产阶级之所以挑起侵略中国的"鸦片战争",是因为英国早在200年前(1640年)进行了资产阶级革命,建立了资产阶级统治,从而有力地推动了英国资本主义社会生产的发展,国力雄厚,为满足资本主义的贪婪欲望,200年后(1840年)发动了侵略中国的鸦片战争,以掠夺中国财富。这样,学生不仅自然深刻地记住了英国资产阶级革命和鸦片战争两件历史大事的年代,而且大大深化了学生的认识。

六、材料分析法

从1989年高考历史试题出现"史料分析"题后,史料分析题在高考历史试卷中所占的比重越来越重,难度也不断增加。新编人教版九年义务教育初中历史教材从培养学生能力和开发学生智力出发,也引用了不少原始史料,课后练习题中也有"材料分析"题。这种题的最大优点就是能够满足考试目标所包括的阅读、识记、理解、分析、综合等各个能力层次的考试测验要求。因此,在复习历史过程中,教师应有意识地选择一些"史料",提出一些问题,启发引导学生运用所学到的历史唯物主义观点,基础知识和分析解决历史问题的方法,去分析所给史料,回答提出的问题,这对培养学生的能力和开发学生的智力具有十分重要的意义。

例如,教师在复习中国近现代史时,可刻印一组这样的材料,并设问启发学生思考和分析:

材料一 当今光(风)气日开,四方毕集,正值国家励精图治之时,朝廷勤求政理之日,每欲以管见所知,指陈时事,上诸当道,以备七荛之采。嗣以人微言轻,未敢遽达……窃尝深维欧洲富强之本,不尽在于船坚炮利,垒固兵坚,而在于人能尽其才,地能尽其利,物能尽其用,货能畅其流——此四事者,富强之大经,治国之大本也……惟深望于我中堂有以玉成其志而已。

——1894 年孙中山《上李鸿章书》

材料二 ……革命,保皇二事决分两途,如黑白之不能混淆,如东西之不能易位。革命者志在扑满而兴汉,保皇者志在扶满而臣清,事理相反,背道而驰,互相冲突,互相水火,非一日也。

——1900 年孙中山《敬告同乡书》

材料三 ……中国革命六年后,俄国才有革命。俄国革命党不仅把世界最大威权之帝国主义推翻,且进而解决世界经济政治诸问题。这种革命,真是彻底的成功,皆因其方法良好之故……中国之革命党经验不多,遂令反对派得其技,没有俄国那种好方法以防范反革命派,使其不能从中破坏。故俄国革命虽迟我六年而已成功,我虽早六年而仍失败。

——1924 年孙中山《中国之现状及国民党改组问题》

请回答:

(1)材料一体现了孙中山当时的什么政治主张?

(2)材料二又体现了孙中山怎样的政治主张?

(3)材料三中,孙中山提到的中国革命和俄国革命各指什么?

(4)孙中山在材料三中总结俄国革命成功、中国革命失败的原因从本质上看准确吗?为什么?

一般来说,学生要顺利完成本材料分析题的答案,首先必须仔细阅读所给材料,弄清基本含义。其次要较好地掌握孙中山一生的政治思想发展线索。第三,要较好地理解孙中山所处的历史时代和他的阶级属性。学生如果具备了这三个条件,在教师启发下就不难回答本题所提出的问题。因为,如果学生读懂了材料一和材料二,就基本上能总结出材料一反映了孙中山学习西方,变法图强的政治主张;材料二反映了孙中山进行资产阶级革命,推翻清政府的政治主张。假若教师启发学生回忆历史教材中的"1894年,孙中山上书李鸿章,提出变法自强的建议,遭到拒绝。孙中山开始认识到,只有推翻清朝封建专制制度,才能够拯救中国"的叙述,联系孙中山的阶级属性和所处的历史时代,就更能坚信这一判断的正确性。如果学生读懂了材料三,在教师启发下联系历史教材中所叙述的孙中山领导的有关革命斗争,以及教材中所提到的"1917年,俄国十月社会主义革命的胜利,使中国的先进知识分子看到了民族解放的新希望",再抓住材料三中的"俄国革命虽迟我六年而已成功,我虽早六年仍失败"之句,就不难推断出第(3)问答案是辛亥革命和俄国十月革命,至于第(4)问答案,如果学生较好地理解掌握了中国民族资产阶级革命的两重性和辛亥革命失败的原因,在教师启发下,也就不难判断:孙中山在材料三中总结俄国革命成功、中国革命失败的原因,从本质上看是不准确的。因为中国民族资产阶级的弱点(妥协性),又未能发动广大农民参加,斗争失败的根本原因不在于方法不良。

利用史料设计问题,启发学生分析作答,就培养学生能力、开发学生智力、促使知识迁移的功能来说,其优越性是很明显的。但从中学生的年龄特征和知识水平,以及中学历史教学内容多和课时少的实际来看,在初中阶段,特别是讲授新课中难以大量进行,只能选择简单易懂的材料量力而行。即使是高中阶段,由于课时少和教材内容多,也难经常进行。于是,我便把"材料分析法"放到"复习课堂提问"之下介绍。这并不等于说,讲授新课和巩固新课不能用"材料分析法"提问。即使上面提到的其他提问方法,在讲授新课中也是可以运用的,只是在复习课中运用更方便、更有效罢了。

历史递进式提问法

递进式设问即对一个中心问题通过由浅入深、层层递进的设问,引导学生在一问一答中理解、分析、比较,再得出结论和认识的一种设问模式。其作用:一是化难为易,使重点、难点内容容易理解,二是使知识获得迁移和认识得到升华。加之近年来,高考试题,特别是材料题常用递进式设问来考查学生的阅读、理解、提取有效信息、分析、综合方面的能力,因此,教师在历史教学中设计递进式问题进行教学,就显得极为必要。

运用递进式设问进行教学,应注意以下几个问题:

一、递进式设问三忌

递进式设问因其由浅入深,层层递进,因而逻辑性较强。前问是后问的基础,后问是前问的拓展或深化,关系密切,所以在设计时一定要认真推敲。其问题设计有以下三忌:

一忌随意。备课时必须高度重视设问的科学性和逻辑性,如果备课时不重视,随意设计问题,课堂提问就必然缺乏逻辑性和紧凑感。随意发问既影响学生的正常思路,打断教学内容的联系,又容易犯过浅或过深的毛病。过浅则达不到设问的目的,过深往往使学生摸不着头脑,引起师生尴尬。如"西欧资本主义兴起"一节,若教师刚讲授完新课就突然发问:"中国资本主义萌芽怎样?"学生很难回过神来,而且"怎样"一词,也使学生无从下"口"。

二忌简单。递进式设问讲究层层诱导。对某个问题的正确设计应是:史实入手→分析特点→揭示实质→知识迁移→诱发认识。能力培养目标应是:再忆再现→概括→分析→比较→运用与创新。如果设问仅停留在一个层面上(如再忆再现史实),既不符合递进式设问要求,又影响激发学生的兴趣。如"隋朝的统治"一节,若教师小结时仅仅设问"隋朝建立的时间,建立者,都城是什么?采取哪些措施巩固统治？隋文帝统治时期叫什么"等业已讲授和学生已经明确的问题,其意义不大。假如小结时的提问做如下设计:①隋建立后采取了哪些措施？②其中对后世有深远影响的措施有哪些？③你能根据这些影响和本课其他内容分析隋的历史地位吗？如此,效果就不一样了,既显得有层次感,又有一定的深度,能激起学生的求知欲。所以,教师设计问题时,应尽量避免简单化,以免学生产生厌答情绪,走入"积极回答→随声附和→消极回答→沉默"的歧路。

三忌无条理。递进式设问本身要求有逻辑性、层次感。如果设计的一连串问题尽管有深有浅,但无条理性,问起来就会东一榔头西一棒子,不但学生迷糊,问者自己也会迷糊。如"新文化运动"一节,如做如下设问:①概括新文化运动的基本情况。②新文化运动与前两次论战相比有何新发展？③新文化运动结果如何？④新文化运动归根到底是一场什么样的运动？⑤你能分析新文化运动与辛亥革命的关系吗？⑥新文化运动与启蒙运动有何相似之处？⑦为什么会出现新文化运动？⑧新文化运动与"五四运动"有何关系？如此随想随问,信马由缰,逻辑错位,学生思维肯定一塌糊涂,结果是"启"而不"发"。

二、围绕重点、难点设计

重点是指构成本学科主干知识体系并在考试中复现率较高的基本知识点。难点是指本学科中较难理解的重要概念、规律及难以完整把握的知识点。它们有时是重合的。重点、难点是一节课教学内容的支点。解决它,在一堂课中可起到画龙点睛的作用。

一般来说,一节课总有一两个重点或难点问题。设问时应围绕这个中心来展开。目的是帮助学生加深对重点的理解,突破难点,并使学生认知得到一定的升华。如"皖南事变"是一个重点问题,如何从多角度深层次地理解这一历史事件呢？我在教学中运用递进式设问原理,设计了如下问题:

①皖南事变的经过怎样？（请同学描述简单过程。包括时间、地点、人物等）

②为什么会出现这一事件？（国民党政策重心的改变）

③事变后国内外反响如何？（国际:苏、美、英的态度。国内:国民党左派的抗议,共产党的态度）

④最后是怎样解决的？（中共重建新四军军部,继续抗战,打退国民党的反共浪潮,维持统一战线）

⑤为什么有这样的结果？（苏联的指责,美、英的态度,国民党左派的抗议,中

共的坚决回击与斗争）

⑥你能回忆起"四一二""七一五"政变的结果吗？（中共力量损失，合作破裂，大革命失败）

⑦比较"皖南事变"和"四一二""七一五"政变结果，你是如何看待中国共产党的？（民族矛盾为主，中共能正确处理突发事件，说明更加成熟了）

通过教师引导，学生得出结论，对皖南事变的前因后果，就会得到一个较全面的认识，并使学生认知得到升华。

三、实现知识的迁移和应用

历史不是孤立的，古今中外，历史与现实紧密相连，这就要求在设计递进式问题时，一要考虑知识点本身的问题设计要有递进性；二要考虑多个知识点的联系，运用递进式设问，帮助学生实现知识之间的迁移；三要考虑知识的应用和提高学生解决问题的能力。特别是知识的迁移和运用，应在设问时尽可能得到发掘。

例如我在讲授明治维新时，运用递进式设问设计了如下问题：

①明治维新的主要内容有哪些？（政治、经济、文化、军事）

②明治维新的这些措施实现了吗？为什么？（封建因素弱，有富有政治经验的中坚力量，进行行之有效的改革，国际环境较宽松）

③明治维新的性质是什么？中国有类似的运动吗？结果怎样？（略）

④你能将戊戌变法与日本明治维新进行比较，找出戊戌变法失败的一些原因吗？（与明治维新相反）

⑤中共从20世纪80年代初开始制定改革政策，现在已取得辉煌成就，你能从明治维新成功的原因中折射出哪些关于中共成功的原因？（真理标准的讨论，十一届三中全会的召开，解放思想；中共作为中坚力量领导改革；各地人民在党的领导下锐意改革；中国国际地位逐渐提高和综合国力不断增强，国际干扰较少等）

又如，我在讲授美国的西进运动时，也运用递进式设问设计了如下问题：

①美国领土扩张的方式有哪些？（略）

②在领土扩张过程中，形成了何种运动？（略）

③你能对它进行评价吗？（促进了资本主义的发展，掠夺了印第安人）

④西进运动虽然推动了资本主义经济的发展，但在西进过程中，曾对印第安人进行了驱赶和屠杀，砍伐了大量的森林，无节制地开采地下资源。当今中国实施西部大开发战略，你能从美国西进运动中得出哪些对中国西部大开发的启示？

（各民族共同繁荣；生态平衡；有计划地开采资源，走可持续发展之路）

以上设问，弛张有度，基本处于学生能力发展区内，通过教师引导，学生分析并得出答案，从而达到由此及彼，自然过渡，既加深了理解，又锻炼了分析、综合、运用与创新能力，实现了知识的迁移和运用。

总之在历史教学中，讲三遍不如设一问，引导学生积极探讨教师设计的层层递进的问题，往往会收到事半功倍的效果。

历史课堂提问原则

　　提问作为中学历史课堂教学中完成教学任务和实现教学目标的重要手段,已为我国绝大多数历史教师所接受,且取得可喜的成绩。但我们也应该看到,目前一些历史教师在运用提问这一教学手段时存在不少缺陷,或过难过深,或过浅过易,或过于呆板,或杂乱无章等,往往不能充分发挥提问的功能。提问要达到预期效果,不仅要掌握科学的提问方法,而且要遵循一些原则。具体来说,主要有下列原则:

一、全体性原则

　　社会主义教育是全民教育,它要求教育面向全体学生,使每个学生在德、智、体、美、劳等方面都得到发展。全体性原则,要求教师的课堂问题设计与提问对象一定要面向全体学生,使每一位学生都有机会回答教师的提问。诚然,教师的提问在形式上一般是由某一两个学生来完成的,但提问的目的应始终针对全班学生。否则,细心的教师便会发现,经常被提问的学生与经常得不到提问的学生,学习成绩以至心理品质是不同的。那些经常被提问的学生,常常能够积极主动地思考教师提出的问题,甚至自己发现和提出一些颇有质量的问题,他们的进步往往很快。因为在学生看来,被教师提问,是教师对自己的信任与重视。

　　贯彻全体性原则,要求教师在历史课堂提问时,应注意防止出现下列三种不良情况:①先指明一个学生然后才提出问题,使其他学生没有回答问题的机会。②让一个学生长时间回答包含有很多内容的问题,而全班其他学生则静而听之。③长期只叫少数几个学生回答,而冷落其他学生,特别是差生。这样只能造成大部分学生事不关己、高高挂起、不动脑筋的恶习,或学习积极性受到抑制。

　　贯彻全体性原则,要求教师设计的问题必须从学生实际情况出发,注重学生的年龄特征、知识水平和接受能力,面向全体学生,一般按班级中上级水平设计问题,并要为优差两头的学生和针对一些特殊学生的个性特点,设计出一些问题,以发挥每个学生的积极性。同时,为了保证教师提问面向全班每一位学生,教师对于那些有一定深度、有思考价值的历史问题,如十月革命后,被压迫民族的革命不再是旧的资产阶级和资本主义世界革命的一部分,而是新的无产阶级社会主义世界革命的一部分,但书中叙述的一战后(十月革命后)的各国革命都不是无产阶级领导的,怎样解释? 在条件允许时,应尽量让学生的不同见解得到充分发表,或组织学习进行专题讨论,以充分发挥不同层次学生群体的"共生效应"。

另外,教师应尽量在课堂提问中,创设出一种竞争的情境,形成学生个体之间或学生小群体之间的相互竞赛,极大提高学生学习的内驱力。

二、鼓励性原则

教育心理学告诉我们,教师的鼓励、赞扬比挖苦、训斥和批评更能调动学生的主观能动性,激发学生的上进心,增强学生的自信心。鼓励性原则,就是要求教师在历史课堂提问过程中,要想方设法鼓励学生积极思考和回答教师提出的问题。

贯彻鼓励性原则,要求教师和蔼可亲地面对回答问题的学生,要及时、认真、恰当地从学习态度、学习动机、思维能力等方面评价学生的回答。学生回答正确,教师要予以赞扬;学生回答有问题,也要肯定他们动脑思考问题和勇于回答问题的精神。恰当地、鼓励性地评价学生答问,是一种特殊形式的学习活动,对增强学生的学习兴趣,促进学习的积极性等具有重要作用。

有研究资料表明,一些爱说爱笑的孩子,仅仅因为在课堂上回答教师提问而受到讽刺挖苦,一下子就变成了不爱说话的"沉默的人",一些被家长认为"脑子笨,没出息"的孩子,在一次偶然的课堂提问中受到教师的表扬,居然变得自信起来,不仅在课堂上经常主动举手回答问题,而且积极参加班级的各种活动,成为品学兼优的好学生。所以,教师在历史课堂提问过程中,切不可忘记鼓励性原则。

三、启发性原则

启发性原则的精神核心是要求教师在历史教学过程中提出的问题要具有启发性,具有一定的思维量,能引导学生在思维的广阔空间中遨游。那些平庸的、刻板的提问应尽量排除。在历史教学中,如何贯彻启发性原则呢? 具体来说,要注意下列几点:

第一，贯彻启发性原则，要求教师在提问前应做好必要的准备工作，把学生思维一步步引向问题的焦点，当学生头脑中已朦胧出现了问题的雏形，渐渐进入"愤""悱"的心理状态时，再把问题提出，这样就能适时激起学生的思维波澜，而不至于在问题提出后出现长时间的冷场现象。

例如，有位教师在讲授"义和团运动"一课时，教师为引起学生学习新材料的兴趣，调动学生好奇心、集中学生的注意力和启发学生思维，教师先富有情感地概述了义和团运动爆发前中国人民和爱国志士救亡图存的简况："1840 年鸦片战争后，随着外国资本主义侵略不断深入，中国的民族危机日益加深，为挽救民族危亡，洪秀全曾发动了震惊中外的太平天国运动；清政府统治阶级内部的有识之士则掀起了洋务运动；以康有为、梁启超为首的知识分子发动了戊戌变法运动，希望中国能像日本那样通过变法而自强。但无论是太平天国，还是洋务运动和戊戌变法，都以失败而结束。戊戌变法失败后，中国的民族危机愈益严重，生活在当时的中国人该怎么办？他们甘心忍受列强的宰割吗？"这样，学生的思维自然被激活，从而主动学习新知识，以寻求这些问题的答案。

第二，贯彻启发性原则，要求教师设计与提出的问题，一要落实在教材的重点、难点上，值得花力气和时间去思考讨论；二要课本上没有现成的答案，必须在较大范围（如多单元、章节、课文）中去联想，多读一两遍，经过一定的思考才能将答案整理出来的问题，或者课文只提供了资料而没有展示结论的问题；三要题目能激发起学生探求的兴趣，并便于唤起各种知识的联系，即能使思维在历史与现实之间，在历史知识纵横方向之间，在新旧知识之间建立联系，来回运动，进行联想分析、归纳类比、创立结论；四要有一定的深度、难度，要转一两个弯，但又必须适合学生的知识水平。

例如，教师讲授高中世界史的"1794—1814 年的法国"一节时，如果按照课文的习题发问："试举数事说明拿破仑是怎样以军事起家的？拿破仑的政权性质怎样？为巩固统治，他采取了哪些措施？"这样，其启发性就不太大。如果教师变换一下角度，这样发问："法国革命的民主战士拿破仑为何转身变为热衷于独裁和帝制之人？积极投身于民主革命、全力反抗专制统治的法国民众又为何转而拥护拿破仑的军事专制和复辟皇帝制度？"这些问题，无疑具有极大的启发性，能激发学生从拿破仑上台的历史背景，拿破仑的军事才干和政治才干，拿破仑的政策措施给法国民众带来的好处等方面去思考、去探讨。这样，学生便能认识到：拿破仑上台后之所以走向独裁和帝制，法国民众之所以拥护拿破仑的军事专制和复辟帝制，除了拿破仑的权势欲望和长期封建专制影响外，主要是因为拿破仑上台的时候,法国已经过了从1789—1799年的十年革命动荡,资产阶级和农民在斗争中获得了许多利益,需要有一个安定的局面以消化革命的成果,而当时法国督政府效能低劣,不仅不能给法国带来和平安定与发展,反而让国内外敌人的威胁重新严重起来。法国革命的发展,需要一个具有卓越军事才干和政治才干的人物率领民众战胜国内外敌人,确保革命的成果。这就是拿破仑军事独裁和建立帝制的客观基础。正如拿破仑自己说的:"我以专制的方法给人民以民主。"

第三,贯彻启发性原则,要求教师在历史教学过程中,善于发现和抓住学生思维的火花。学生在理解知识的基础上由此及彼、举一反三的创造性思维活动,好比电焊和铁板的接触迸发出的稍纵即逝的灿烂火花。教师对这一思维火花,要善于发现,并及时地引导它燃烧成熊熊大火。否则,启发式提问就不能被引向高层次。相反,久而久之,学生会厌倦那些"兜圈子"似的"启发"。但如果教师能及时捕捉并加以肯定和引导那些创造性思维,就能极大地调动学生学习的积极性。

例如,有一位教师在讲授高中历史"英国资产阶级革命"一章时,发现一学生在轻声自言自语:"怪事,资本主义最早萌芽于意大利,资产阶级革命为什么首先在英国爆发呢?"于是,教师抓住这个学生的思维火花及时提出:英伦三岛物产不及欧洲大陆丰富,人口不及欧洲大陆众多,资本主义萌芽时间也晚于欧洲大陆的意大利,为什么英国却成为世界上资产阶级革命发生较早的国家呢?然后,教师再引导学生从英国的地理位置,新航路开辟后商路转移,英国对殖民地的掠夺和对本国人民的残酷剥削,以及英国的产业传统等方面去分析,并与欧洲大陆主要国家做一简要对比说明,从而把启发式提问推向了较高的层次。

四、反馈性原则

反馈是控制论的重要概念。它是指施控系统的信息(给定信息),作用于被控系统(对象)后产生的结果(真实信息)再输送回来,并对信息的再输出发生影响的过程。教学是师生的双边活动,就教学过程来说,师生都是信息源,同时也是信息接收器。反馈性原则,就是要求教师在提问时,注意观察学生对所提问题的反映,及时获取学生的反馈信息,并及时合理地调节所提问题的难度或方式,从而控制教学过程,优化教学提问,实现教学目标。具体来说,包括下列三个方面:

第一,贯彻反馈性原则,首要条件就是要求教师在历史教学过程中,要善于提出一些高质量的带有启发性的问题,以便不断地从学生那里获得实质性反馈,尽量避免那些形式上的反馈。

例如,教师在讲完"秦始皇统一六国"提问巩固新课时,就不宜提"秦始皇为巩固统一采取了哪些措施?各起了什么作用",因为,经过学生阅读教材和教师讲解,学生回答这些提问,一般是水到渠成之事。表面上看起来,学生回答这类问题也是一种信息反馈,但这个反馈,只能说明学生是否听了课和看了书,能否在教材中找到相应的叙述。但学生对秦始皇巩固统一的措施和作用是否真正理解,那就不一定了。因此,教师要从学生那里获得实质性的信息反馈,就必须变换角度提出:①秦始皇为什么要建立专制主义中央集权制度?②秦始皇为什么要统一货币、统一度量衡、统一文字?统一和不统一有什么差别?③为什么说"焚书坑儒"是摧残文化、钳制思想的措施?秦始皇为什么要这样做?只有学生流畅地回答这些问题,学生对秦统一的措施才能算得上真正理解。教师只有通过这样的提问,才能从学生那里获得实质性的信息反馈,才能达到对学生学习的了解,才能有针对性地给予纠正和评价,才能实现对教学的真正控制。

第二,在历史教学过程中,教师对学生的反馈要及时评价。教师的这种评价信息,对学生一方来说也是一种反馈信息。而且教师给予学生的这种反馈信息的质量高低,在很大程度上关系到教学的成败,所以以反馈原理对教师的第二点要求就是:教师所给予学生的反馈不应是正反馈,而应是对教学系统起稳定作用、有利于达成教学目的的负反馈。要做到这一点,教师必须吃透教材,考虑好每一个提问,在学生回答之后,能够给予学生一个简捷、精辟、深刻的评价,起到画龙点睛的作用,使学生的认识产生一个飞跃,体现出教师的主导作用,使教学过程达到最佳状态,以利于教和学的稳定和平衡,起到负反馈的作用。相反,如果教师事先不做认真的准备,对教材理解得不深不透,评价学生的答问则含混不清,啰里啰唆,使学生摸不着头脑,就会使教学过程偏离原定的教学目标,使教学系统趋向于不稳定状态,导致教学的混乱和失败。教师对教学的这种调控显然起到了正反馈作用。

第三,贯彻反馈性原则,教师应根据以往的教学实践,了解学生容易在什么地方出问题,对教学的这些关键点,教师应提前构思好教学方案,设计好提问,引导学生渡过难关,这就是所谓的前反馈。当然,这种前反馈也是教师在学生以往反馈的基础上提炼出来的,一般经验丰富的教师为什么教学效果较好,学生容易理解和掌握所学的知识,道理就在这里。

五、兴趣性原则

兴趣是指一个人经常趋向于认识、掌握某种事物,并具有积极情绪色彩的心理倾向。兴趣对培养思维素质极有关系。任何一个有成就的专家都与他们在某方面的兴趣爱好分不开。兴趣能使人集中注意力,能促使人思考和解决问题。教师设计的提问质量如何,很大程度上取决于它是否富有情趣和吸引力,能否为学生愉快地接受。因此,历史课堂提问,从内容到形式都必须刻意求新,平中出奇,使学生在生疑、解疑中获取知识,发展智能,并使他们体会到积极思维的快乐。具体来说,贯彻兴趣性原则,要注意以下三个方面:

第一,贯彻兴趣性原则,教师设计的提问要注意新奇性。中学时期的少年儿童,脑细胞的机能还不够强健,兴奋和抑制过程的扩散还较快,容易疲劳,无意注意和真觉思维还起重要作用。所以,他们在学习活动中突出地表现为喜新好奇。这就要求教师在设计课堂提问时,要注意经常交换输入手段、方式和角度,促使学生由于教学情境的新鲜丰富、生动活泼而始终处于兴奋状态。

例如:讲授"太平天国后期的斗争"一课中的"太平天国领导集团的内部斗争"一目,通常教师总爱这样提问:"太平天国领导集团内部为什么会出现斗争?其结果如何?"或者"太平天国领导集团斗争的原因是什么? 有什么危害?"由于这是一种常见的提问方式,缺乏新奇性,难以很好地激发学生的学习兴趣和求知欲望。如果教师变换一下方式这样提问:"杨秀清、韦昌辉和石达开是洪秀全在永安所封的三王,他们在太平天国运动初期,出生入死,屡建功勋。在太平天国兴盛后,洪秀全为什么要诛杀杨秀清,处死韦昌辉和逼走石达开呢? 这一事变与太平天国运动的失败有何联系?"这就势必引起学生的好奇心,激发学生寻求答案的兴趣和欲望,收到较好的教学效果。苏联教育家赞可夫指出:"智力活动是在情绪高涨的气氛里进行的。"那些千篇一律、陈旧呆板的提问,不利于提问功能的充分发挥。

第二,贯彻兴趣性原则,教师设计的提问要注意实用性,满足学生的需要。即让学生感受到教师所传授的历史知识与思维方法等,对自己的学习、认识世界和认识现实社会,乃至实际生活是有用的、必需的,从而乐于接受或主动吸取。这种功利意识,是逐渐成熟的少年儿童学习兴趣爆发和持续的重要基础。因为,中学生随着年龄的增长,感知的有意性和目的性逐渐提高,在学习兴趣上具有较大的选择性和一定的稳定性。这就使得他们的兴趣指向与功利意识联系起来,逐渐克服兴趣的自发性和盲目性。

对于中学生来说，所学知识是否有用，大都处于比较直观浅显的认识阶段。如感到人们生活中需要读书看报和书信往来，便去识字作文；感到电器逐渐占领家庭，所以要努力学好物理课，等等。这就要求，教师在历史教学提问中，要善于将历史知识、史学理论和实际生产生活联系起来。如联系语文课中的历史知识进行提问；结合电视、电影、小说中的有关内容进行提问；结合报刊杂志中的有关历史材料和内容进行提问；利用乡土历史中的有关内容进行提问；联系当代中国乃至世界文化发展的趋势进行提问；联系中国当前改革开放中的种种现象进行提问；等等。

例如：讲授"社会主义建设的新时期"一课中社会主义现代化建设事业的成就时，教师便可联系现实提出这样的问题："党的十一届三中全会以来我国社会主义现代化建设取得了重大成就，为什么我国人民的实际生活水平却居世界中下水平？"这势必极大地吸引学生，调动学生积极思维。在这一基础上，教师引导学生回忆所学历史知识，从我国人口多、底子薄和社会主义建设时间短等方面进行分析，这样做不仅有助于培养学生良好的公民意识和帮助学生树立振兴中华的信念，而且能使学生深刻地体会到学好历史知识是认识现实和预测将来的重要手段，从而增强学生学习历史的兴趣和学好历史的自觉性。

第三，贯彻兴趣性原则，教师设计的提问要有利于培养学生的创造性。学习是一种劳动，在劳动中人们往往会产生一种欲望，即创造。这里所说的创造，并不是要求学生搞什么伟大的创造发明，而是利用已有知识经验解决学习中的问题。当然，也不排除利用别人没想到的方法、利用日常见到的事物，发明创造出新的观点、新的方法和新的事物。中学生随着年龄的增加，抽象思维日益发展，并趋于主导地位，思维的抽象性、概括性、独立性和批判性显著增长。这种能力的提高，就使学生在学习中不满足机械的模仿和简单的重复，他们希望别出心裁。当他们终于解决了许多人或长时间没有攻克的一个知识难关时，当他们独辟蹊径解答问题获得成功时，或用更简洁准确的语言表达了一个思想时，或更快更好地回答了一次提问时，他们便产生一种不可抑制的兴奋和愉快，一种创造的豪迈和喜悦，从而产生学习兴趣和建立学好本门学科的自信心。

一般来说，能激起学生创造欲望和培养学生创造性的历史提问很多，其中最能激发学生创造欲望的提问有两类：一类是历史知识运用性提问。如为什么说只有社会主义才能救中国？请你从历史实际和你的耳闻目睹及亲身体验来说明这个问题。二类是历史评价性提问，如有人说，岳飞是抗金将领；有人说，岳飞是民族英雄。你同意哪一种看法？请列举理由。因此,教师在历史教学过程中,如能从实际出发精心设计一些这样的提问,给不同层次的学生以"创造"的机会,就能使他们在一次次的成功解决教师的提问中,增强对学习历史的兴趣。

六、循序渐进原则

循序渐进的"序",是指学科的逻辑系统和学生认识的顺序。这一原则要求教师设计的提问必须遵循历史学科逻辑系统和学生认识活动顺序。具体来说,主要应注意下列两个方面:

第一,教师要善于通过提问,引导学生回忆和利用旧知识去理解新知识,建立起新旧知识间的联系,把新知识纳入学生原有知识体系,从而使原来的体系得到改造。这样做,不但能取得较好的教学效果,而且也有助于调动学生的主动性。因为它使学生感到,自己不是完全被动地听教师讲解,而是在运用已有知识技能来解决教师提出的问题。

例如,教师在讲授"辛亥革命和中华民国的成立"一课时,为了让学生深刻理解辛亥革命反帝反封建的性质,教师先提出:"为什么说辛亥革命是中国近代历史上的一次反帝反封建的资产阶级民主革命?"这时,学生可能难以解答清楚。于是,教师再提出:"①孙中山领导辛亥革命的指导思想是什么? ②《辛丑条约》签订后,清政府代表谁的利益? 推翻清朝的统治意味着什么? ③《中华民国临时约法》是什么性质的法律?"当学生回忆旧知识解决这些提问后,便自然理解了辛亥革命反帝反封建的性质。

第二,教师在历史教学过程中,要按教材内容和学生认识发展的顺序,由浅入深,由易到难,由近及远,由简到繁,由已知到未知地设计提问。目前,历史课堂提问方法虽多,但就提问的智能水平或难易程度来看,大致可分为三个层次:

第一级是单纯的识记性提问。如林则徐是中国近代史上的一位民族英雄吗?中国共产党"二大"是什么时候在什么地方召开的? "二大"制定的党的最高纲领和最低纲领各是什么?

第二级是理解性的提问。如为什么说太平天国运动是中国近代史上一次伟大的反封建反侵略的农民运动? 为什么说美国内战是美国历史上第二次资产阶级革命?

第三级是高级认知的提高。凡运用分析、综合、比较、概括、归纳、演绎等逻辑思维方法来解释史事和评价历史,并带有一定创造性看法的问题,都属于高级认知的问题。要求学生回答这类问题的提问,就是高级认知的提问。如:孔子是我国古代一位思想家和教育家,你认为孔子的思想,哪些应当批判,哪些应当继承?为什么说国外敌对势力和平演变战略是帝国主义侵华势力的续篇?

由于不同层次的提问功能不一样,对学生智能水平要求不同,教师在设计提问时,要考虑学生的年龄特征和智能水平,制定一个能力序,不仅每节历史课堂提问要由浅入深,由易到难,由简到繁,由已知到未知,而且要求在整个中学历史教学过程中,有计划地安排各层次的提问量,把学生的思维一步步地引向深入,由低层次向高层次发展。

七、目的性原则

目的性原则的精神核心是要求教师在历史教学过程中所提出的问题,必须有明确的目的性。换言之,就是教师在设计某一提问时,先要明确设计这一问题的目的,依据目的而采用适当的方法设计问题。明确提问目的,关系到提问的成败。因为,现代教育心理学研究表明,学生在课堂上的心理活动,诸如知觉、观察、识记的目的愈明确、愈具体,其效果愈好。明确问题是解决问题的思维过程中的关键一环。如果学生对教师提出的问题目的不明确,也就难以找到解决问题的方向。

贯彻目的性原则,就历史教学提问而言,要求教师设问要围绕教学目的,提问要有明确的目的指向,或为了导入新课,唤起学生的求知欲;或为了引起学生注意,帮助他们牢记历史基础知识;或为了温故知新,揭示历史事件之间的内在联系,帮助学生掌握历史发展的基本线索;或为了克服学生遗忘,帮助他们形成正确、完整的历史概念;或为了开发学生智力,培养学生运用历史唯物主义观点和方法,运用分析、综合、比较、概括、归纳、演绎等逻辑思维方法来解释史事和评价历史的能力。不管哪种提问,都要从教学目的需要出发,不可漫无边际,为提问而提问。

历史课堂提问优化

在历史教学过程中,运用提问开发学生智力,培养学生能力,提高学生思想品德素质,实现教学目的,完成教学任务的优越功能是很明显的,但这并不等于说所有的提问都能实现这种优越功能。随着把开发学生智力、培养学生能力作为中学历史教学的重要目的后,课堂提问的优化设计已作为一门专门的教学艺术,为越来越多的历史教学工作者所重视,许多历史教师做了深入探讨,取得了不少成绩。在我看来,中学历史课堂提问的优化,除必须遵循前面所述的历史课堂提问原则,灵活运用前面介绍的各种方法之外,还必须注意下列问题:

一、提问要化大为小,化难为易,
为启发学生思维搭桥铺路

历史教学中某些高级认知性提问,若提出的问题难度太大,往往包括一大堆史实和分析,让一位学生回答,一则占时间太多,不利其他学生思维和发表意见,二则由于难度大,学生常常难以回答周全,容易挫伤学生思维和回答问题的积极性。因此,教师在提出这些问题后,需要把它拆化成系列小问题,为学生思维搭桥铺路。

例如:讲授"太平天国后期的斗争"一课,在分析太平天国运动失败的经验教训时,立即要学生回答课本中的思考题:"想一想,太平天国运动失败有哪些深刻教训?"这对于初二的学生来说,难度是较大的。如果教师把这一思考题拆化成以下小问题,情况就不一样了:①洪秀全是依靠什么来组织发动太平天国运动的?有什么局限性? ②太平天国的革命纲领是什么? 能否得以实现? ③太平天国定都天京后,派兵北伐成功了没有? 为什么? ④太平天国后期领导集团内部为什么会出现斗争? 有什么危害? 我们应吸取什么教训? ⑤为什么说天京危急时,洪秀全拒绝李秀成突围建议是错误的? 如果你是洪秀全,你将怎么办? 在教师引导启发下,学生通过回答这些问题,既复习了前面所学的旧知识,又系统深刻地认识到了太平天国运动失败的原因和应吸取的教训。同时,学生分析、归纳、综合问题的能力,也伴随这一过程而得到提高。

又如:教师讲授高中历史"美国独立战争"一章,在分析"美国独立战争起因"一目时,仅提出"美国独立战争爆发的原因是什么"就让学生阅读教材回答,其效果肯定难以达到理想之境。如果教师在提出本问后,再设计以下提问,帮助学生"起跳",情况就不同了:①1607—1733年英国在北美建立了多少殖民地?②殖民地经济是怎样发展起来的?它将产生什么要求?③美利坚民族是怎样形成的?它形成后又会产生什么要求?④英国是怎样对待北美经济发展和北美人民的?它会产生什么后果?⑤北美人民怎样和英国殖民者进行斗争的?学生通过思考,不仅能比较容易地回答这些问题,而且大大深化了对美国独立战争爆发原因的认识。

学生的学习活动,并不完全等于人类的一般认识活动,它要求迅速有效地掌握人类认识成果,不能一味让其自行摸索。提问就是发挥教师的主导作用,搭桥铺路,让学生沿着合理简捷的途径,通过自己的智力活动去掌握知识技能。但搭好桥、铺好路之后,又必须让学生自己去走。

二、找准和围绕突破口层层设问,引导学生分析

任何历史事件都是以系统的形式存在的有机整体,同时又是按层次结构结合而成。在一个历史事件的诸多层次中,必然有一个是中心的(或核心的)层次,其他层次围绕它而有机地构成历史事件的整体。因此,教师在历史教学过程中,在设计历史提问时,必须先找到这个中心层次,以此为突破口提出问题,让学生阅读思考,这对于启发思维,培养阅读和思维能力都是有好处的。

例如:在讲授高中历史"资本主义国家的革命运动"一节中的"匈牙利苏维埃共和国"成立这一历史事件时,可在引导学生回顾"巴伐利亚苏维埃共和国"成立这个问题后,提出这样的问题:"匈牙利苏维埃共和国成立与巴伐利亚苏维埃共和国成立在前提上有什么区别?"在学生阅读课文后,教师通过启发诱导,学生不难找出其区别在于"巴伐利亚苏维埃共和国"是在慕尼黑工人起义的前提下成立的,而"匈牙利苏维埃共和国"则是在特定的历史条件下通过和平夺权而建立的。这样,"匈牙利苏维埃共和国"成立这一历史事件的突破口便找到了,抓住了。然后,教师引导学生围绕这一突破口层层设问,引导学生分析:①匈牙利苏维埃共和国

是在什么样的特定历史条件下和平夺权成立的？②匈牙利苏维埃共和国很快被颠覆，这与特定历史条件下和平夺取政权有无联系？为什么？③从匈牙利苏维埃共和国很快被颠覆的历史事件中可以吸取什么教训？联系今天历史现实，我们可以从中获得什么启示？通过层层设问分析，学生就不难获得如此认识：匈牙利苏维埃共和国和平夺权是以掌握武装力量为前提的，革命政党掌握的力量不能使敌方震慑时，和平夺权是绝不可能的。由于匈牙利社会民主党是因形势所迫同匈共谈判，其动机不纯，一旦国内形势对它有利时，他们便会背叛苏维埃政权。然而，匈牙利革命政党对此认识不足，主动与社会民主党合并，从而丧失了党在政治上、思想上、组织上的独立性，最终导致匈牙利苏维埃共和国被颠覆。这样，学生不但对问题理解比较透彻和对历史本质有了较深刻认识，而且使学生的阅读、分析能力得到了提高。

三、提问要提在"点子"上，问在关键处

一堂历史课所要讲授的内容是十分丰富的，新编人教版九年义务教育历史教材更是如此。由于一堂历史课的内容很丰富，所以可以提问的地方就很多。诸如历史事件因果分析、历史人物评价、历史事件之间的本质联系与发展规律的探讨，乃至时间、地点、科技文化成就等均可通过提问求解。然而，一堂历史课的时间是有限的，它要求教师在有限的时间内引导启发学生理解掌握一节历史课中的主要内容。因此，教师的提问，必须提在"点子"上，问在关键处，切忌到处开花满堂问。所谓提在"点子"上，就是抓住一堂历史课中的重点、难点提问；所谓问在关键处，就是抓住历史课文中最能启发学生思维、培养学生智能或最能进行思想品德教育之处提问。

例如：教师讲授"资产阶级民主革命的兴起"一课时，能提问的内容很多。如孙中山原来叫什么名字？出生在什么地方？他是怎样创立兴中会的？陆皓东是什么人？他发动广州起义为什么没有成功？他是怎样被清政府杀害的？凡此种种，这样的问题至少可以列出几十个之多。事实上，由于时间限制，教师既无法展开介绍分析，也没有必要这样求全求细。有经验的教师通过钻研教材和教学大纲，就可以发现本课重点是孙中山早期的革命活动、资产阶级革命思想的传播和中国同盟会的成立。因此，教师就应围绕这三个方面内容提出以下问题：①孙中山是怎样走上反清革命道路的？②20世纪初资产阶级革命思想在中国迅速传播的原因是什么？③为什么说章炳麟、邹容、陈天华是当时资产阶级革命思想传播

的代表人物？他们分别传播了哪些革命思想？④中国同盟会是在什么条件下成立的？为什么说它是全国性的资产阶级革命政党？⑤什么是三民主义？三民主义与同盟会革命纲领有何区别？为什么说三民主义是孙中山领导民主革命的指导思想？学生在教师引导启发下通过回答这些提问，不仅能全面深刻地领会和掌握本课内容，而且其智能水平也随之而发展。

四、提问要有利于解答学生对现实问题的质疑

中学开设历史课，不仅仅是让学生学习一些历史知识，了解一些历史常识，主要是为了帮助学生更好地认识今天和展望未来。联系现实提问讲授历史，有利于满足学生运用历史知识解决日常生活、学习、思想上遇到的各种实际问题的需要，使历史知识转化为学生认识现实、预测未来的重要手段。

当代学生思想活跃，关心现实社会，且热衷于横向比较，如把中国同现在的发达资本主义国家进行比较等，于是，他们对中国社会主义的前途、命运、党和政府的方针政策会产生某些疑虑。特别是近年来，东欧社会主义国家相继转向，世界上第一个社会主义国家苏联也发生"巨变"，学生对此甚为关注，疑虑不少。因此，教师在讲授历史过程中，应充分利用提问质疑的方式，从历史的角度帮助学生释疑。因为学生若不能运用历史知识、观点看待解释现实生活中的一些问题，学生学习历史的欲望就会大大降低，甚至会把历史学科看成无用的学科。

当然，历史教学联系现实提问，应主要抓住那些与学生思想热点和现实问题热点密切相关，且与所学历史存在内在联系的历史知识点实行重点突破。如教学"清政府闭关自守政策"，可联系"对内改革和对外开放"政策提问；教学"新民主主义革命胜利的基本经验"，可联系"四项基本原则"提问；教学"社会主义现代化建设事业成就"，可联系"计划生育"这一基本国策提问；教学"基督教"与"伊斯兰教"，可联系阿拉伯国家与以色列之间的矛盾和战争，以及阿拉伯国家之间的矛盾斗争提问，分析其历史渊源。

以高中历史"西欧封建制度的解体和资本主义的兴起"一章为例，教师在讲完本章巩固新课时，便可以学生之口提出："有学生曾向我提出，当今世界经济重心从大西洋逐步移向太平洋，为什么这对我国经济的发展来说，既是机会，又是挑战？同学们能运用本章有关历史知识从历史的角度找到答案吗？"借此，教师可有意识地引导学生回忆西欧资本主义兴起的客观条件，着重指出两点：一是当欧洲贸易中心在地中海时，意大利经济发展尤为迅速，从而产生了资本主义的萌芽；二

是新航路开辟后,欧洲贸易中心从地中海地区移至大西洋沿岸,对英国工商业的发展起了推动作用,成为促进英国资本主义发展的重要因素。这个事实说明,目前太平洋地区经济中心的确立,对于其西岸的中国来说,这无疑是一种良机。所以,我党从十一届三中全会以来,为实现四化所采取的改革开放、发挥沿海优势等一系列决策是非常及时而又正确的。这样的提问与讲授,不管是从开发学生智力和培养学生能力的角度说,还是从思想教育角度来说,都是很好的提问。

五、提问要有利于思想品德教育

运用历史进行思想品德教育,既是一个久远的话题,又是一个新的课题。唐代刘知几说:"史之为用也,记功司过,彰善扬恶,得失一朝,荣辱千载""其恶可以诫,其善可以示后。"(《史通·曲笔》)司马光则把"善可以法,恶可以为戒"作为撰写《资治通鉴》的目的之一。到了近代,历史学更成为宣传改革、革命、救亡图强的重要手段。梁启超曾在《饮冰室文集》中说:"史学者,学问之最博大而切要者也,国民之明镜也,爱国心之源泉也。"鲁迅在《准风月谈·我们是怎样教育儿童的》中说:"倘若有人作一部历史,将中国历来教育儿童的方法、用书,作一个明确的记录,给人明白我们的古人以至我们,是怎样被熏陶下来的,则其功德,当不在禹下。"确实,历史记录了数千年人类社会发展的历程,是最生动、最具体的政治、经济、伦理和生活的教科书。历史知识的应用,就是要引导学生从十分生动、具体的史实中引出相应的经验教训来,成为学生自己的精神和思想财富,让中学生从小养成总结历史经验教训,运用历史经验、知识认识现实,指导自己行动的习惯和本领。因此,历史教学过程中,千万不能忘记运用提问向学生进行思想品德教育,以增强其深刻性。

例如:讲授"金与南宋对峙时的中国"一课,教师在满怀激情歌颂岳飞抗金业绩和鞭挞宋高宗、秦桧卖国求荣杀害岳飞时,就可以提出这样的问题进一步引导学生思考:"秦桧为什么会落得千古骂名? 为什么此类人物应被唾弃? 岳飞为什么值得赞美和同情? 在他身上反映了我们民族哪些优良品格?"教师在学生思考和回答的基础上,从中引出一般的做人道理来。

又如:讲"清政府的'新政'和各地的武装起义"一课,教师在用无限深情朗读林觉民给妻子陈意映的"绝笔书",以激发起学生对这位先烈的崇仰之情后,便可向学生提出:林觉民是那样深爱着妻子陈意映,为什么还勇于诀别爱妻而死? 在学生思考议论的基础上,教师应归纳指出:"林觉民之所以'勇于就死',是因为他以爱妻为起点,'常愿天下有情人都成眷属',而当时清政府腐朽统治造成内忧外患,民族危机,民不聊生,使其心愿不能实现。于是,他抱定以爱妻之心,'助天下人爱其所爱',所以勇于就死,不顾爱妻。并要求妻子理解他的苦心,'亦以天下人为念,当亦乐牺牲吾身之福利,为天下人谋永福'。"这样,林觉民为了国家民族的利益和民众的幸福,抛弃个人幸福的崇高形象在学生心灵深处扎根,并将内化、升华为学生爱国为民的高尚情操。这种激情→提问→分析→激情的教育效果,对比单纯运用分析或情感渲染的方法来说,其教育教学效果,当不可同日而语。

六、提问优化要注意"三忌"

一忌提问语词含糊不清,模棱两可。历史课堂中,教师的提问,本意是为了激发学生求知欲,开发学生智力,培养学生能力,让学生有效地、深刻地掌握教材中的历史知识和历史规律。但是,如果教师提问语句含糊不清,模棱两可,学生将不知从何作答,那就更谈不上学习与探索了。

二忌提问深浅无度。历史课堂中,教师提问要达到激发学生学习兴趣、发展学生智能的目的,就必须从学生的实际知识水平和智能水平出发,把握提问的难度,提问过深,学生百思不得其解,就会挫伤学生的积极性;提问过浅,学生不假思索就能脱口而出,表面上看课堂异常活跃,实则形式上的活跃掩盖了内容上的贫乏,不能激发学生上进。只有当教师的提问,既有一定深度,又符合学生智力"最近发展区",使学生"跳一跳,摸得到"时,才能达到预期目的。

三忌提问方法不当。教师在历史教学中提问方法不当,经常有意无意地造成学生学习历史的失败感或轻易感,就会给学生投下学习历史的心理阴影。教育心理学中的"期望理论"告诉我们,如果人们劳动的结果没有达到自己预先的期望,就往往使人产生消极的情绪,出现挫折感,从而降低积极性。学生学习历史也是一种劳动,自然也不例外。成功的体验有利于进一步激发学生的学习兴趣,进而激发他们的求知和创造欲望,成为他们学习的一种动力。而学生在屡次失败中将会产生焦虑、自卑感,学习兴趣也将日益递减,以至消失。一些教师在历史课堂提问中,总是不看对象地提问(即使所设计的提问符合大多数学生智能水平,在请学生回答时也还有具体恰当的对象问题),时常要求居于中下水平的学生回答那些往往要高水平学生才能回答的问题,或对那些一时"走神"没注意听讲的学生进行突然袭击式提问,这些学生自然很少能正确回答。于是,教师借题发挥,大加批评,甚至挖苦讽刺。提问作为重要的教学手段,本是用以激发学习兴趣,促进对知识的领会与掌握,从而达到培养能力的目的。任何对提问的滥用,诸如不看对象或近似惩罚式的提问,使学生无法享受成功的快乐,只会产生挫折感、失败感及对教师的抵触情绪,对培养学生学习历史的兴趣是极为不利的,但是,提问太轻易了也不行。如果教师经常请一些高水平的学生回答面向中下水平学生提出的问题,就会给这些学生造就学习历史的惰性。因为尽人皆知,最容易得到的东西往往是最没有价值的东西。学生太轻易地回答教师的提问,只能换来学生对历史课的轻视,滋生对历史课敷衍塞责的心理。

历史课堂提问与学生智能开发

发展智力和培养能力是历史教学的三项任务之一，也是现在中学历史教材改革和历史高考考试改革的要求，更是当今时代发展的要求。当今世界科技与经济的挑战，实际上就是智能的竞赛。新世界的经济生活和哲学理论告诉我们：智能比知识更有力量。历史课的特点决定了历史课在培养学生运用历史唯物主义观点观察和分析问题的能力方面担负着主要任务；历史课在发展学生的阅读力、记忆力、观察力、想象力、思维力方面有巨大作用。因此，开发学生智能应是历史教学提问优化的首要原则。那么，历史教学中如何运用提问开发学生智能呢？下面就这一问题做一粗浅探讨。

一、运用提问培养学生的阅读能力

阅读是人类社会生活中不可缺少的一种社会活动。人类社会自从有了文字，也就开始了与文字有关的阅读。文字或由文字构成的文章书籍，虽然是一种独立的形态，但它们都是要通过语言，即通过一个字与一个字的有序联系，使人口诵或目视，以领会文字、文章和书籍的内容，文章书籍是人类储存知识和传播知识的载体。《中国大百科全书》教育卷中在解释"阅读"和"阅读心理"时写道："阅读是一种从书面语言中获得意义的心理过程。阅读也是一种基本的智力技能，这种技能是取得学业成功的先决条件，它是一系列的过程和行为构成的总和。"古今中外的科学家、政治家、教育家、文学家、艺术家、著名学者，他们本人一般都是伟大的阅读家，许多人不仅博览群书，贯通古今，而且在长期的阅读实践中积累了宝贵的经验，形成了独到的阅读方法。然而，只要我们细心观察当今中学生，除少数学生外，大多数学生阅读历史教材的能力较差，更不要说阅览历史文献了。

例如，一位历史教师在讲授"稀疏的资本主义的萌芽"一课时，做了这样的实验：在讲授该课的前一天，教师不做任何暗示，只要求学生在晚上阅读本课两遍。

第二天,教师一上课就要求学生简要回答下列问题:①明初采取休养生息政策的历史背景、目的、内容和作用各是什么?②明朝时在粮食、蔬菜和经济作物方面各引进了什么新品种?③明朝商品经济繁荣表现在哪些方面?④什么叫"机户"和"机工"?他们之间是什么关系?结果有相当数量学生不是回答不全,就是回答不出,或是照本宣读而不得要领。

为什么会出现上面这种情况呢?从教育心理学的角度来看,学生的知觉、观察、识记等心理活动的效率与他是否明确活动目的密切相关,活动目的愈清楚,其观察知觉就会愈清晰、完整,识记效果愈好。由于该教师在阅读前没有提出任何要求,学生的阅读便在盲目中进行,这样的阅读效果不好是必然的。

也是这位教师,见学生阅读效果不好,便有意地不评价学生答案正误优劣,而且要学生带着这些问题重新阅读,并增加这样的思考题:"我国资本主义萌芽为什么出现在明朝中后期?其标志是什么?"这一次学生带着教师提出的问题去阅读,效果甚佳,绝大多数学生能回答先提出的四个问题,少数智能水平好的学生,还能从明初休养生息政策和大量引进农作物新品种促进农业生产的恢复和发展,进而促进手工业生产的发展和商品经济空前繁荣,由此而说明中国明朝中后期资本主义萌芽的原因。

由此可见,带着问题有目的地阅读比漫无目的的阅读效果要好得多。人们常说:"授人以鱼,不如教人以渔"。也就是说,教给学生知识,不如教给学生学习知识的方法。我想,教师就课文内容提出思考目标,让学生带着问题去阅读历史教材寻求答案,这应是发展学生智能的重要途径。因为,学问二字是辩证统一的,相辅相成的。阅读既然是一个思维过程,不可无问。问是第一步,然后才有学,系统的知识总是从问发生。教师经常提出问题,要求学生带着问题去阅读历史教材求解,学生便不知不觉中养成了带着问题读书的习惯。当学生由教师提问读书求解,过渡到自己提问读书求解时,便学会了一种科学的学习方法,教师便授给了学生一把自学的"金钥匙"。

二、运用提问培养学生的记忆能力

记忆能力是人的智能中十分重要的能力之一。因为个体经验的积累和个体行为的复杂化是靠记忆实现的。有了记忆,思维、想象等心理活动才得以进行。任何比较、辨别、判断活动都必须以头脑中已有的经验作为中介,任何思维与想象都必须借助头脑中保持的事实与材料,一个人如果没有记忆,就会停留在初生时

的蒙昧状态,什么学习、工作都谈不上。如何运用提问培养学生的记忆能力呢?在我看来,其方法有:

第一,教师提出问题让学生带着问题学习。良好识记是记忆的基础。记忆的效率首先决定于识记的目的、任务。教育心理学实验表明,在其他条件相同的情况下,两个人同听一堂课,或同读一本书,一个不带问题和任务,一个带着问题和任务,其结果是不同的,后者比前者的记忆效果要好得多。因此,历史教学过程中,无论是教师讲述,还是学生看书,教师都应先提出问题,让学生明确听课和阅读的任务和目的,从而提高学生的记忆力。

第二,教师提问,启发学生把孤立、零碎的历史知识整理成有联系的系统知识,提高记忆能力。教育心理学研究表明,以理解为基础的意义识记,无论在识记全面性、速度,还是精确性和牢固性方面都比机械识记好。而意义记忆的关键在于建立联想。因此,历史教学过程中,教师应有意识地设计,提出一些问题,启发学生把那些看似孤立的、零碎的历史知识整理成有联系的系统的历史知识,借以提高学生的记忆能力。例如,教师在讲授“中国人民政治协商会议第一届全体会议”时,可向学生提问:“中国人民政治协商会议第一次全体会议为什么要推选宋庆龄为中央人民政府副主席?”在教师启发下,学生回忆有关已学内容,列举出四点理由:①坚持三大政策(1925年3月);②反对分共会议(1927年7月);③怒斥皖南事变(1941年1月);④抨击一党专政(1944年9月)。这样,便形成了系统的知识链,增强了记忆。又如讲授“甲午中日战争和民族危机的加深”的中日《马关条约》时,教师可提出:“为什么说日本割占台湾是瓜分中国的领土?”然后,教师启发学生回忆,从三国时期吴国的卫温到达台湾,直至清政府设置台湾府的有关史实,既说明了台湾自古以来就是中国领土,又把那些孤立的零碎的知识整理成系统的历史知识,构成了知识链,环环相扣,只要想起环链中的一项知识,其他知识就可以顺次地浮现于眼前。

第三,教师提出问题,启发学生运用已有知识对问题进行分析、综合、比较、抽象和概括,加深对历史知识的理解,提高学生的记忆能力。理解是人根据已有经验与知识,通过思维,对未知的对象做出新的解释,并懂得它们的特点、性质、意义和内在联系的认识过程。由于在识记新材料时,充分地利用了旧经验,使新知识纳入相应的知识系统中,成为已有知识系统的有机组成部分,因而容易把握,而且易于保持和恢复。因此,教师在讲授新课时,要注意通过提问,启发学生运用已有知识经验理解新知识,不仅有利于学生养成循序渐进的学习习惯,而且有利于他们达到比较牢固的记忆目的。如讲授高中世界历史“第二次世界大战”一章时,教师可提问:"希特勒是怎样建立起欧洲战争策源地的? 法西斯的战争乌云是怎样笼罩着欧洲的? 面对法西斯的侵略,英、法、美采取了什么态度?"这些问题,不仅使学生复习了旧知识,而且使他们对第二次世界大战爆发的原因了解得比较清楚,更主要的是使学生运用已有知识去分析理解第二次世界大战初期的战争局面,搞清楚它们之间的因果关系,从而达到提高学生记忆能力的目的。

第四,教师要坚持导入新课和巩固新课提问,借以提高学生的记忆能力。因为,根据遗忘"先快后慢,先多后少"的规律,学生在识记材料之后,在3—7天之内遗忘最快;一周以后,遗忘就缓慢下来了。这就要求教师在讲完新课后,提出问题,复习刚学的新知识;在下次讲授新课前,提出问题,复习巩固上次所学的知识,这对提高学生的记忆效果是很有好处的。

三、运用提问培养学生的观察能力

观察是有目的、有计划、比较持久的知觉。观察能力是能力的重要组成部分,要发展学生智力,就应该重视培养学生的观察能力。著名心理学家巴甫洛夫,一直把"观察、观察、再观察"作为座右铭。被达尔文誉为"举世无双的观察家"的法国昆虫学家法布尔撰写的十卷巨著《昆虫记》,就是他几十年艰苦顽强观察的结晶。从某种意义上说,养成良好的观察习惯,比拥有大量的学术知识更为重要。由于现行九年制义务教育初中历史教材有一个重要特色——增加了大量插图和历史地图,加上现代影视、幻灯和文物模型大量进入历史课堂,这就使历史教学过程中培养学生的观察能力有了可能。又由于观察是一种有目的活动,它要求观察者明确每次观察的目的任务,才能在观察中把有关的心理活动组织起来集中在所要观察的事物上发现所要寻找的现象,或发现别人没有发现的现象及这些现象产生的原因等。否则,盲目地观察就会走马观花,甚至无所收获。因此,在历史教学过程中,向学生提出问题,让学生明确观察目的和任务,将是培养学生观察能力的有效途径。

例如,讲授"盛世经济的繁荣"一课中的"筒车"和"曲辕犁",教师可先后出示"翻车"和"筒车"图,"二牛一人的牛耕画像"和"曲辕犁"图,并分别提出两个问题:①三国时的翻车和唐朝筒车在构造上有什么不同? 各有什么优缺点? ②西汉时期的"犁"与唐朝的"曲辕犁"在构造上有什么不同? 唐朝"曲辕犁"比西汉时的"犁"有什么进步? 在教师启发下,学生经过观察就可以发现:三国时的翻车主要由链条、叶片和水槽组成,依靠人力把水(通过水槽)从低处送到高处进行灌溉;唐朝时的"筒车"主要由水轮和竹筒组成,它不需要人力,而是利用水流推动水轮自行转动,竹筒把水由低处吸到高处进行灌溉。因此,筒车功效比翻车大。但筒车也有一个弱点,那就是它只能把流动的水送往高处进行灌溉,却不能把池塘、低洼处的静态水送往高处灌溉,而翻车却能把静水和流水送往高处灌溉。西汉的犁在结构上是直辕,只有犁头和扶手。唐朝的犁在结构上是曲辕,除犁头扶手处,还多了犁壁、犁箭、犁评等。唐朝曲辕犁与西汉直辕犁相比较至少有三大优点:一是长直辕改成短曲辕,犁架变小、重量减轻,便于回转,操作灵活,节省畜力;由旧式犁的二牛抬扛变为一牛牵引。二是增加了犁评,由于犁评高度逐级下降,推进犁评,使犁箭向下,犁头入地深,拉退犁评,使犁箭向上,犁头入地浅,可适应深耕和浅耕的不同需要。三是改进了犁壁,唐朝时犁壁呈圆弧形,可将翻起的土推到一旁减少前进的阻力,而且能翻覆土块,以断绝草根的生长。这样,不仅使学生深刻认识到,农业生产工具的改进是唐朝农业生产发展的一个重要条件,而且较好地培养了学生的观察能力和分析问题的能力。

四、运用提问培养学生口头表达能力

表达能力是人的智能的重要组成部分之一,也是新编九年义务教育历史教学大纲向历史教师提出的新要求。王宏志在《新编九年制义务教育初中历史教材改革及使用建议》中把历史教学培养学生的能力概括为"阅读能力、分析能力和表达能力"。具体地讲,历史教学过程中要培养学生的表达能力,包括口头表达、书面表达及用各类图表表达历史问题的能力。这里,仅就历史教学过程中运用提问培养学生口头表能力做一简要说明。

从某种意义上讲,教师提问、学生答问的过程,就是培养学生口头表达能力的过程。中学生的思维活动比较平直、简单,不像成年人那样多方位和复杂化。因此,教师稍做观察就会发现,学生在被老师叫起来回答问题时,往往会不分主次,不分与题目有无关联,只是照本宣读,结果是所回答的内容中"水分"很多,可取者较少。这种情况的存在,就要求教师努力帮助学生提高回答问题的表达能力。从某种意义上讲,就是提高学生取舍材料的能力,逐步做到对有用材料能为我所取,对不必要材料能为我所舍,从而恰如其分地回答教师提出的问题。

例如,讲授"金与南宋对峙时的中国"一课时,教师提出:"岳飞为什么受到人们的尊敬?"这一问题提出后,学生回答时往往抓不住问题的实质,只是简单地罗列岳飞抗金的事迹。因此,教师应引导启发学生指出:岳飞抗金事迹突出确实是他受到人们尊敬的原因之一。但千百年来,中国历史上战功卓越者并不止岳飞一人,甚至是数以百计。但像岳飞这样家喻户晓,妇孺皆知,受后人尊敬的却不多。要分析这类历史现象,必须从行为的正义性和代表谁的利益方面去分析。在教师引导启发下,学生终于能简要地回答:岳飞之所以受到人们尊敬,一是金军曾多次南下攻宋,一路烧杀抢劫,使人民受到很大灾难;二是岳飞领导的抗金斗争是正义的斗争,符合广大人民利益,却被奸臣秦桧杀害。这样,不仅培养了学生的口头表达能力,而且有利于学生举一反三地运用这种方法分析回答"文天祥为什么值得敬佩"这类问题。当然,思想品德教育也寓于其中。

五、运用提问培养学生的分析综合能力

分析综合是常见的辩证逻辑思维中的思维方法。分析是指在思想上把事物的整体分解成它的组成部分,或把事物的各种属性分离出来。综合就是在思想上把事物的各部分、不同方面,或个别属性结合起来,从而考察这些部分与整体之间的各种关系。恩格斯在《反杜林论》中说:"思维既把相互联系的要素联合为一个统一体,同样也把意识的对象分解为它们的要素,没有分析就没有综合。"①可见,分析是综合的基础,综合是分析的结果。分析与综合是同一思维过程中不可分割的两个方面。任何一个比较复杂的思维过程,都包括最初的综合——分析——再次综合这三个环节。

历史不是史料的堆砌,也不是历史事件和历史人物活动的简单拼凑。学习历史,不是良莠不分地全盘"继承"历史遗产,而是要培养学生透过纷繁的历史现象,分析历史的本质,总结出历史发展规律,更好地去认识世界。因此,在历史教学中要加强培养学生的分析与综合能力,以达到认识历史的本质和规律。

历史教学中,培养学生的分析与综合能力,主要是培养学生运用历史唯物主义的基本观点观察、分析与综合历史问题的能力。而分析与综合能力的培养在很大程度上依赖于提问。因为,没有问题,分析与综合便没有目标。所以,教师在历史教学过程中要善于运用各种方法提出问题,启发学生积极思考和回答问题,或对提出的问题展开一番议论,最后由教师运用历史唯物主义基本观点做透彻的分析总结。经过由易到难的多次训练,就能培养和发展学生的分析能力,使学生树立历史唯物主义的基本观点,并能用来观察问题、分析与综合历史问题。

---

① 　马克思恩格斯选集:第3卷. 北京:人民出版社,1995:18.

例如:我们在讲授中国近代史的过程中,在讲太平天国运动、义和团运动、辛亥革命之后,都需要对其失败原因进行全面分析,找出它们失败的根本原因、直接原因;而直接原因中,要分析其内因、外因;内因又要从政治、经济、军事三个方面进行具体分析。分析时要有史有论,史论结合,根据具体史得出结论。因此,当教师讲授"太平天国后期的斗争"一课时,就应向学生提出:"太平天国坚持战斗14年,势力发展到18省。如此轰轰烈烈的反封建侵略的农民运动为什么最后失败了?"然后教师引导启发学生按下面图示提供的思路进行分析:

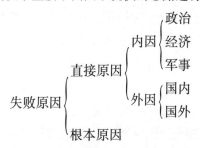

分析直接原因时,让学生参照教材和听课所得进行回答,然后在此基础上再由学生综合分析其根本原因,得出科学结论。以后再分析义和团运动与辛亥革命的失败原因时,便可在此基础上,完全由学生自主完成。如此举一反三,触类旁通,学生分析综合的抽象思维能力必能得到提高。

运用提问培养学生的分析综合能力,教师应注意四点:一是要深入发掘教材内容,灵活选用各种提问方法设计问题,经常引导学生运用历史唯物主义观点来观察和综合分析历史问题。如:用中国原始社会的发展、奴隶制的产生、西汉的文景之治、唐代的贞观之治、明朝资本主义萌芽、清朝康乾盛世和资本主义萌芽缓慢发展等有关内容说明"人类社会的历史首先是生产发展的历史"。二是要对历史知识进行系列归类,求同存异,探求本质,训练学生的综合能力。如:试以《南京条约》《马关条约》和《辛丑条约》说明中国沦为半殖民地半封建社会的过程。三是要教给学生分析历史事件和评价历史人物的原则和方法。如:告诉学生,评价历史人物既要尊重历史事实,又要看历史人物的大节,看他是促进还是阻碍,延缓社会的发展,还要坚持两分法。四是在培养学生分析、综合能力过程中,要教会学生掌握两个原则,既要史论结合,观点要统帅教材,材料要说明观点,又要实事求是,恰如其分。切忌史论脱节,乱下断语。只有坚持科学的分析方法,运用历史唯物主义的基本观点来观察和分析问题,才富有说服力。

六、运用提问培养学生纵横比较能力

在人的认识活动中,比较是十分重要的过程,没有比较就不能区分对象,不能认识事物,也就不能鉴别良莠。比较在教学过程中的重要意义是通过对同类事物的不同对象进行比较,学生可以把该类事物本质的东西与非本质的东西区别开来。历史唯物主义者认为,任何历史事件都不是孤立的,而是相互联系前后相承的。因此,在历史教学过程中,切忌把历史割裂开来进行片面的和孤立的分析。所以,只有引导学生将不同时期类似的相关的历史事件,按照时间顺序进行纵向比较分析,找出他们的异同点,深化认识,发现历史的发展规律,才能更好地驾驶历史。

例如:在复习中国历史时,可以就中国历史上的改革和变法设计这样的提问引导学生展开讨论:"从春秋战国时期到19世纪末期,中国有哪些著名的改革或变法? 比较这些改革你能得到什么启示?"在教师积极引导启发之下,既可培养学生的比较能力,又可使学生获得以下共识:

第一,任何一次改革的出现,总是与某种社会需要相联系,是时代提出的要求。

第二,改革是社会进步的强大动力。

第三,改革不会是一帆风顺的,总是伴随着新旧势力的激烈斗争,往往出现挫折甚至失败,有时还得付出重大代价甚至流血牺牲。

第四,改革或变法,成功者实现了对文化观念、政治体制和经济结构的"全方位"变革;失败者局限于对政治体制和经济结构(或仅是其中一方面)的调节,而没有对文化观念进行改革,更新整个社会意识形态。

历史有它的纵剖面,也有它的横切面,所以在历史教学中不仅应重视培养学生的纵向比较能力,也应重视培养学生的横向比较能力。只有引导学生从纵横两个方面对历史进行比较分析,才能真正弄清历史,在学生头脑中形成一幅灿烂绚丽的历史画卷。这里所说的横向比较,主要是指通过设问引导学生把某一历史事件与其同时期或同地区相似的历史事件放在一起比较,使历史现象更加丰满,问题更加清晰。

例如:在讲授高中历史"资本主义国家的革命运动"一节中的"德国十一月革

命"时,教师可设计这样的比较提问:"试比较德国十一月革命与俄国十月革命的异同?"在教师启发下,学生通过比较就会清楚地认识到:德国和俄国一样,革命前夕都是帝国主义国家,两国都具备无产阶级社会主义革命的客观条件。但俄国的十月社会主义革命取得了胜利,而德国无产阶级革命未能取得胜利,关键是俄国有一个早在1903年建立的、具有丰富的革命经验的布尔什维克党的领导,而德国没有这样的党。德国共产党是在十一月革命的过程中建立的,力量小,经验少,不够成熟。因此,无产阶级革命必须要有一个成熟的无产阶级革命政党领导才会胜利。通过这样的横向比较,学生不仅认识深刻,记忆牢固,而且培养了学生的横向比较能力。

七、运用提问培养学生抽象与概括能力

抽象是在比较的基础上,在思想中把同类事物的一般特性或本质特性,抽取出来,而舍弃其他非一般特性或非本质特性的思维过程。教育心理学研究表明,当前初中生随着知识经验的不断丰富,对客观事物的抽象概括水平也相应地提高了。他们能逐渐掌握更多的抽象概念,并且开始能够给概念做出科学的定义。在教师的培养下,他们也能比较全面地、深刻地掌握复杂的概念系统。到了高中,他们的抽象思维从"经验型"向"理论型"急剧转化,其表现是能够逐步地摆脱具体形象和直接经验的限制,而借助于概念进行合乎逻辑的抽象思维活动;他们试图对各种经验做出规律性的说明,用理论把各种材料贯穿起来,不断地把知识系统化,进一步扩展自主权的知识领域。因此,教师在历史教学过程中,就应有意识地提出一些抽象思维功能的问题,培养学生的抽象思维能力。

例如:新编九年制义务教育教材《中国历史》第一册中的第2课"祖国境内的远古人类"和第三课"氏族公社时代的居民",罗列了大量的原始社会生产、生活材料,但对原始社会的本质属性与非本质属性并未加以区分。因此,教师在讲完这两课后,在巩固新课时,有必要依据教材设计提出下列问题,帮助学生抽象出原始社会的本质属性:

1. 在我国境内发现的元谋人、蓝田人、北京人、山顶洞人,以及半坡、河姆渡原始居民和大汶口原始居民,各距今多少年?这说明了什么?

2. 北京人、山顶洞人、半坡和河姆渡原始居民各使用什么劳动工具?这些工具说明了什么?

3. 原始社会人们吃的、用的、穿的、住的是什么样子?说明了什么?

4.原始社会有没有私有财产? 有没有人剥削人的现象? 为什么?

5.原始社会有没有军队、警察、监狱等组织? 说明了什么?

在教师引导启发下,学生通过回答这些问题,便可逐步抽象出原始社会的本质属性:原始社会是一个漫长的历史阶段,生产工具简陋,人们劳动经验缺乏,生产力水平极端低下,同自然做斗争的能力很薄弱,劳动收获很少,没有私有财产,没有阶级,没有人剥削人的现象,没有国家。学生通过这种具体的分析、综合、抽象的过程,不但掌握了原始社会的基本概念,而且抽象思维能力也会随之得到发展。

概括是在抽象的基础上,在思想中把抽象出来的本质属性综合起来,并推广到同类的其他事物中去,以构成概念的思维过程。概括与抽象是密不可分的,抽象是概括的基础,而概括实际上是把分析、比较、抽象的结果加以综合的过程。所以,在历史教学过程中,不但要重视培养抽象能力,而且也要重视设计一些提问,培养学生的概括能力。

例如:"清朝政局的变动和洋务运动"一课,教材关于"洋务运动"这一历史现象,只叙述了洋务运动的原因、洋务派办洋务的目的和主要活动,并没有分析洋务派创立的官办近代军事工业和官办近代民用工业本质上有何不同。如果,教师照本宣科讲授,学生只能死记硬背这些历史现象,认识水平和思维能力并不能得到提高。为了培养学生的概括能力,深化学生对洋务运动的认识,教师可提出下列问题引导学生分析概括:

1.洋务派前十年创办近代军事工业的目的是什么? 其军用工业产品是否在市场上进行交换?

2.洋务派后二十年创办的近代民用工业的目的是什么? 其民用工业产品是如何处理的? 这种民用工业的性质是什么?

3.请你概括说明洋务派创办的近代军用工业和创办的近代民用工业在性质上有何不同?

在教师引导启发下,学生通过回答这些问题,便能概括出洋务派创办的近代军事工业和民用工业的本质区别:洋务派前十年创办的近代军事工业,虽然使用机器生产,但产品不作为商品在市场上交换,本质上不是资本主义性质的工业;后二十年官办的近代民用工业,产品主要作为商品在市场上交换,是具有资本主义性质的工业。这样,学生的抽象概括能力便得到了提高。

八、运用提问培养学生的发散思维能力

人的思维有集中性思维(又称聚合思维)和发散性思维两种方式。所谓集中性思维,是人们在较长时间内从事一类工作、解决一类问题所形成的一种习惯性思维方式,这对解决同类问题和获得知识是不可缺少的。我们中学历史教师常自觉地或不自觉地对学生进行这种能力的培养,强调学生运用集中性思维方式去寻找历史发展的规律性。然而,集中思维也有很大的缺陷。因为这种思维只要求学生从老师或教科书相同的方面去思考,去回答问题,把思维固定在传统的单一的正确结论上,或者只满足于知识的积累和记忆。如果学生仅仅只有这样的思维能力,是不可能成为创造型人才的。

发散性思维与集中性思维不同,它是不依常规寻求变异的思维方式,遇到问题时,它能从多角度、多侧面、多层次、多结构去思考,去寻求答案。它既不受现有知识的限制,也不受传统方法的束缚,它的思维路线是开放性、扩散性的。它解决问题的方法不是单一的,而是在多种方案、多条途径中去探讨,去选择。这种思维的目的不是着力寻找陈旧的知识,不是去重踏别人走过的老路,而是把注意力引向发现新的事物、新的规律、新的理论、新的观点,促使人们向更高、更新、更复杂方向开拓前进。中学历史教学面向现代化的核心问题,是培养创造型人才的问题,而创造型人才必须具有创造的素质,具有创造性的思维能力,而创造性思维能力的关键是发散性思维能力的培养。由于历史是由包罗万象、丰富多彩、千姿百态的具体事件和现象所构成,各民族、各国家历史发展的具体途径、方式、速度是多样的,整个世界是变化的、发展的,其间存在着很多偶然性。这种世界历史发展的多样性、偶然性和变异性,为培养学生的发散思维准备了思想材料,奠定了客观基础。

例如:讲授"西安事变"时,教师便可以提出这样的问题培养学生的发散思维能力:"张学良、杨虎城抓住蒋介石后是杀还是不杀? 为什么?"这一问题的提出具有极大的诱惑力,学生纷纷发表意见。从教学实践看,学生常分成杀蒋介石和不杀蒋介石两大派。主张杀蒋介石的理由是:①蒋介石杀人如麻,仅从"四一二"政变到西安事变,就屠杀了不下几十万共产党和革命群众。他罪大恶极,死有余辜,不杀不足以平民愤。②杀掉蒋介石可使国民党反动派群龙无首,造成国民党内部混战,削弱其统治力量。③杀掉蒋介石可联合一部分主张抗日的国民党军队,增加抗日力量。④不杀蒋介石等于放虎归山,遗患无穷。抗战胜利后蒋介石发动反

动内战便是最好的说明。主张不杀蒋介石的理由是：①"九一八"事变后，中日民族矛盾已成为中国社会的主要矛盾，当时中国的主要敌人是日本帝国主义。我们应通过西安事变的和平解决，由反蒋抗日转为逼蒋抗日，只要能达到此目的，就可以不杀蒋。②杀掉蒋介石一人是不能解决问题的。因为，当时国民党反动集团还会出现第二个、第三个"蒋介石式"的人物。③杀掉蒋介石，亲日派会乘机扩大内战，使日本帝国主义的侵略势力长驱直入，造成更大的民族危机，对抗战不利。④不杀蒋介石是国共重新合作的前提，西安事变的和平解决能促使抗日民族统一战线的初步形成。后来的事实证明这是有利于民族抗战大局的。⑤共产党人是为全民族、全人类谋利益的，不记私仇，共产党虽做好了蒋介石反悔的准备，但还是从抗日战争全局出发，努力逼蒋介石抗日。这种多向性的思维发散，对于开阔学生视野、拓宽学生的思路是颇为有益的。

　　不过，在教学历史过程中，培养学生的发散性思维能力应注意下列几点：第一，教师要善于发现和提出具有发散意义的问题。历史教学中能提出很多问题，但并不是每一个问题都能培养学生的发散性思维能力。如商鞅变法的主要内容是什么？中国共产党最高纲领和最低纲领是什么？这些问题就不能培养学生的发散能力。一般来讲，能培养学生发散思维的问题应具备四个条件：①包含错综复杂的矛盾，便于思维多向发散；②学生已掌握分析此问题的有关史实；③学生应具备探讨此问题的基本理论水平；④探讨的问题要有利于实现教学目标。上面举例就基本上符合这四个条件。第二，教师要善于启发学生分析问题，鼓励学生发表自己的意见，当学生发散思维受阻时，教师要注意点拨。教师要注意启发学生在多种答案和观点中做出自己的判断和选择。

九、运用提问培养学生的想象能力

　　想象是人脑对已有表象进行加工改造而产生新形象的心理过程。想象和思维一样同是人的高级认识活动。人们常说，没有想象就没有创造。因为人们在探索解决问题的活动之前，总是先凭借着想象，在头脑中改变客观现象，创造出新的形象，然后才使它变成现实。想象不仅是人们日常生活、工作和学习不可缺少的条件，更是创造性学习与创造性活动的必要条件。历史是过去性的知识，要把过去的事情展现在学生眼前，没有想象力是不行的；学生要把历史事件、人物活动及中外关系等纵横复杂的事情联系起来分析，没有想象力也是不行的。正因为如此，历史课的学习在培养学生的想象力方面有特殊的作用。故中学历史教学过程中,教师别忘了运用提问的手段,培养学生的想象能力。

例如:一教师讲授"封建文化的高峰(三)——五彩缤纷的艺术"一课中的"艺术宝库敦煌莫高窟"时,他巧妙提出:"壁画中描绘了各个民族首领的形象,你认为它能说明哪些问题?"注意,在这里教师强调的是"哪些问题",而不是"什么问题",从而为学生想象留下了空间。结果,有的学生说:"它反映了古代画师技艺高超,民族知识丰富";有的学生说:"它说明西域佛教流行";有的学生说:"它说明敦煌是丝绸之路上的交流中心";有的学生说:"它说明唐朝是一个统一的多民族的国家"。学生从艺术、宗教、交通、政治等不同的方面去想象思考这一提问,这就较好地培养了学生的想象力。

又如:讲授"高度繁荣的宋元文化(二)——史学、文学的重要成就和书院的盛行",根据课文中陆游的诗《示儿》,有一位教师提出:"作者临死时,既然感到一切都是空的,为什么唯独对'不见九州同'还是那么悲伤? 那么放心不下呢? 并要'王师北定中原日''家祭无忘告乃翁'呢?"从而激发学生利用学过的知识,展开想象。有的学生说:"我仿佛看到了衰老的陆游在临死前,披肝沥胆地对儿子深情嘱咐的场面";有的学生说:"我仿佛看到了临死的陆游对南宋统治者不积极收复失地的愤恨,告诫儿子积极参加王师收复中原的场面";有的学生则说:"我仿佛看到了临死的陆游为自己没有促成王师收复中原而悲伤,从而告诫儿子积极参与王师收复中原,以了却自己未竟之业的场面"。这样不仅较好地培养了学生的想象能力,而且使学生感染了作者那强烈的爱国主义精神和对抗金事业具有的必胜的信心,从而较好地完成了思想品德教育的任务。

注:本文发表于人民教育出版社·课程教材研究所《中小学教材教学》(供初中用·第4期)2000年第8期。发表时有删改。

03

教学建模

教学建模就是教育工作者在一定的教学理论或教学思想指导下，通过教学实践抽象概括而构建的相对稳定的教学活动基本结构或范式。它既不同于纯粹的教学理论，也不同于具体的教学方法，从本质上看，它是实施教学的一种方法论体系，或者说是一种教学策略，而不是单纯的操作性、技术性的方法。

教学，从本质上说是一种环境的创造。即创造由教育内容、教学方法、教学作用、社会关系、活动类型、教学设施等组成的环境。而教学模式，可以说是创造这种环境的方法。

教学模式是教学理论与教学实践的一个结合点，是理论与实践的结晶。它既是教学理论的操作化，又是教学经验的具体概括；它既源于实践，又是某些教学理论的简化形式。因而充当了教学理论与教学实践的中介和桥梁，能沟通教育循环系统中的宏观、中观与微观教学活动，为建立理论与实践之间的畅通渠道提供了方法论上的启示。

科学的教学模式，一般具有完整性、简约性、操作性和针对性四大特点。完整性是指任何教学模式都以一定的教学理论为依据，构建了一个完整的体系，具有一套完整的结构。简约性是指其简要明晰的目标和过程。操作性是指任何一种教学模式都是一种具体化、操作化了的教学理论，它使抽象的理论具体化，内在的本质程序化，更加接近教学实际，易于理解和操作，而不同于思辨的理论。针对性则是指教学模式应有鲜明的主题、固定的目标、独特的程序和一定的适用范围。因此，选择和运用教学模式必须注意其特点和功能，不存在普遍适用于任何教学过程的万能模式。

历史提问教学模式的探索与实践

历史提问教学模式是本人在深入研究现代教育心理学、教学论和长期教学实践中总结形成的一种教学模式。本文主要论述了这一教学模式的理论依据，模式原理与操作方法、施教原则，简介了本模式的实验情况和结果，展示了历史提问教学模式的科学性、易行性和高效性特征。

一、引言

（一）问题的提出

南宋哲学家、教育家陆九渊曾说："为学患无疑，疑则有进。"清代郑燮则说："有学而无问，虽读书万卷，只是一条钝汉。"提问作为当今教学中传授知识、培养学生思维能力和开发学生智力的一种有效手段，已为广大教育工作者普遍使用，且不少专家和教师就提问方法和技巧做过不少有益探索。但是，这种探索带有很大的随意性和片面性，且没有从理论依据、施教原则和课堂操作方法上做系统探索和实践验证，没有形成科学的系统的教学理论。因此，从理论上和实践上探索这一课题，其影响深远、意义重大、很有必要。

（二）"历史提问教学"方法假说

"历史提问教学模式"，就是教师在教学中，根据教学大纲（今课程标准）、教材课时目的要求、学生生理心理发展特点和智能水平，按照一定的教学原则，有计划、有步骤、有目的地设计一系列问题，通过课堂提问来引导启发学生分析和解决问题，并相机授予学习方法，以充分发挥教师的主导作用和学生的主体作用，有效地实现传授历史知识和进行思想品德教育，促进学生掌握知识和发展智能。

"历史提问教学模式"，不同于历史课堂一般性提问。首先，它是有计划、有目的的系统提问，而不是为解决某一孤立问题偶然发问，或心血来潮式的零碎提问。

第二,它特别强调遵循学生心理发展规律和智能发展水平,面向全体学生按照一定的教学原则设计教学问题,要求所设计的问题从整体上看具有环环相扣、层次分明的特点,而不是深浅无度互不联系的提问。第三,它要求所设问题能启发学生思维,实现教师"主导"和学生"主体"有机结合,融历史知识传授、思想品德教育和发展学生智能于一炉,而不是对不对、是不是这类没有什么思维量的简单性发问。第四,它强调在引导学生分析和解决问题过程中,相机授予学生提出问题、分析问题和解决问题的方法,而不是简单地告诉学生答案。我选择"历史提问教学模式"进行专题研究,从理论机制、施教原则和课堂操作及教育教学效果等方面进行深入系统的探索与实践,目的是为了建立"历史提问教学模式"体系,明确"历史提问教学模式"与提高中学历史教学质量(即实现传授历史知识、培养学生能力和进行思想品德教育等方面的功能)的因果关系。

二、理论依据

(一)教学过程动力理论

著名教育专家钟启泉先生编译的《现代教学论发展》指出:构成教学运动与展开的动力,乃是教学过程中固有的内部矛盾。而教学过程中,最基本的固有内部矛盾,就是学生与教材之间的矛盾、教师与教材之间的矛盾和教师与学生之间的矛盾。教材对学生来说,从某种意义上讲就是一大堆问题。它潜藏着需要做出解释,发现规律、解决课题的问题。产生教学中的对立和矛盾并使之激化的契机,主要是教师的提问。苏联教育家达尼洛夫说,构成教学过程的动力,是随着教学的进行所提出的学习课题和实践课题,同学生的知识和能力的现有发展水平之间的矛盾。日本著名教育家斋藤指出,在教学中激发矛盾的积极方法,就是教师在教学中不断地提出新课题、新问题。

(二)心理学中感知、注意和识记三大规律

教师在教学中提出的问题,能使学生明确学习任务和目的,有选择地去感知教材中的历史知识,获得清晰的形象,而且其优先知觉程度,是随着教师提问的新颖性增强而增强的。这就使学生知觉的选择性得到最佳实现。在教师联系学生已有知识提问时,则能更好地发挥学生知觉的理解性功能。

教学中教师的提问,能有效地把学生注意力集中到所提问题上来,避开了无关信息的影响,使学生由无意注意迅速转变为有意注意,使学习对象得以精确反

映,提高学生的学习效率。

心理学研究表明,记忆效果与记忆目的成正比。提问能使学生较多地处于积极的、有意识状态,印象深,保持时间长。识记对理解具有依存性,通过提问,可沟通新旧知识的联系,使新知识纳入相应的知识系统中,成为已有知识的有机组成部分,有利于知识的巩固和回忆。

(三)控制论反馈原理

控制论反馈原理告诉我们,反馈就是施控系统的信息作用于被控系统后产生的结果再输送回来,并对信息的再输出发生影响的过程。在整个教学过程中,师生都是信息源,都是信息接收器,师生的言行既是信息,又是反馈。教师通过提问及师生对所授内容的质疑求解,能及时掌握学生对知识的理解、掌握程度与是否正确,发现学生思维活动的障碍,从而有针对性地控制教学。

(四)现代创造教育理论

现代创造教育理论认为,一个人是否有创造力,首要的关键性的一步,就是看他能否发现和提出问题。美国创造力教育专家托兰斯把感知或感受到问题列为创造性智力的第一条。我国著名教育家陶行知在《创造的儿童教育》一文中明确指出:"发明千千万,起点是一问,禽兽不如人,过在不会问。智者问得巧,愚者问得笨。人力胜天工,只在每事问。"在教学中教师提问,并由此诱导学生发现和提出问题具有重要意义。

(五)教育学中的"主导"和"主体"理论

现代教育学认为,在教学过程中,教师是主导,学生是主体,教师是外因,学生是内因,外因只有经过内因才能发挥作用。授课过程中,教师提问引导学生分析解决问题,想方设法创造问题情境,诱导和启发学生积极主动质疑,并运用所学知识解决问题,是充分发挥教师主导作用和学生主体作用的最佳方法之一。

三、教法原理与操作

"历史提问教学模式"操作原理和教学中的具体操作程序可归结为如下图示:

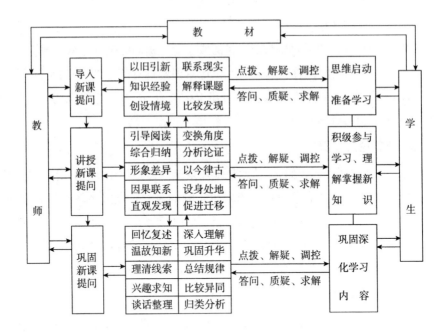

结构图表明:"历史提问教学模式"在课堂操作上共分为导入新课提问、讲授新课提问和巩固新课提问三个教学环节,环环相扣,师生双向活动活跃。

第一个教学环节:导入新课提问。教师的主要任务,是紧扣课时目的、新课内容和学生已有知识(包括已学历史知识,有助于实现教学目的的,与新课内容有密切联系的语文、政治、音乐、美术、体育知识和时事、影视、诗歌、小说、社会常识等各方面为学生知晓的知识),运用恰当的设问方法,巧妙地设计提出有关问题,启动学生思维,沟通新知识与已有知识联系,制造悬念,为学生学习新知识做准备。如讲授"夏商奴隶制王朝"一课时,可设计下列问题导入新课:①原始社会后期为什么能实行禅让制? ②原始社会瓦解的根本原因是什么?

第二个教学环节:讲授新课提问。教师的主要任务,是紧扣教学目的,在钻研教材内容(包括正文、小字、文献资料、表格、插图、注释等)基础上,发掘教材内涵,围绕教材重点和难点(如历史现象、历史事件、政治经济制度、社会生产发展状况和科技文化成就的因果与特点,历史人物评价,历史概念与结论,文物古迹和遗址等),依据施教原则,运用恰当的设问方法,系统地提出一系列精彩问题,激发学生求知欲,调动学生积极参与学习、深刻理解和牢固掌握新知识,寓能力培养和思想品德教育于其中。如"夏商奴隶制王朝"一课讲授新课时,可设计提出以下问题:①禹治水是做了好事,这与后来国家的建立有何关系? 夏朝是从禹开始的,还是从启开始? ②王位世袭制取代禅让制用了一百多年时间,在这场斗争中,我国古书上称有扈氏是"为义而亡"。你们是否同意有扈氏是为正义的事业而牺牲的呢？为什么？③同学们知道繁体字"國"是怎样写的吗？④请同学们阅读"商汤灭夏和盘庚迁殷"，从个人品德、对政事态度和人心向背三方面比较夏桀和商汤，并说明夏亡商兴的原因。⑤有关商朝前期迁都原因有五种假说（教师先简介），史学研究就是从提出假说开始的，你们认为以上哪一种或几种说法可能性比较大？谁能提出新的假说吗？⑥（教师出示写有"黍、禾、麦、稻、酒、醴"甲骨文字及释义的小黑板）从商朝这组甲骨文字，你能说明商朝农业生产的发展情况吗？⑦（教师出示写有"牧、牢、厩、庠、溷"的甲骨文字及释义的小黑板）从商朝这组甲骨文字，你能说明商朝有哪些畜牧业？⑧从商朝祭祖先，食用和驾车用牲畜之事，你能判断它与畜牧业发展有什么关系吗？⑨从课本插图《司母戊鼎》《四羊方尊》和《商朝冶铸青铜器示意图》你能想象出什么？⑩商朝奴隶主贵族是怎样对待奴隶的？其结果怎样？

第三个教学环节：巩固新课提问。教师的主要任务，是紧扣教学目的和历史知识结构体系，根据教学过程中学生的反馈信息，运用恰当的设问方法，再提出一些精彩的问题，深化学生认识，使学生所学知识条理化和系统化，从而有效巩固所学知识。如"夏商奴隶制王朝"一课，可提出下列问题巩固新课：①夏商两朝的农业和手工业发展分别表现在什么地方？请说明其原因？②在夏商奴隶制国家里，奴隶的命运十分悲惨，你们是否就由此断定奴隶社会代替原始社会是一种历史倒退？请说出理由。

运用"历史提问教学模式"进行教学，不论哪个教学环节，教师和学生之间的关系，都是主导与主体的关系。教师依据教学大纲、教学目的、教材内容和学生信息反馈，利用多种设问方法提出问题，向学生输入教学信息，调动学生学习的积极性和主动性，引导启发学生学习，进行学法点拨，解答学生质疑，控制教学过程顺利展开。学生则依据教师提出的问题和思维方法，积极学习教材内容，回答教师提问，并根据教师的讲授及教材内容进一步向教师质疑求解，从而高质量地完成学习任务。

四、施教原则

运用"历史提问教学模式"进行中学历史教学，必须遵循以下五个原则：

（一）全体性原则

全体性原则，就是要求教师课堂提问必须面向全体学生，使每一位学生积极思考教师提问,并都有机会回答教师的提问。贯彻这一原则,一是教师设计提问,必须循序渐进,从全体学生实际出发,注重学生年龄特征、知识水平和接受能力,每堂课都要按难、中、易三个层次设计问题,分别满足优、中、差三个层次学生的需要,发挥每个学生的积极性。二是教师提问应防止下列三种不良情况:①先指定一个学生然后才提出问题,使其他学生没有回答问题的机会。②让一个学生长时间回答包含有很多内容的问题,而全班其他学生则静听之。③长期只叫少数几个学生答问,而冷落其他的学生,特别是差生,避免大部分学生形成不动脑筋的恶习。

(二)启发性原则

教师在教学过程中,所提问题必须具有启发性和一定的思维量,能引导学生在思维的广阔空间中遨游。贯彻这一原则,一是教师在提问前应做好必要的准备工作,把学生思维一步步引向问题的焦点,当学生进入"愤""悱"的心理状态时,再把问题提出,适时地激发起学生的思维波澜。二是教师要围绕重点、难点设问,设计的问题要新颖、实用和富有启迪性,能激起学生探求兴趣,唤起学生联想分析,归纳类比,得出结论。

(三)反馈性原则

教师提问时,注意观察学生对所提问题的反映,及时获取学生的反馈信息,并合理地调节所提问题的难度、方式,授予解题方法。贯彻这一原则,一是教师要和蔼可亲,及时、认真和恰当地从学习态度、学习动机、思维能力和答案准确度等方面进行评价,以赞扬、鼓励为主。二是教师根据以往教学实践,了解学生容易出问题的地方及教学的关键点,教师提前构思好教学方案,设计好问题,引导学生渡过难关。

(四)目的性原则

教师在教学中所提出的每一个问题,必须有明确的目的性。贯彻这一原则,一是教师设问在整体上必须围绕中学历史教学的传授知识、培养能力和进行思想品德教育三大目标进行。二是教师提出的每一个问题,其目标必须具体化,或承上启下,或温故知新,或克服遗忘,或培养能力,或进行思想品德教育等。

(五)科学优化原则

同一知识,可以用不同的方法,从不同角度和层次提出很多不同的问题。科学优化原则,要求教师设问必须科学准确,符合学生认知规律和历史知识逻辑规律。教师从众多的科学准确的提问中,尽量筛选最能体现教育规律和教学目的,最符合学生实际,最能帮助学生理解和掌握所学内容,最能实现思想品德教育和最能培养学生能力的问题,然后在课堂中提出,以收到最佳效果。

(六)引导质疑原则

现代教学论认为,最精湛的教学艺术,遵循的最高准则,就是让学生自己提出问题。整个教学的最终目标是培养学生正确提出问题和解决问题的能力。任何时候都应鼓励学生提问。"历史提问教学模式"是双向和多向的,可以是教师提问,学生解答;也可以是学生提出问题,教师解答;还可以是学生提出问题,学生解答。教会学生自己提出问题,是本教学模式的重要原则。贯彻这一原则,一是教师要结合教学实际,传授给学生质疑或提出问题的方法。二是教师授课要有意识地创设问题情境,引导学生自己质疑或提出问题,在师生的连续问答中揭示教材内在联系,从而使学生在实践中形成提出问题、分析问题、解决问题的能力。

(七)多样通俗性原则

教师创设问题和引导学生质疑答问,方法要多样,设问释疑要通俗生动,激发学生兴趣和求知欲。贯彻这一原则,一是教师设问要注意变换角度,采取多种方法设问(参见前面的结构图示),使其具有新颖感,以引导学生深思、多思的兴趣。二是教师设问释疑语言要生动形象,妙趣横生,且通俗易懂,注意充分发挥电教、图表等辅助教学手段的作用,力戒干巴巴地列出几条答案而万事大吉。

五、评估与讨论

我运用"历史提问教学模式"进行中学历史教学多年,综合自己的教学实践体会和社会评价,大致可以得出如下结论:

1.运用"历史提问教学模式"教学,能够有效地发展学生的能力,开发学生的智力,大面积地提高中学历史教学质量。

因为"历史提问教学模式"紧扣一个"问"字和教学实际,以历史问题的提出为契机,学生在教师的启发、点拨下,通过阅读教材,想象历史情境,整理有关历史知识,运用历史唯物主义和辩证唯物主义理论观点,对教师提出的问题进行分析、比较、概括等思维活动,然后回答教师提出的问题。这样,学生的阅读力、表达力、记忆力、想象力、逻辑思维力等在解决一系列问题过程中逐渐得以发展,思想品德教育也寓于其中。

2.运用"历史提问教学模式"教学深受学生欢迎。

在多年的教学实践过程中,学校通过调查、问卷和学生交谈,了解到学生对这一教学模式的看法。

安健同学说:"听汪老师讲历史课,胜如观看电视台播放的辩论对抗赛,很多疑惑不解的历史问题在汪老师的巧妙点拨和精彩解疑中,令我茅塞顿开,受益匪浅。我在初中历史毕业会考中,轻松地得了满分,这实在要归功于汪老师教学得法"。

现已考上湖南财经学院的张翔同学来信说:"老师的课有三点令我终身受益:一是培养了我凡事问个为什么的思维习惯;二是使我学会了从不同角度、不同层次用逻辑思维和历史思维的方法看问题;三是学会了从历史上吸取经验教训,以历史的眼光看待现实和展望未来,确定自己的人生目标。我为自己能接受你的教诲而庆幸!"

3."历史提问教学模式"具有很强的开放性,有利于历史教育教学功能的实现。

教师在实际教学操作中,可以充分地吸取当代发现学习、探究学习、掌握学习、最近发展区、结构主义等教学思想,以及讲述、谈话、情景复现、图示、讨论等教学方法的一些优点,根据教学目的需要来设计、提出和讲解历史问题,组织开展教学活动,从而使历史教学活动丰富多彩。

4.围绕"历史提问教学模式"展开研究所取得的成果,已获得专家、学者和同仁的肯定。

从1990年起,为充分发挥"历史提问教学模式"的功能,我们十分注意探索研究"历史提问教学模式"方法实验过程中遇到的各种问题,汪瀛老师总结、撰写了不少专著、论文和案例,有的由出版社出版,有的被打印在一定范围内交流,有的获奖,有的被专业学术杂志刊发和转载。

5.多年教学实践表明,"历史提问教学模式"能有力推动教学过程的展开,实现素养教育目标。

"历史提问教学模式"能最大限度地激化教学过程中固有的内部矛盾,有力推动教学运动和教学过程的全面展开;有助于更新教师的教育观念,把教学重心从"教"转移到"教"与"学"和谐统一;能充分发挥教师的"主导"和学生的"主体"作用;能充分发挥感知、注意和识记三大规律在教学过程中的重要作用;能确保教师有效地调控教学过程,防止"教"与"学"脱节。它融历史知识传授、思想品德教育和能力培养于一体,适应了当今素质教育的要求。

6."历史提问教学模式"的提出对推动其他学科教学改革具有积极意义。

　　为了展示历史提问教学法的优势和广泛听取同仁们的意见,促进课题研究,我们通过市教研室组织了一些历史提问教学法分享教研课和经验交流座谈会,推介历史提问教学模式。它不仅使永州市城乡学校历史课堂教学改革蔚然成风,而且其他学科的一些教师,在"历史提问教学模式"启迪下,结合本学科对课堂提问进行了探讨,取得了一些成绩。如市四中唐仁来老师的《课堂提问与兴趣教学初探》和市五中满仁勇老师的《谈谈地理教学中课堂提问的合理设计》分别获得地区教学论文评比一等奖。

　　综上所述,"历史提问教学模式"在长期教学实践中,取得了一些具有理论价值和实践意义的结论,但是,我们在实验过程中也感觉到下列两个问题有待进一步探讨和实验,将使历史提问教学模式更臻完善。

　　首先,教师怎样最大限度地准确把握历史课堂提问的"难度",做到问题的设计与提出和学生回答二者和谐统一。教育心理学中的"期望理论"告诉我们,如果人们劳动的结果超出自己预先的期望,就往往产生消极的情绪,出现挫折感,从而降低积极性。学生学习历史也是一种劳动,教师提问过深,学生百思不解,就会挫伤学生的积极性。提问过浅,学生不假思索就脱口而出,表面上看课堂异常活跃,实则形式上的活跃掩盖了内容上的肤浅,不能激发学生上进心和深入理解掌握教材。把握好提问的"难度",实现教师提问和学生答问和谐统一,不是一件易事。因此,深入研究设问、提问不当的处理技巧是十分必要的。

　　其次,教师提问与依托教材的关系。教师提问依纲扣本,这是没有问题的。但这个"纲"与"本"是很有讲究的,教师提问在教材中能找到现成答案是依纲扣本,教师提问能从教材内容中抽象概括出答案是不是依纲扣本? 教师运用新材料,创造新情境,反映教学大纲的思想和教材观点或内涵的提问,又算不算依纲扣本? 如果都算依纲扣本,那么怎样在高初中不同教学阶段,准确地把握这三种类型提问的"度",才能真正最好地完成历史教学大纲规定的三大任务和实现历史教育教学功能? 如果最后一种类型的提问不算,那么我们又怎样理解教师不是教教材,而是用教材教这句教学名言? 又怎样理解一纲多本? 又怎样指导学生参加目前的历史高考? 由此看来,深入研究教师提问和依托教材的关系,并在这一基础上提出一些具体原则和可供操作的技巧是十分必要的,它能更好地实现历史提问教学模式教学的功能。

六、主要参考文献

1. 钟启泉. 现代教学论发展. 北京:教育科学出版社出版,1992.

2. 张楚廷. 教学原则今论. 长沙:湖南师范大学出版社出版,1993.

3. 徐胜主编. 心理学. 郑州:河南教育出版社出版,1987.

4. 张家祥主编. 教育学. 郑州:河南教育出版社出版,1987.

5. 王益编. 教师应用心理学. 长沙:湖南大学出版社出版,1989.

6. 湖南省教育科学研究所编. 现代教学论. 长沙:湖南教育出版社出版,1988.

7. 易启祥主编. 新编中学历史教材教法. 郑州:河南大学出版社出版,1986.

8. 国家教育委员会人事司组织编写,罗若发群主编. 国外教育情况专题. 北京:科学普及出版社出版,1992.

9. 王铎全著. 历史教育学. 上海:上海社会科学院出版社出版,1989.

10. 尹大力编著. 古代格言警句选·治学. 重庆:重庆出版社出版,1982.

注:本文曾以《实现素质教育目标的历史提问教学模式》为题,发表于《当代教育教学教研成果集·治学篇》,1998 年;以《历史问疑教学模式的探索与实践》为题,发表于《中学教师优秀论文集》,北京燕山出版社出版,1999 年。

"自主感悟，互动创新"历史课堂
教学模式概说

摘要："自主感悟，互动创新"历史课堂教学模式是在科学的教学理论指导下，依据《历史课程标准》的理念和目标，综合探讨教学过程中各种变量间的相互作用及其多样化的表现形式，动态地研究教学流程中各个环节的构成样式及其具体的操作程序，而形成的一种相对稳定的教学基本结构或范式。它建立在建构主义、创造教育和合作学习理论基础之上，主要包括有机引入、自主学习、知识梳理、探索攻关、智能训练几个师生互动环节和教学过程中必须遵循的现实需要、因材施教、自主互动、体验感悟、自主创新原则。

关键词：模式、自主、互动、探索、理论、原则、引入、梳理、训练

课堂教学模式的真正研究，起源于 20 世纪 70 年代。在我国，当前关于历史教学模式的研究存在着两个问题：一是介绍国外教学模式理论较多，结合国内教学实践探寻适合我国教学实际的教学模式较少；二是局限于原有的历史教学模式，依据新课程理念，创新历史教学模式的研究较少。因此，历史课堂教学模式研究迫切需要做的工作，就是内化和新化。

"自主感悟，互动创新"历史课堂教学模式是在科学的教学理论指导下，综合探讨教学过程中各种变量间的相互作用及其多样化的表现形式，动态地研究教学流程中各个环节的构成样式及其具体的操作程序，而形成的一种相对稳定的教学基本结构或范式。它既不同于纯粹的教学理论，也不同于具体的教学方法，从本质上看，它是实施教学的一种方法论体系，或者说是一种教学策略，而不是单纯的操作性、技术性的方法。

一、模式的理论基础

"自主感悟,互动创新"历史课堂教学模式主要建立在下列理论基础之上。

(一)普通高中《历史课程标准》

中华人民共和国教育部新颁布的高中《历史课程标准(实验)》在"课程的基本理念"中明确要求:"倡导学生主动学习……充分发挥学生的主体性、积极性和参与性,培养探究历史问题的能力和实事求是的科学态度,提高创新意识和实践能力。""(要求教师)为学生的自主学习创造必要的前提。"在"课程目标"中也明确指出:"学习历史是一个从感知历史到不断积累历史知识,进而不断加深对历史和现实的理解过程;同时也是主动参与、学会学习的过程。""学习历史唯物主义观点和方法,努力做到论从史出、史论结合;注重探究学习,善于从不同的角度发现问题,积极探索解决问题的方法;养成独立思考的学习习惯,能对所学内容进行比较全面的比较、概括和阐释;学会同他人,尤其是具有不同见解的人合作学习和交流。""在掌握历史知识的过程中,既有能力训练,也有对史学方法的了解和运用,更有态度、情感和价值观的体验和培养。"

(二)建构主义理论

建构主义学习理论强调以学生为中心,要求学生由外部刺激的被动接受者和知识的灌输对象转变为信息加工的主体、知识意义的主动建构者,建构主义的教学理论则要求教师要由知识的传授者、灌输者转变为学生主动建构意义的帮助者、促进者。

(三)创造教育理论

培养学生的创造能力是现代素质教育的核心。江泽民曾指出:"创新是一个民族进步的灵魂,是一个国家兴旺发达的不竭动力。""为创造而教"是当前教育界盛行的口号。现代创造教育理论认为,一个人是否有创造力,首要的关键性的一步就是看他能否发现和提出问题。美国创造学教育专家托兰斯把是否感知或感受到问题列为创造性思维的第一条。我国著名的教育家陶行知在《创造的儿童教育》一文中明确指出:"发明千千万,起点是一问,禽兽不如人,过在不会问。智者问得巧,愚者问得笨。人力胜天工,只在每事问。"

(四)合作学习理论

合作学习是新课程的重要理念。教学的过程,就是师生之间和学生之间共同合作完成学习任务的过程。教师与学生双方都是积极因素,把两者的积极因素充分调动起来,以教促学,以学促教,以学促学,使整个教学过程处于共振、互动和合作之中。同时,学生解决新的复杂问题时,相互间的合作常常要胜过个人的努力;对尚无定论的和有争议的问题进行合作探讨,可以开阔眼界,激发思考,促使学生检验和修正自己的观点,提高应用知识和解决问题的能力;合作也能启发学生学会如何学习,掌握必要的学习策略,改进学习方法,增强群体的凝聚力,形成和谐的课堂气氛。

二、模式的基本流程

"自主感悟,互动创新"历史课堂教学模式,在教学流程上可归结为如下图示:

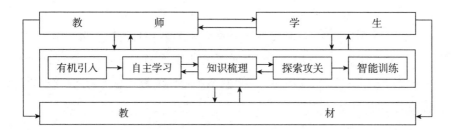

本流程表明,"自主感悟,互动创新"历史课堂教学模式的最大特征就是师生以教材为依托,在互动中实现自主、感悟和创新,把学科知识嵌入活的认识过程之中。不论教师,还是学生,在整个教学活动中,师生之间的关系,始终是互动的,是主导与主体的关系。学生在任何一个教学环节,都要明确问题,运用相关方法,通过一定的途径,翻阅自己占有的资料,从中寻找相关信息,并经过自主思考、加工,最后解决问题;都有机会发现和提出自己的问题,并向教师质疑求解。这样,历史学习不再是一种负担,而是学生施展才能的舞台。本模式能让学生高效认识、理解和掌握大量新知识,形成历史研究性学习意识和能力,获得情感、意志的成功体验,接受思想品德熏陶,养成良好的情感、态度与价值观,全面提高素质。

(一)有机引入

有机引入,就是教师依据教学目标、教学内容和学生的已有知识,运用恰当的方法激发学生兴趣,启动学生思维,为学生学习新知和形成新的智能做好准备。常言道,好的开始是成功的一半,上课伊始就把学生的注意力吸引到课堂上来,下面的课就能上得游刃有余。有机导入的方法主要有:以旧引新、联系现实、知识经验、巧释课题、创设情境(如趣事逸闻、成语故事、诗词歌曲、影视图片等)、制造悬念、比较发现等。

(二)自主学习

自主学习,就是教师依据所授内容、教学目标与学生的知识和能力的实际,运用恰当的方法,提出适当的目标,引导学生自己读书、自己质疑、自己求索,以完成相关的学习任务。这些恰当的方法,可以是教师事先设计印制的以填空形式展示的知识提纲,让学生在阅读中完成相关知识空缺,从而达到理清知识线索,夯实知识基础的目的;也可以要求学生阅读教材,依据一定的思路编出自己的知识结构提纲;还可以是设计相关问题,让学生带着问题去看书,给学生以思维的支撑点,让学生围绕几个主要问题去看书思考,以免分散精力,偏离教学目标。这一教学环节,就教师而言,不论采用何种方法引导学生自主学习,一是要积极鼓励学生在完成教师提出的相关任务外,还应注意发现和记录学习过程中存在的问题;二是要积极督促、检测、评估和及时反馈学生的学习效益,以促进学生自主学习。这一教学环节,就学生而言,一是要积极完成教师提出的学习任务;二是依据自身特点、知识经验与优长,创造性地理解和掌握教师提出的教学目标,并为提出自己的问题和见解做好准备。

(三)知识梳理

知识梳理,就是师生在"自主学习"的基础上,利用板书、幻灯片等教学手段,运用要点式、图示式、表解式等方式,共同构建知识网络,从而达到理清知识线索、明确知识结构层次、夯实学生基础的目的。

(四)探索攻关

探索攻关,就是师生共同探索和攻克教材中的重点、潜在的难点和学生自主发现的疑难问题。在这一环节,一方面,教师对教材中的重点和已经发现的难点,可通过变换角度、综合归纳、分析论证、形象差异、以今律古、因果联系、设身处地、直观发现、促进迁移等方法,创设问题情境,激发学生求知欲,引导学生发现问题,调动学生积极参与问题的解决,师生共同探索以攻克难关;另一方面,教师要积极鼓励学生发现问题、提出问题,并协作解决相关问题。具体做法主要有:一是教师要放下"居高临下"的架子,鼓励学生大胆发表观点和看法,创造出民主平等的活跃气氛。二是教师抛砖引玉,即由老师提出一个常规性问题,引发学生向深层次思考与质疑。三是借题发挥,即通过一些具体的事例,加深对知识点的理解和运用,以提高学生的思想觉悟。四是教师旁敲侧击,把学生的思路引向广度质疑。

五是教师组织学生辩论,为学生创造主动发展的机会。六是教师变灌为导,变学为思,以导达思,促进发展。

(五)智能训练

智能训练,包括课堂巩固深化性训练和课后拓展研究性训练两个方面。这一环节教师的主要任务就是紧扣教学目标、教学内容和学生的学习实际状况,运用恰当的方法设计和提出一些问题,进一步发展学生的智能,形成健康向上的情感态度与价值观。

在课堂巩固深化性训练方面,教师设计和提出问题的思路应多样化:如回忆复述、深入理解、温故知新、巩固升华、理清线索、总结规律、比较异同、归纳整合等。训练的问题可以是选择题、材料题和问答题。设计和提出的问题可以是学科内的问题,也可以是跨学科的问题。问题设计的难度,既要面向全体,又要注意满足不同层次学生的需要。

课后拓展研究性训练,可设计综合、感悟、体验和实践等四种类型的训练。综合类训练方面,如创办历史手抄报、创作历史漫画、撰写历史小论文、创作历史文学作品等。感悟类训练,可分为定向性感悟和自由性感悟两种形式。定向性感悟训练,就是教师事先设计一些具有开放性的问题,以求解放学生的思维,让学生有一个知识迁移、能力活化的空间和时间。开放性问题主要有两种模式。一是通过创设情景,给定两种或两种以上的历史结论、历史观点,不做评判性限制,由学生选定论证的切入点。二是通过创设新情景,不给定观点和看法,由学生判断,自己做出回答。体验类训练就是教师指导学生运用一定的活动方式去体验历史。如编演课本剧,组织故事会、演讲会、名言赏析、名画鉴赏、名曲欣赏、文物收集、"背唐诗、学历史"等活动。实践类训练就是教师指导学生参加一定的社会实践活动,在实践中体验和感悟历史。如学生自制文物,做名胜古迹的导游,做历史调查与研究等。

上述四种拓展性训练,学生可以根据自己的特长,选择自己喜欢的训练形式,在这种情况下,训练不再是一种负担,而是变成了学生施展才能的舞台。不论学生选择何种训练方式,在训练的过程中都需要翻阅大量的资料,把得到的信息,经过思考、加工,最后出来作品,这期间学生的动手、动口、动脑能力得到了锻炼,获得了解决相关问题的方法,情感、态度与价值观自然也得到良性发展。

三、模式的操作原则

由于历史教材不同章节内容的差异、高中不同教学年级的差异、同一年级不同班级学生基础的差异,在具体操作这一教学模式时,应注意下列原则:

(一)现实需要性原则

学生存在于现实生活世界,生活过程就是学生生存与发展的过程,这就要求教育应反映学生的生活背景与实际,应时刻考虑学生的时代特征及时代发展对学生的新要求,切实体现教育面向现代化、面向未来的精神。作为以了解和研究人类不同领域文明发展历程的概貌与规律为内容的高中历史课程与现实世界、学生生活环境有着密切的显性或隐性关联,更拥有可供人生与民族发展做借鉴的丰富资源。当历史课教学为学生现实及未来的生命质量发挥直接价值时,历史教学自身也焕发了新生。

(二)因材施教性原则

因材施教原则是教学普遍遵循的原则,但人们一般将这里的"材",仅理解为教学对象,即学生。实际上,"材"还应包括"教材",即教学内容。这里的因材施教原则,就是依据不同的教学对象和教学内容,在运用这一教学模式时,对本模式流程应有不同的侧重或取舍。

从教学对象来说,如对学习兴趣高、基础好、思维活跃和能力强的教学对象,"有机引入"应重在知识之间的内在联系和富有挑战性的悬念;"自主学习"和"智能训练"环节所设计的问题难度应大一些,提出训练任务可多一些;课堂教学的重心应放在"探索攻关"环节上。相反,对学习历史不感兴趣、基础差、思维不活跃和能力弱的教学对象,"有机引入"应重在生动形象、富有吸引力;教学的重点应放在"自主学习"和"知识梳理"两个环节上;"探索攻关"和"智能训练"两个环节所设计的问题应以"浅显"为主,提出的训练任务尽量少一些。

从教学内容来说,历史教材内容丰富多彩,叙述的内容有经济、政治、军事、文化、人物、事件等。历史教材对这些内容的叙述,有些章节(课文)侧重表现为具体的有情节的历史事实性描述,有些章节(课文)则集中体现为高度概括的抽象的无情节的历史表象、历史概念、历史结论、历史规律或历史理论分析等。对于前者,应重在"自主学习"和"知识梳理"两个环节,教学问题设计指向应重在引导学生自主感悟历史上的善恶美丑、现象与本质、原因与结果等。对于后者,教学应侧重

"探索攻关"和"智能训练"两个环节,教师的主要任务是向学生提供相关情境材料,设计相关问题,引导学生理解和感悟历史概念、历史结论、历史规律或历史理论分析,剖析其正误。

(三)自主互动性原则

教学过程是师生双边互动完成教与学的过程。这里包括师生合作互动和生生合作互动。教师在教学过程中所扮演的角色,应是组织者和指导者。教师的教应服从于学生的学习,保证教学有序紧凑地进行。学生是学习的主体对象,处于教学过程中的中心地位。学生自觉主动参与学习的程度将直接影响和制约整个教学过程的发展和教学的结果。因此,在操作这一教学模式任何一个教学环节时,教师都要注意营造一个宽松、民主、和谐的教学氛围,在这一氛围下,实现师生之间、学生之间的相互交流,激活学生思维,培养学生的创新意识和创新能力,以达到相互促进、共同提高的目的。

(四)体验感悟性原则

历史教材是一种静态素材,不少内容写得高度抽象,学生不易体验感悟。这就要求教师要对相关内容进行"加工",或借助语言描述重现历史情境,或进行角色表演将学生置于历史之中,或运用多媒体手段提供具体的生动形象的文字材料、生动直观的影视材料等信息,为全体学生感悟历史创造条件。同时教师还应组织学生交流感悟历史成果、评价体验感悟效果等"互动"活动。因为,学习存在着主体间的个体差异,任何体验都是个人的,有个性的,不是雷同的,而个性的体验又是可以分享的。正因为主体的体验存在差异,学生之间才有交流和分享的必要和可能,不同的方式,不同的感受,不同的理解,经过交往和沟通就可以实现视野的融合,碰撞出心灵的火花。

(五)自主创新性原则

教与学是一对矛盾体,教师仍然是矛盾的主要方面,起着领导和决定的作用。强调学生自主,绝不是教师撒手不管。相反,教师的任务更重,对教师的要求更高,其主要表现在如何科学组织和引导学生进行"自主感悟,互动创新"。学生是认识活动的主体,其认识活动是在他们的头脑里进行的,别人无法代替。美国教育家杜威在《民主与教育》中介绍自己的教学经验时说:"任何时候都不要忘记教育的对象是一个活生生的思想、感情、意志、个性都处于变化中的个体。"学生是认识的主人,而不是认识的容器。古人云:"施教之功,贵在引导,要在转化,妙在开窍。"检验这一教学模式是否真正到位,最根本的是看学生是否真正动起来了,是否真正开窍了,是否真正积极主动、生动活泼地学习了。

　　教师选择和运用教学模式的过程,也是一个教学最优化的过程。华东师范大学比较教育研究所所长钟启泉指出:"世间不存在放之四海而皆准的最优教学模式。任何教学模式总是要依据一定的条件发挥作用的。因此,我们所要探讨的,不是去评定哪一种模式最佳,而是哪一种模式的哪些侧面针对什么目标可以取得什么效果。"我们在历史教学中使用这种教学模式时,应从教学目标、教学内容和学生特点出发,对这一教学模式各个教学环节有所侧重或损益,从而使这一教学模式更加完善。

　　注:本文发表于《教学创新》2007 年第 3 期。因篇幅限制,发表时有删节。

附:"自主感悟,互动创新"历史课堂教学案例

(适合中上程度的学生教学使用)

彭泽波设计执教　汪瀛整理

课题		第六章　现代科学技术与文化 第一节　科学技术		
教学内容		第三次科学技术革命的兴起、发展、特点和影响		
教学目标	知识 与 能力	知识目标: 　　第三次科学技术革命出现的条件和内容;第三次科学技术革命的特点;第三次科学技术革命的影响。 能力目标: 　　1.引导学生分析第三次科技革命的特点、影响等,培养学生概括、归纳问题的能力。 　　2.引导学生比较分析第三次科技革命与第一、二次工业革命的异同,培养学生比较分析问题的能力。		
	过程 与 方法	1.教师依据教学目标,借助教材和多媒体教学手段,以问题为中心,实现师生全程互动。 　　2.让学生在教学过程中养成论从史出的思维方法,逐步掌握分析历史事件因果的方法和综合归纳问题的方法。		
	情感 与 价值观	1.通过第三次科技革命的讲述,使学生明确认识:邓小平同志提出的"科学技术是第一生产力"的科学论断,是被第二次世界大战以来的科学技术和生产的发展实践所证实的真理。 　　2.第三次科技革命对每一个发展中国家来说,既是机遇,又是挑战。激发学生树立远大理想,刻苦学习,抓住机遇,迎接挑战,在世界第三次科技革命的浪潮中,以自己的聪明才智,为中华民族在21世纪的腾飞做出应有的贡献。		
重点		第三次科技革命的特点和影响。		
难点		第三次科技革命的影响。		
教学模式	自主感悟,互动创新	课型		新授课
教学方法	引导、启发、讨论等	教学手段		多媒体教学设备

续表

<table>
<tr><th colspan="3">教学活动</th><th>教师活动</th><th>学生活动</th></tr>
<tr><td rowspan="6">教学流程</td><td colspan="2">有机引入</td><td>运用“星球大战计划”示意图，设计问题，引导学生思考，导入新课。</td><td>调节情绪，思考问题，进入角色。</td></tr>
<tr><td colspan="2">自主学习</td><td>教师运用相关材料，引导学生自主学习，解决下列三个问题：
1. 第三次科技革命兴起于何时？为什么在这时兴起？其主要内容是什么？
2. 第三次科技革命与前两次工业革命相比具有哪些特点？为什么？
3. 结合自身的生活体验，你认为第三次科技革命给我们带来了怎样的影响？</td><td>学生结合问题阅读教材，力求运用教材中的知识解决相关问题。
学生积极参与学习教师提供的材料，在教师引导下进一步解决认识相关问题。</td></tr>
<tr><td colspan="2">知识梳理</td><td>师生互动，检查学生学习成果，依据本节知识之间的内在联系，用图示整理成知识结构网络。</td><td>学生联系自主学习成果，与教师一起构建知识结构。</td></tr>
<tr><td colspan="2">探索攻关</td><td>1. 教师引导学生拓展思维，解决“世界历史上三次工业革命分别给中国带来了哪些影响”。
2. 教师通过一则党和国家重奖科学家的报道，引导学生畅谈认识、启示。
3. 教师引导反思，鼓励学生提出自己的问题，师生合作解决。</td><td>学生联想与发散思维，自由发表自己的看法和认识，或提出自己的问题，与教师和同学交流。</td></tr>
<tr><td rowspan="2">智能训练</td><td>深化巩固</td><td>教师依据学生的知识水平，设计难度层次不同的试题，进行课堂检测，并随机点拨，鼓励评价，激励学生。</td><td>学生积极参与解决相关问题，发现自己不足，并与教师和同学交流解决。</td></tr>
<tr><td>拓展研究</td><td>研究性学习：
课题一：战争与科技发展。
课题二：调查你身边的成功企业和破产企业的生产力水平状况，写出你的分析报告。
课题三：科技与生活。
资料来源：
(1)访问亲身经历人员。
(2)到图书馆、博物馆或相关地方，查阅和考证相关资料。
(3)网上搜索。搜索相关网站：TOM.COM－环球军事；兵器世界；株洲信息港；百姓生活网。</td><td>学生当场构思，课后完成。</td></tr>
<tr><td>教学后记</td><td colspan="4">从整体上看，本课的教学目标达成完好，全面体现了“自主感悟，互动创新”教学模式的要求与精神，教育教学效果理想。如果教师对教材所涉及的知识研究更深入更充分一些，师生互动创新过程会更流畅，教育效果会更好。</td></tr>
</table>

自主互助教学模式的初步构想

自主互助教学模式共分为五步,其结构图示如右。

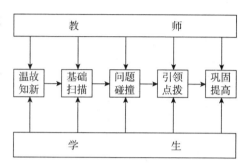

第一步:温故知新。教师提出相关问题,引导学生回顾已学知识,为学习新知识做铺垫。本步的关键有二:一是所提出的问题,一定要与所学新知识有密切关系;二是所提出的问题要控制好难度,注意旧知识包含新知识。

第二步:基础扫描。教师依据新知识提出一些最基础的问题,引导学生自主感受新知识,理解基础知识的内涵与相互关系。本步的关键是突出基础性,教师所提出的问题应面向全体学生,即便是最差的学生,通过自学和同学们的帮助也能完成学习任务。

第三步:问题碰撞。主要解决新课中的重点与难点。教师通过设计相关问题,引导学生讨论,并在教师帮助下解决。本步的关键是教师能否及时发现学生在学习中存在的问题,并迅速寻找到学生产生诸多问题的原理与解决办法。

第四步:引领点拨。教师整合学生在学习过程中所产生的主要问题,通过"讲解"的形式,或引导再讨论的形式,解决相关问题。本步的关键是看教师能否抓住问题的"关键点",并做高屋建瓴的讲解点拨。

第五步:巩固提高。主要通过分层练习,提高所学内容,使不同层次的学生都能得到提高与发展。本步的关键是练习题的层次性与典型性,应突出质,尽量减少以量取胜。

注:本文是2011年11月应株洲市第四中学学校整体教育改革需要而提出的一种教学模式构建的建议。

04

管中窥豹

教师对教学重难点的认识、解读与掌控,有一个逐渐成长与成熟的过程。教师能否由最初的管中窥豹,根据教参照葫芦画瓢,发展到胜似闲庭信步,"弱水三千,我只取一瓢",关键取决于教师能否扎实钻研、不断反思与积淀。

教学重点,是教学过程中那些举足轻重、关键的、最重要的核心内容,是一节课的教学主线与必须解决的知识点,对巩固旧知识和学习新知识都起着决定性作用。以教学目标为依据,深入钻研教材,弄清教材内容的内在联系,并结合学生的实际,是确定教学重点的基本方法。

教学难点是教学过程中,学生难于理解或领会的内容。它可以是比较抽象,或比较复杂,或比较深奥的教学内容,也可以是情感、态度、价值观方面的教学内容。教学难点由教材知识的本身难度、学生的知识基础和接受能力两个方面决定。就教材而言,从内容、形式到语言都有难易之分。一般来说,抽象的、宏观的内容难度就大;具体的、与学生生活距离小的,难度就小;形式单一的难度就小,形式复杂的难度就大;语言通俗易懂的难度就小,语言艰深晦涩的难度就大。就学生而言,基础扎实、知识面广、思维反应快的学生可能感觉容易,相反,学生就会感觉较难。

课堂教学的成败与得失,在相当程度上取决于师生对教学重难点的掌控、解读和领会。解决重难点的方法很多,如阶梯递进法、分解整合法、完善补充法、图示解析法、建构体系法、巧设练习法、多媒体教学法等。但教无定法,贵在得法。

中小学教师学科教学重点难点内容培训标准

2013年7月4日上午9:00—12:00,湖南省《中小学教师学科教学重点难点内容培训标准》(以下简称标准)第二次研讨会在湖南宾馆举行。研讨会由中小学教师继续教育指导中心主任黄超文同志主持。湖南省教育厅副厅长葛建中同志、副巡视员贺安溪同志、教师工作与师范教育处处长张大伟同志、副处长蒋维加同志、省中小学教师继续教育指导中心党支部书记贾腊生同志、湖南省教科院基教所所长徐远征同志等领导专家出席。参加小学、初中、高中3个学段42个学科培训标准研制的学科专家及一线名师100余人与会研讨。

会议先由中心党支部书记贾腊生同志代表培训标准研制组汇报研制工作,对前段研制工作做了全面的回顾、解读与分析,充分肯定了初步研究成果,并提出了详细的改进意见,同时对后段研制工作提出了明确的设想和要求:

一是各学科标准名称统一为:《××教学重点难点内容培训标准》,"××"代表学段学科,如"小学语文"。

二是各学科目录分为三级,一级为"内容模块"(义务教育阶段以2011年修订颁发的课标为依据),二级为"教学单元",三级为"教学内容"(以重点难点为线索)。根据讨论结果,以重难点内容为编写纲目、为线索,不按照课时来编写。

三是编写体例,除标题外,包括三个基本部分,即"重点难点""原因分析""解决方案"(原"教学建议")。统一采用篇章式结构,不采用表格式。综合实践活动、心理健康教育(生命与健康)等课程,可根据其教育领域的特殊性,采用与之相适应的体例呈现。

研讨会的核心环节是省教育厅葛厅长做辅导报告。葛厅长的专题报告从基础教育课堂教学存在的问题出发,直击教师培训工作针对性不强、参与性不够和实效性不高等现实问题。揭示了教师培训与课堂教学两张皮的现象,全面、深刻地论述了研制中小学教师学科教学重点难点内容培训标准的必要性、重要性、针对性和有效性。葛厅长专题报告之后,安排了别开生面的小组交流和互动研讨环

节,由葛厅长等在主席台就座的专家型领导与各学科专家互动对话。经过葛厅长的辅导报告和对话交流,达成如下共识:

1. 研制标准的意义

一是提高教师培训的针对性。目前教师参加培训的积极性不高,不能归因于教师本身,主要是培训内容的针对性不强,不能激发教师参培的激情,不能满足教师参培的需求。教师培训工作要对教师、学生负责;要从形式培训转变为实质培训;要密切联系教学实际,解决好教师培训和课堂教学两张皮的问题。

二是提高非专业教师的专业水平。中小学教师队伍的组成日趋多元化,有不少非师范类的大学生、研究生相继加盟到教师队伍。他们是亟须参加专业培训的对象。

三是全面提高教学质量。重点难点问题是一个古老的问题、基本问题,是一个合格教师应具备的基本能力。基本问题解决得不好,教学质量难以提高。

2. 重点难点的确定

什么是重点、难点?学生听不懂、教师搞不懂讲不清的东西就是难点。教学重点的确立首先要对学科逻辑知识体系和学生学习状况有所认知。广泛迁移性、普遍适用性的问题就是重点。还有一些生成性、发展性的问题决定了它也是重点。如力学中的摩擦力、语文中的写作问题等。重点难点内容的确定必须"以学定教",因材施教;依据教材,但不拘泥于教材;基于知识点,基于认知层面。

3. 培训标准的表述

一是重点难点的厘清与表述,要以课标为基本线索,以知识点为基本单位进行表述。《标准》要解决重点难点"是什么""为什么""怎么做"(解决方案)三个方面的问题。

二是解决方案要阐述四个方面的要点:通过学科原理的分析使教师弄懂重点、难点知识;指导教师实现教学语言表述的通俗易懂;指导教师如何选用教具等教学手段;指导教师如何选用、建设数字化教学资源。

三是培训标准需要分层制定,实际上教师培训标准包括三个层次,分别是学科教学重点难点体系;学科过程、方法体系;学科价值、文化体系。现阶段,要着重研究探索建设重点难点培训标准。

注:上文为 2013 年 7 月 10 日下发的湖南省《中小学学科教学重点难点内容培训标准》"研制工作第二次研讨会议纪要"摘编。本书收入的"《历史必修①》重难点突破示例"就是依据这一会议指示精神编写的。但为了不重复相关内容,录入时有所删节。

《历史必修①》重难点突破示例

第1课　夏、商、西周的政治制度

一、教学重点、难点

重点:分封制,宗法制。

难点:分封制与宗法制的关系。

二、原因分析

重点原因:夏、商、西周的政治制度主要包括王位世袭制、分封制、宗法制和礼乐制度。其中,等级森严的分封制和以血缘关系维系的宗法制,是中国早期政治制度的基石,并对后世影响深远。

难点原因:首先,分封制与宗法制作为中国早期政治制度的基石,已远离我们今天的现实生活,且理论性强。其次,历史上的分封对象具有多样性、层级性、权利与义务的双向性;而宗法制又具有严密的血缘属性,大宗与小宗、权利与义务之间的关系比较复杂。于是,高一学生在理解或分析互为表里的分封制与宗法制有关的历史现象时总是出现错误。

三、解决方案

1.“分封制与宗法制”教学方案

方案一:教材导学。紧扣本课“等级森严的分封制”和“血缘关系维系的宗法制”的文字叙述与《西周分封示意图》设计相关问题,驱动学生阅读和探究思考,并在教师引导下理解和掌握西周推行分封制的目的,分封制的演变历程、主要内容(分封对象、权利与义务)和历史影响;宗法制的形成与演变历程、核心内容、突出特点、历史影响等。

方案二:学案导学。①依据课标要求和学生实际,围绕分封制,从《史记·周本纪》《孟子》《左传》《荀子·儒效》《礼记》《白虎通论·德论》等古籍中精选文字或图片材料,并结合教科书中"等级森严的分封制"和"血缘关系维系的宗法制"的内容,精心设计情境问题和《分封制知识简表》《宗法制知识简表》,引导学生自主学习与构建知识体系,解决相关问题。②精选例题和巩固练习题,检测和巩固所学内容。

方案三:多媒体教学。依据课标要求和教科书中的"等级森严的分封制"和"血缘关系维系的宗法制",精选情境材料(文字、视频、图片等)、例题和巩固练习题,精心设计情境问题,做成 PPT 课件教学。甚至可制作《"分封制"Flash 动画表解》《"宗法制"Flash 动画表解》,生动形象地引导学生理解和掌握分封制和宗法制。

2."分封制与宗法制"的关系教学方案

利用"学案"或"多媒体",或本课中的《西周宗法制与分封制关系示意图》,再精心选择一些情境材料和设计一些情境性问题,引导学生理解与掌握"分封制与宗法制之间的关系":

①分封制是权利分配制度,宗法制是权利分配原则。

②分封制确立了西周统治秩序,宗法制巩固了分封制形成的统治秩序。

③分封制在血缘关系方面的体现是宗法制,宗法制在政治制度方面的体现是分封制。

④分封制与宗法制相结合,就是把政治关系与血缘关系相结合。

第2课　秦朝中央集权制度的形成

一、教学重点、难点

重点:中央集权。

难点:郡县制与分封制的区别。

二、原因分析

重点原因:中央集权制度为秦以来中国古代社会最基本的政治制度。秦朝中央集权制度既上承了春秋战国时期诸侯国改革变法的成果,又进行了诸多改革和创新,从而奠定了中国两千多年政治制度的基本格局,为历代王朝所沿用。

难点原因:首先,郡县制作为秦朝以来中国古代社会最基本的地方行政制度,学生学习郡县制最感困惑的问题,就是从秦朝开始,我国在地方为何不再实行分封制而推行郡县制。而要解决学生这一困惑,就得从正确区分郡县制与分封制入手。学生若能正确区分郡县制与分封制,也就明白了郡县制与分封制孰优孰劣,其心中疑惑就迎刃而解了。其次,限于教材叙述和学生比较分析能力有限,学生难以多角度区分郡县制和分封制。

三、解决方案

1."中央集权"教学方案

方案一:教材导学。教师通过设计"'皇帝'称呼是怎样来的? 你是如何看待这一历史现象的?""何谓皇帝制度? 你是如何看待这一制度的?""什么是中央集权制度? 其主要内容是什么? 你是如何看待秦朝中央集权制度的?"等一系列问题,驱动学生阅读和探究思考教材中的相关内容,并在师生互动过程中全面理解秦朝中央集权制度。

方案二:讨论探究。①设计基础性问题,引导学生阅读教材,感知与"中央集权"相关的史实与评析观点。②依据课标要求和学生实际,围绕分封制,从《史记·秦始皇本纪》《史记》"吴太伯世家""楚世家""韩世家""晋世家"和当代史家的一些著述中,精选一些文字或图片材料,设计一些具有启发或争议的问题,引导学生自主学习讨论,并通过教师恰当点评,帮助学生理解和掌握"中央集权"问题。

方案三:多媒体教学。①精选历史图片或影视片段,配以相关解说词,形象展现秦朝中央集权的形成过程与内涵。注意:播放前,教师一定要提出观看要求或问题,以引导学生思考,提高学习效率。②先制作 Flash 动画,展示秦朝从中央到地方各级官吏和权力分配之间的关系,为学生正确理解君主专制主义中央集权制度创造条件。③引导学生讨论、归纳,全面认识"中央集权制度"。

2."郡县制与分封制的区别"教学方案

方案一:制作 Flash 动画,展现郡县制与分封制的区别,以帮助学生深刻理解郡县制取代分封制的历史意义。

方案二:制作《郡县制与分封制区别简表》,利用本表引导学生逐一完成表格中的内容,从而明确郡县制与分封制的区别,进而认识郡县制取代分封制是历史发展的必然。

比较	西周分封制	秦朝郡县制
实行条件	与宗法制相连	在国家大一统的条件下实行
建立基础	以血缘关系为纽带	按地域划分

续表

比较	西周分封制	秦朝郡县制
传承制度	世袭	官吏由皇帝任免调迁,不得世袭
官吏待遇	拥有封地和相应的爵位	官吏只有俸禄,无封地
职责范围	封地内有行政权、财政权和军队,拥有对土地的管理与封赐权	辖区内只行使行政管理权,对土地无管理权
与中央关系	诸侯国有很强的地方独立性	是地方行政机构,地方绝对服从中央
历史作用	有利于稳定当时的政治秩序,但也容易发展为割据势力	有利于中央集权的加强和国家的统一

第3课　从汉至元政治制度的演变

一、教学重点、难点

重点:推恩令和三省六部制。

难点:科举制的演变及其影响。

二、原因分析

重点原因:推恩令是汉武帝解决王国问题最为重要的一项政治举措,充分体现了汉武帝统治集团解决历史遗留问题的政治智慧,是科学解决历史承继与创新问题的典范之作。三省六部制是中国古代社会一套组织严密的中央官制。隋唐三省六部制是在继承和发展前代政治制度的基础上形成和完善的,体现了承上启下和君主专制主义中央集权制度日趋完备的特点,标志着中国封建政治制度的成熟,对后世影响深远。

难点原因:首先,受文艺作品特别是影视作品的影响,不少学生对历史上的科举制在认识上存在种种误区,中学历史教学有必要引导学生正确认识历史上的科举制度。其次。中国古代科举制演变历程复杂,不同时期的科举制及其影响是不一样的,需要引导学生正确认识。

三、解决方案

1.“推恩令”教学方案

方案一:材料探究。依据课标要求和学生实际,围绕“推恩令”,从《汉书·百官公卿表》《尹湾汉墓简牍》和后世史学著述中,精选一些文字或图片材料,设计一些具有启发或争议的问题,引导学生自主学习讨论,并通过教师恰当点评,帮助学生理解和掌握“推恩令”问题。

方案二:视频导学。①从《汉武大帝》或其他相关历史影视剧中精心剪辑与"推恩令"相关的影视片段,供上课时播放。注意:播放前,教师一定要提出观看要求或问题,以引导学生观听思考,提高学习效率。②引导学生探究归纳出"推恩令"出台的背景、内涵和历史意义。

方案三:动漫导学。制作 Flash 动画,展示"推恩令"内涵及"推恩令"实施后,王国和侯国的变化,及其分别与中央和地方郡县之间的关系,以帮助学生形象理解"推恩令"的含义和历史作用。

2."三省六部制"教学方案

方案一:教材导学。教师通过设计"何谓三省六部制?它是怎样形成的""请以唐朝三省六部制为例,简析其历史意义"等问题,驱动学生阅读和探究思考教材中的相关内容,并在师生互动过程中理解这一制度的演变线索、主要内涵和历史意义。

方案二:短剧导学。选择与指导学生编排反映唐朝三省六部制内涵的历史短剧,作为教学素材直接用于课堂教学,以创设历史情境,帮助学生形象理解三省六部制的含义和历史意义。

方案三:动漫导学。制作 Flash 动画,展示唐朝皇帝、三省六部之间的关系,以帮助学生形象理解三省六部制的含义和认识其历史意义。

3."科举制的演变及其影响"教学方案

方案一:材料探究。依据课标要求和学生实际,围绕科举制产生的历史背景、演变过程和历史影响,从《通典·选举典》《隋书·文帝本纪》《隋书·炀帝本纪》《唐书·唐太宗本纪》《唐摭言》《宋史·选举志》《明史·选举志》和近现代著名史家著述中,精选一些文字或图片材料,设计一些具有启发或争议的问题,引导学生自主学习讨论,并通过教师恰当点评,帮助学生理解和掌握"科举制的演变及其影响",纠正学生对中国古代科举制认识上存在的偏颇。

方案二:动漫导学。制作 Flash 动画,展现中国古代选官制度的演变历程,重点突出科举制度诞生、发展、衰落的演变过程,为学生深刻理解和正确评价科举制创造条件。

第4课 明清君主专制的加强

一、教学重点、难点

重点:内阁制与宰相制的区别。

难点:明清加强君主专制的影响。

二、原因分析

重点原因:中国古代宰相制度作为国家最高行政机构,伴随着专制主义皇权产生、发展和演变,相权与皇权之间的矛盾与斗争,是中国古代政治制度建设中一对重要矛盾。中国古代的内阁制是在宰相制度废除后产生的,是君主专制强化的产物,是明清时期重要的政治制度之一。正确区分内阁制与宰相制,是准确理解明清君主专制加强的关键。

难点原因:首先,课标对明清君主专制加强的影响有明确的教学要求,而教材评述语焉不详,学生不得要领。其次,学生因时代潮流、能力等因素影响,往往简单地认为,明清君主专制的加强不利于中国社会的进步,不能多角度分析这一制度对中国社会的深刻影响。

三、解决方案

1.“内阁制与宰相制的区别”教学方案

方案一:问题探究。①直接设置问题,引导学生回顾前面所学的与宰相制有关的历史知识,结合本课所学的内阁制知识进行讨论,比较分析其异同。②学生展示互评,教师引导点评,明确内阁制与宰相制的异同,进而认识宰相制度的废除与内阁制度的建立的影响。

方案二:材料探究。依据课标要求和学生实际,围绕内阁制与宰相制的区别,从《明史·官制志》《明史·胡惟庸传》《皇明祖训·祖训首章》《明史·宰辅年表》《四友斋丛说·史三》《明神宗实录》《明史·张居正传》《罪惟录·直阁志总论》和近现代著名史家(如钱穆《中国历代政治得失》、谭天星《明代内阁政治》等)关于内阁制的相关论述中,精选出相关史料或论述,引导学生阅读、讨论,然后交流总结,明确内阁制与宰相制的异同,进而认识宰相制度的废除与内阁制度的建立的影响。

方案三:动漫导学。制作 Flash 动画,比较内阁制与宰相制的区别,以帮助学生准确理解内阁制和宰相制,进一步认识明清时期君主专制的加强。

2.“明清加强君主专制的影响”教学方案

方案一:材料探究。依据课标要求和学生实际,围绕明清加强君主专制的影响,从近现代著名史家,如钱穆《中国历代政治得失》、黄仁宇《中国大历史》、白钢《中国政治制度史》、魏千志《明清史概论》等著述中,精选一些文字或图片材料,设计一些具有启发或争议的问题,引导学生自主学习讨论,并通过教师恰当点评,帮助学生理解和掌握"明清加强君主专制的影响"问题。

方案二:问题讨论。直接设计问题,要求学生依据教材相关述评和结合自己平时知晓的相关知识分组讨论,然后分组展示与互评,最后由教师总结与点评。注意:教师的点评必须全面(如政治、经济、军事、思想文化、科技、民族关系、对外关系等方面)客观和科学。

第5课　古代希腊民主政治

一、教学重点、难点

重点:雅典民主政治的发展与评价。

难点:地理环境对政治文明的影响。

二、原因分析

重点原因:古代雅典城邦的民主政治制度开创了人类历史民主政治之先河,尽管其存在着无法逾越的社会和时代局限,但它为后世提供了一个最值得参照的政体形式,为人类文明中政治组织形式的完善提供了一条可供选择的道路,影响深远。

难点原因:首先,由于年龄特征、知识与认识的局限,学生对地理环境如何影响人类政治文明不甚理解。其次,受知识与认识能力的制约,学生很容易陷入地理环境决定论的认识误区。

三、解决方案

1."雅典民主政治的发展与评价"教学方案

方案一:教材导学。①根据课标与教材内容直接设置问题,引导学生阅读教材。如:"雅典民主政治是如何形成和发展的?""从雅典民主政治发展历程和不同时期的民主制度具体内容看,你能否指出其成功之处与不足之处吗? 由此,你从中获得哪些启迪?"②学生讨论、展示、互评,教师引导点评,明确认识雅典民主政治的发展历程、得失与对后世历史发展的深刻影响。

方案二:材料探究。依据课标要求和学生实际,围绕雅典民主政治的发展与评价,从《世界古代史史料选辑》《世界历史资料选》《世界通史资料选辑》《古代城邦史研究》《古代希腊研究》《古代民主与共和制度》《伯利克里时代的雅典》等著述中,精选出相关史料或论述,设置相关问题,引导学生阅读、讨论,然后交流总结,明确雅典民主政治的发展历程与主要内容,进而认识雅典民主政治的积极意义与局限性。

方案三:动漫导学。①自主制作反映雅典民主制度的 Flash 动画。②播放《雅典民主制度动漫》,要求学生带问观看后评析雅典民主政治。③反映雅典民主制度图画示例:

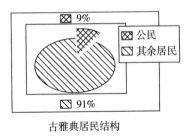

通往公民大会

9% ⊠公民
91% ▨其余居民
古雅典居民结构

来源于百度图片,是综合编辑出来的。

2.“地理环境对政治文明的影响”教学方案

方案一:材料探究。依据课标要求和学生实际,围绕地理环境对政治文明的影响,从恩格斯《自然辩证法》、孟德斯鸠《论法的精神》、钱穆《晚学盲言》《文化与教育》《政学私言》等著述中,精选一些文字或图片材料,设计一些具有启发或争议的问题,引导学生自主学习讨论,并通过教师恰当点评,帮助学生全面、辩证理解和掌握“地理环境对政治文明的影响”。

方案二:多媒体导学。①播放搜集剪辑制作的影视或幻灯片,内容应包括古代希腊地理环境对古代希腊城邦形成及其经济、政治的影响,以中华文明为代表的大河文明产生的地理环境,及其对政治、经济的影响,使学生形象感知不同地理环境对政治、经济文明的深刻影响。②引导学生联系所学历史知识讨论探究、展示互评,然后教师点评,帮助学生全面理解和掌握“地理环境对政治文明的影响”。

第 6 课　罗马法的起源与发展

一、教学重点、难点

重点:罗马法的内涵与历史作用。

难点:罗马法与现代欧洲国家法系的关系。

二、原因分析

重点原因:罗马法是指公元前 6 世纪末至公元 7 世纪古代罗马制定和实施的全部法律。罗马法对维系罗马帝国的统治起了重要作用,同时对后世尤其是欧美资产阶级革命及近代各国的立法都有深远影响,是人类文明的宝贵遗产。

难点原因:首先,罗马法历时长、内容繁杂、发展变化多,学生因年龄、知识与认识能力的局限难以全面理解和掌握。其次,高一学生对近现代欧洲国家法系了解甚少,因而更难准确理解罗马法与现代欧洲国家法系之间的关系。

三、解决方案

1.“罗马法的内涵与历史作用”教学方案

方案一:教材导学。①根据课标与教材内容直接设置问题,引导学生阅读教材,自主探索答案。如:“什么是罗马法? 它是怎样形成、发展和完善的? 它对罗马的发展起了什么作用? 你是如何评价罗马法的功过得失的?”②学生讨论、展示、互评,教师引导点评,帮助学生理解罗马法的内涵,全面认识罗马法在当时的功过得失和对后世的影响。

方案二:材料探究。依据课标要求和学生实际,围绕罗马法的历史作用,从《十二铜表法》《查士丁尼民法大全》《世界古代及中古史资料选集》《世界史料丛刊上古史部分·罗马帝国时期》等著述中,精选相关史料或论述,设置相关问题,引导学生阅读、讨论、总结,明确罗马法内涵,辩证认识罗马法的历史作用。

2.“罗马法与现代欧洲国家法系的关系”教学方案

方案一:材料探究。依据课标要求和学生实际,围绕罗马法与现代欧洲国家法系之间的关系,从谢邦宁主编《罗马法》、彼得罗·彭梵德《罗马法教科书》、朱塞佩·格罗索《罗马法史》、巴里·尼克拉斯《罗马法概论》《拿破仑民法典》、叶秋华《西方民法史上的“骄子”》、江平《罗马法精神在中国的复兴》等著述中,精选一些文字或图片材料,设计一些具有启发或争议的问题,引导学生自主学习讨论,并通过教师恰当点评,帮助学生辩证认识“罗马法与现代欧洲国家法系的关系”。

方案二:多媒体导学。①播放自己搜集剪辑制作的影视或幻灯片,内容应包括罗马法简介、历史作用及其与现代欧洲国家法系的关系。②引导学生以视频材料为基础,联系所学历史知识讨论探究、展示互评,然后教师点评,帮助学生全面理解“罗马法与现代欧洲国家法系的关系”。

方案三:动漫导学:自主制作 Flash 动画,分析揭示罗马法与现代欧洲国家法系的关系,以帮助学生准确理解罗马法的深远影响,进一步认识罗马法的历史作用。

第7课　英国君主立宪制的建立

一、教学重点、难点

重点:英国君主立宪制的建立过程。

难点:英国君主、首相、内阁与议会之间的关系。

二、原因分析

重点原因:英国君主立宪制经历了建立、发展和不断完善的历史过程。它不仅对英国的政治、经济等方面的发展产生了深远影响,而且也影响了世界其他国家的资产阶级革命与改革。君主立宪制成为资产阶级管理国家的基本政权形式之一。

难点原因:英国君主、首相、内阁与议会之间的关系复杂,理论性较强,学生因年龄、知识与教材压缩叙述等因素的影响,往往对它们之间的关系缺乏全面理解和掌握,常常混淆不清。

三、解决方案

1.“英国君主立宪制建立过程”教学方案

方案一:教材导学。①根据课标与教材内容直接设置问题,引导学生阅读教材,自主探索答案。如:“英国君主立宪制是在什么历史背景下建立的? 又是如何发展与完善的? 你是如何看待英国君主立宪制的?”②学生讨论、展示、互评,教师引导点评,帮助学生理解英国君主立宪制内涵,全面认识英国君主立宪制的历史作用。

方案二:材料探究。依据课标要求和学生实际,围绕英国君主立宪制建立过程,从英国《权利法案》《王位继承法》、蒋相泽主编《世界通史资料选辑·近代部分》上册、《世界史料丛刊·英国1832年议会改革法》等著述中,精选相关史料或论述,设置相关问题,引导学生阅读、讨论、总结,明确英国君主立宪制内涵、建立过程,进而辩证认识其历史作用。

2.“英国君主、首相、内阁与议会之间的关系”教学方案

方案一:材料探究。依据课标要求和学生实际,围绕英国君主、首相、内阁与议会之间的关系,从钱乘旦、陈晓律《在传统与变革之间:英国文化模式溯源》、阎照祥《英国政治制度史》、钱乘旦、许洁明《英国通史》等著述中,精选一些文字或图片材料,设计一些具有启发或争议的问题,引导学生自主学习讨论,并通过教师

恰当点评,帮助学生准确理解和掌握"英国君主、首相、内阁与议会之间的关系"。

方案二:动漫导学。

自主制作 Flash 动画(动画结构图可参见右图),引导学生联系教材中的相关内容,形象理解和掌握英国君主、首相、内阁与议会的关系。

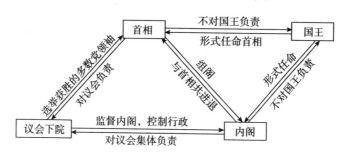

第8课　美国联邦政府的建立

一、教学重点、难点

重点:美国 1787 年宪法的"分权与制衡"。

难点:美国 1787 年宪法的评价。

二、原因分析

重点原因:"分权与制衡"是美国 1787 年宪法的精髓和重要原则,它既是孟德斯鸠"权力制约与平衡"和"三权分立"理论的成功运用,又为资产阶级代议政治提供了一个成功的典型范例,对世界政治文明产生了深远影响。

难点原因:首先,关于美国 1787 年宪法的评价,历来见仁见智,莫衷一是。其次,学生受年龄、知识、教材压缩叙述和当今美国在世界上的巨大影响等因素制约,往往不能全面理解和辩证认识其进步性和局限性。

三、解决方案

1."美国 1787 年宪法的'分权与制衡'"教学方案

方案一:教材导学。①根据课标与教材内容直接设置问题,引导学生阅读教材,自主探索答案。如:"有人认为,美国 1787 年宪法是原则与妥协的产物,它是孟德斯鸠'权力制约与平衡'理论的成功实践。你认为这一观点是否正确,请运用教材所述相关知识进行分析说明。"②学生讨论、展示、互评,教师引导点评,帮助学生归纳美国 1787 年宪法所体现的原则,并运用教材中的史实帮助学生理解美国 1787 年宪法是如何实践"权力制约与平衡"理论的。

方案二:材料探究。依据课标要求和学生实际,围绕美国 1787 年宪法中的"分权与制衡"问题,从法国孟德斯鸠《论法的精神》《美利坚合众国宪法(1787年)》、王希《原则与妥协:美国宪法的精神与实践》等著述中,精选相关史料或论述,设置相关问题,引导学生阅读、讨论、总结,明确美国 1787 年宪法"分权与制衡"原则,认识其价值。

2."美国 1787 年宪法的评价"教学方案

方案一:材料探究。依据课标要求和学生实际,围绕美国 1787 年宪法的评价,从美国《独立宣言》《美利坚合众国宪法(1787 年)》、李道揆《美国政府与政治》、李道揆《探析美国宪法修正案的注释》(《美国研究》2003 年第 2 期)、刘绪贻、杨生茂主编《美国通史》、吴于廑、齐世荣主编《世界史:近代史编》等著述中,精选一些文字或图片材料,设计一些具有启发或争议的问题,引导学生自主学习讨论,并通过教师恰当点评,帮助学生辩证评价美国 1787 年宪法的功过是非。

方案二:多媒体导学。①播放自己搜集剪辑制作的影视或幻灯片,内容应包括美国 1787 年宪法简介、不同史家对其所做的评价(最好有相关影视画面证实史家的评价)。②引导学生以视频材料为基础,联系所学历史知识讨论探究、展示互评,然后教师点评,帮助学生辩证评析美国 1787 年宪法。

第 9 课 资本主义政治制度在欧洲大陆的扩展

一、教学重点、难点

重点:法兰西第三共和国宪法。

难点:德意志君主立宪制与法国共和制的异同。

二、原因分析

重点原因:法国共和制度的建立历经了近百年曲折,直到 1875 年《法兰西第三共和国宪法》通过颁行才最终从法律上确立起来,并为法国资本主义的进一步发展奠定了基础,体现了人类政治文明的曲折性和多样性。

难点原因:首先,德意志君主立宪制和法国的共和制是两种不同类型的资产阶级政体,因而学生对两者的异同难以准确把握。其次,学生受英国君主立宪制和美国联邦共和制相关知识的影响,更容易混淆德意志君主立宪制与法国共和制的异同。

三、解决方案

1."法兰西第三共和国宪法"教学方案

方案一:教材导学。①根据课标与教材内容直接设置问题,引导学生阅读教材,自主探索答案。如:"法兰西第三共和国宪法是在什么历史背景下颁行的? 它是如何体现共和性质的?"②学生讨论、展示、互评,教师引导点评,帮助学生理解法兰西第三共和国宪法内涵,进而认识法兰西第三共和国宪法使法国资产阶级共和政体得以确立和巩固。

方案二:材料探究。依据课标要求和学生实际,围绕法兰西第三共和国宪法,从《法兰西第三共和国宪法(1875 年)》、沈炼之主编《法国通史简编》、皮埃尔·米盖尔《法国史》、楼均信主编《法兰西第三共和国兴衰史》、洪波《法国政治制度变迁:从大革命到第五共和国》、吕一民《法国通史》等著述中,精选相关史料或论述,设置相关问题,引导学生阅读、讨论、总结,从而帮助学生正确理解和评析法兰西第三共和国宪法。

2."德意志君主立宪制与法国共和制的异同"教学方案

方案一:问题探究。①教师直接设置问题,引导学生依据教材中的知识,比较分析德意志君主立宪制与法国共和制的异同。如:请同学们依据教材,从国家元首权限、行政与立法机构权限、官员与议员生产方式等不同角度,比较分析德意志君主立宪制与法国共和制的异同。②教师组织和引导学生分组讨论、展示、互评,然后小结点评,帮助学生归纳总结出德意志君主立宪制与法国共和制的异同,还可以视教学实际引导学生思考造成这些异同的原因和影响。

方案二:表格导学。①教师从政体、国家元首称谓、国家元首生产方式、国家权力中心、议会产生方式、议会权力、国家元首与议会和政府之间的相互关系等角度,分相同与不同两个方面构建《德意志君主立宪制与法国共和制比较表》。②教师可通过印制发放表格、多媒体播放表格等方式,向学生展示《德意志君主立宪制与法国共和制比较表》(空白表),要求学生依据所学内容,完成相关内容,然后检查点评和小结,从而帮助学生全面掌握德意志君主立宪制与法国共和制的异同。

第 10 课   鸦片战争

一、教学重点、难点

重点:鸦片战争对中国的影响。

难点:鸦片战争中国失败的原因。

二、原因分析

重点原因:鸦片战争是中国历史的重要转折点,是中国近代史的开端。英国发动鸦片战争,用大炮轰开中国的大门,开启了近代中国列强侵华历史,中国由此开始沦为半殖民地半封建社会,但也开启了中国人民反侵略、求民主的历史潮流。

难点原因:首先,因教材没有直接回答中国在鸦片战争中为何失败这一问题,就需要学生联系所学知识,通过对教材关于鸦片战争背景和过程的叙述深入分析、归纳才能得出结论。其次,学生受学识与能力等因素的影响,往往不能全面揭示鸦片战争中国失败的原因,往往简单地将中国在鸦片战争中的失败归结为中国武器落后。

三、解决方案

1.“鸦片战争对中国的影响”教学方案

方案一:问题探究。根据课标与教材内容直接设置问题,引导学生运用本课教材所述历史史实(主要是条约内容),联系已有知识,从政治、经济、思想文化、社会性质等方面比较分析鸦片战争前后中国社会的变化,从而全面认识鸦片战争对中国的影响。

方案二:观点争鸣。选择史学界有关鸦片战争影响的不同认识,要求学生围绕相关观点的正误偏颇开展论争。如:教材编写者认为,鸦片战争给中国带来深重灾难,中国开始沦为半殖民地半封建社会;但也有人认为,鸦片战争开启了中国近代化之门,促进了中国社会进步。教师要在学生论争的基础上进行恰当点评,引导学生从不同视角认识鸦片战争对中国社会的影响。

方案三:材料探究。教师可根据学生实际和自身条件,从胡绳《从鸦片战争到五四运动》、陈旭麓《近代中国社会的新陈代谢》、茅海建《天朝的崩溃——鸦片战争再研究》《中国通史参考资料·近代部分》、蒋廷黻《中国近代史》等史家著述中选择一些材料和设置问题,引导学生分析鸦片战争对中国社会的影响。

2.“鸦片战争中国失败的原因”教学方案

方案一:教材探究。①教师直接设置问题,引导学生依据教材中的知识,分析中国在鸦片战争中失败的原因。如:“请同学们依据教材,从鸦片战争的爆发背景(中英双方政治、经济、军事、思想、科技文化差异)、中英双方战争过程中的表现(包括对敌情的了解、战争动员准备、对待战争的态度,将士在战争中的表现等),分析鸦片战争中国失败的原因。”②教师组织和引导学生分组讨论、展示、互评,然后小结点评,帮助学生从不同视角归纳总结出中国在鸦片战争中失败的原因。

方案二:材料探究。教师摘录不同史家有关鸦片战争中国失败原因的分析与论述,引导学生阅读、思考、提炼,从而系统归纳出中国在鸦片战争中失败的原因。

第 11 课　太平天国运动

一、教学重点、难点

重点:《天朝田亩制度》的评价。

难点:太平天国运动兴亡的必然性。

二、原因分析

重点原因:《天朝田亩制度》作为太平天国的革命纲领,一方面体现了太平天国反封建的革命性,是中国旧式农民运动达到最高峰的重要标志;另一方面也反映了太平天国的空想性和落后性。正确评价《天朝田亩制度》是准确评析太平天国运动的重要钥匙。

难点原因:有关太平天国运动的兴亡,史学界有不同说法。有人甚至借太平天国运动中的一些落后因素否定太平天国运动。只有全面准确理解太平天国运动兴亡的必然性,才能全面客观认识太平天国运动的功过是非与历史地位。

三、解决方案

1.“《天朝田亩制度》的评价”教学方案

方案一:讨论探究。①根据教材内容直接设置问题,引导学生利用教材中的有限信息,自主探索评价。如:“《天朝田亩制度》是在什么背景下颁行的? 你能依据教材所述内容对其做一简要评价吗? 请注意:评价时必须史论结合,不得复述教材已有结论。”②学生讨论、展示、互评,教师引导点评,帮助学生正确评价《天朝田亩制度》,辩证认识其进步性和局限性。

方案二:材料探究。教师依据课标要求和学生实际,围绕《天朝田亩制度》评价,从《天朝田亩制度》、罗尔纲《太平天国史》、郭毅生《太平天国经济史》等著述中,精选太平天国运动时中国农民的生存生活状况、《天朝田亩制度》具体条文与实施情况、一些史家对这一制度的评述等,然后设置相关问题,引导学生阅读、讨论评析,帮助学生正确理解和评析《天朝田亩制度》。

2.“太平天国运动兴亡的必然性”教学方案

方案一:观点评析。①教师直接设置问题,引导学生运用教材中的知识认识太平天国运动兴亡的必然性。如："有人认为,太平天国运动是一场逆历史潮流的农民运动。如果没有太平天国运动,中国也许会走上变革兴盛之路。你同意这一观点吗? 请运用所学知识予以评述。"②教师组织和引导学生分组讨论、展示、互评,然后小结点评,帮助学生归纳总结出太平天国运动兴亡的必然性。

方案二:材料探究。教师依据学生实际,从罗尔纲《太平天国史》、苏双碧《太平天国史综论》、马克思1862年7月7日在《维也纳新闻》发表的《中国事件》等文献和研究著述中,选择事关太平天国兴亡方面的材料,引导学生认识太平天国运动兴亡的必然性。

第 12 课　甲午中日战争和八国联军侵华

一、教学重点、难点

重点:甲午中日战争爆发的原因。

难点:《马关条约》的危害、《辛丑条约》的危害。

二、原因分析

重点原因:甲午中日战争,不仅是中日两国历史上的重大事件,也是世界近代史上的重大事件,它直接影响了远东乃至世界的发展格局。正确认识和掌握甲午中日战争爆发的原因,是正确理解这次战争结局和影响的重要条件。

难点原因:《马关条约》和《辛丑条约》是近代西方列强强迫清政府签订的最为重要的卖国条约之一,其最终将中国推进半殖民地半封建社会深渊。因条约内容理论性强,评析结论抽象,学生受知识与能力等因素制约,一般不能具体理解。

三、解决方案

1."甲午中日战争爆发的原因"教学方案

方案一:材料探究。①受教材篇幅制约,有关甲午中日战争爆发原因,教材叙述十分简略。因此,教师应从胡绳《从鸦片战争到五四运动》、陈旭麓主编《近代中国八十年》、李侃等《中国近代史》《中国通史参考资料·近代部分》等著述中选摘相关材料,设置问题,引导学生阅读分析。②学生讨论、展示、互评,教师引导点评,帮助学生正确认识甲午中日战争爆发的原因。

方案二:视频导学。①教师围绕"甲午中日战争爆发的原因"选辑相关影视材料,设置相关问题,引导学生观看影视材料。②教师组织、指导学生讨论,展示讨论成果,然后点评归纳出甲午中日战争爆发的原因,为学生正确评析战争结局和影响奠定基础。

2."《马关条约》的危害、《辛丑条约》的危害"教学方案

方案一:表格导学。①教师联系《南京条约》,设置《〈南京条约〉〈马关条约〉〈辛丑条约〉比较表》,比较项应包括条约名称、主要内容(割地、赔款、商品输出、资本输出、外交、政治、军事、文化等)、危害(先指出每项危害,再概括总体危害)。②教师先指导学生运用所学知识填写《〈南京条约〉〈马关条约〉〈辛丑条约〉比较表》,然后抽查展示,最后点评总结。

方案二:问题探究。①教师抛出问题。如:"你是如何理解《马关条约》使中国社会半殖民地化的程度大大加深的? 又是如何理解《辛丑条约》使中国完全陷入半殖民地半封建社会的?"②教师组织学生运用教材中的相关知识分组讨论,然后要求学生展示讨论成果,最后教师点评总结。

第 13 课 辛亥革命

一、教学重点、难点

重点:中国同盟会的革命纲领。

难点:辛亥革命的成败。

二、原因分析

重点原因:同盟会的革命纲领,即"驱除鞑虏、恢复中华、建立民国、平均地权",被孙中山阐释为"民族""民权""民生"三大主义,成为孙中山领导辛亥革命的指导思想,不仅影响辛亥革命全过程,而且还深刻影响着资产阶级革命党人在辛亥革命后的一系列革命活动。

难点原因:关于辛亥革命的成败,史学界存在两种相反的结论:有人说辛亥革命成功了,也有人说辛亥革命失败了。学生对辛亥革命成败的认识,因受学识水平与能力制约的影响,往往模糊不清,容易囫囵吞枣,盲目接受某种观点而反对另一种观点。

三、解决方案

1."中国同盟会的革命纲领"教学方案

方案一:材料探究。①教师可根据课标要求和学生实际,围绕"中国同盟会的革命纲领",从《孙中山选集·同盟会宣言》、孙中山《民报·发刊词》、金冲及、胡绳武《辛亥革命史稿》、章开沅、林增平《辛亥革命史》等著述中摘录相关材料或观

点,设置一些相关问题,引导学生自主阅读、感悟。②学生讨论、展示、互评,教师引导点评,帮助学生正确理解中国同盟会革命纲领的内涵,认识其积极意义与局限性。

方案二:动画导学。教师可自主制作"中国同盟会的革命纲领"Flash 动画,形象显示中国同盟会纲领的内容及其所表现出来的革命性与局限性,以帮助学生准确理解中国同盟会纲领的内涵及其影响。

2."辛亥革命的成败"教学方案

方案一:观点争鸣。①教师将学生分为正方与反方两组,正方组负责辨析"辛亥革命没有失败,是一次成功的资产阶级民主革命";反方组负责辨析"辛亥革命失败了,是一次不成功的资产阶级民主革命"。②正方组与反方组各抽 5 人做主辩手,其他学生作为"亲友团"成员,在主辩手遇到困难时,可随时帮助主辩手进行辩护。③教师作为主裁判,负责最后点评与总结。

方案二:问题探究。①教师抛出问题。如:"有人说辛亥革命成功了;也有人说辛亥革命失败了。你赞同哪一观点? 请说明理由。"②教师组织学生运用教材中的相关知识分组讨论,然后要求学生展示讨论成果,最后老师点评总结。

第 14 课　新民主主义革命的崛起

一、教学重点、难点

重点:五四运动和中共成立的历史意义。

难点:新民主主义革命,国共合作与国民大革命的关系。

二、原因分析

重点原因:五四运动是一次彻底的不妥协的反帝反封建的革命运动,是中国新民主主义革命的开端。中国共产党是马克思主义与中国工人运动相结合的产物,是中国革命的领导核心,自从有了中国共产党,中国革命的面貌就焕然一新。

难点原因:因知识和辨析能力等因素的影响,学生对中国近代革命史上的民主革命、旧民主主义革命和新民主主义革命三大历史概念往往混淆不清,时常张冠李戴;对国共合作与国民大革命的关系也时常模糊不清。

三、解决方案

1."五四运动和中共成立的历史意义"教学方案

方案一:材料探究。①教师根据课标和学生实际,从中共中央党史研究室《中国共产党历史》第一卷(1921—1949)上册、胡绳《从鸦片战争到五四运动》《中国共产党简史》《伟大的开端》等历史著述中选摘相关材料,设置问题,引导学生阅读分析。②学生讨论、展示、互评,教师引导点评,帮助学生归纳和认识五四运动和中共成立的历史意义。

方案二:视频导学。①教师围绕"五四运动和中共成立的历史意义"选辑相关影视材料制作"五四运动"和"中共成立的历史意义"两段视频,设置相关问题,并引导学生分别观看这两段影视材料。②教师依次分别组织、指导学生讨论,展示讨论成果,然后逐一点评归纳五四运动和中共成立的意义。

2."新民主主义革命,国共合作与国民大革命的关系"教学方案

方案一:表格导学。关于"新民主主义革命",教师可设置《旧民主主义革命与新民主主义革命比较表》(空白表),内容应包含民主革命与旧民主主义革命、新民主主义革命的关系,新旧民主主义革命在领导力量、指导思想、革命前途、群众基础、斗争结果、社会性质、革命任务、革命性质等方面的异同。教师先指导学生运用所学知识填写《旧民主主义革命与新民主主义革命比较表》(空白表),然后抽查展示,最后点评总结。

方案二:问题探究。关于"国共合作与国民大革命",教师可先抛出一些问题。如:"何谓国共合作?何谓国民大革命?国共合作与国民大革命存在联系吗?国共合作与国民大革命是一回事吗?"然后,教师组织学生运用教材中的相关知识分组讨论和尝试解决这些问题,并要求学生展示讨论成果,最后由教师点评总结。

第15课 国共的十年对峙

一、教学重点、难点

重点:遵义会议。

难点:工农武装割据。

二、原因分析

重点原因:遵义会议是中国共产党历史上一个生死攸关的转折点,是中国共产党从幼稚走向成熟的标志,对中国革命影响深远。

难点原因:工农武装割据是中国民主革命的必由之路,它不仅在内容上涉及武装斗争、土地革命和根据地建设三个方面,而且还必须正确理解武装斗争、土地

革命和根据地建设三者之间的复杂关系。学生因年龄、生活环境和历史学识水平等因素影响,往往不能正确理解工农武装割据这一中国革命理论。

三、解决方案

1."遵义会议"教学方案

方案一:材料探究。①受教材篇幅制约,现行历史教材对遵义会议的经过与因果叙述相当简略。因此,教师应从中共中央党史研究室《中国共产党历史》第一卷(1921—1949)上册、《中国共产党简史》《长征全史》《中国通史参考资料·近代部分》等著述中选摘相关材料,设置问题,引导学生阅读分析。②学生讨论、展示、互评,教师引导点评,帮助学生全面认识遵义会议因果。

方案二:视频导学。①教师围绕"遵义会议"选辑相关影视材料,设置相关问题,引导学生观看影视材料。②教师组织、指导学生讨论,展示讨论成果,然后点评总结遵义会议因果。

2."工农武装割据"教学方案

方案一:动漫导学。教师依据工农武装割据内涵(武装斗争、土地革命和根据地建设及其关系),制作 Flash 动画,展示"工农武装割据"原理,帮助学生正确理解和认识"工农武装割据"理论。

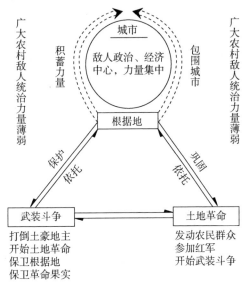

方案二:视频导学。①教师根据课标和学生实际,从相关历史纪录片或影视剧中剪辑出反映"工农武装割据"理论的视频材料,并提出相关问题,引导学生观看思考。②学生观看之后,教师应组织学生联系教材相关内容就"工农武装割据"问题进行讨论,并要求学生展示讨论成果,最后由教师点评总结。

第 16 课 抗日战争

一、教学重点、难点

重点:抗日战争胜利的历史意义。

难点:抗日民族统一战线与革命统一战线的异同。

二、原因分析

重点原因:抗日战争是以国共第二次合作为基础,在抗日民族统一战线领导下的全民族抗战。抗日战争的胜利,是中国人民100多年来第一次取得反对外来侵略斗争的完全胜利,为世界反法西斯战争的胜利做出了重大贡献,对中国和世界产生了重大而深远的影响。

难点原因:在中国近代革命史上,国共曾两次携手合作。这两次合作既有相似之处,更有很多相异之处。因种种原因,当今历史教材对历史上国共两次合作叙述相当简略,故学生常常将历史上的两次国共合作混淆不清,或张冠李戴,或认识错误。

三、解决方案

1.“抗日战争胜利的历史意义”教学方案

方案一:问题探究。①教师根据课标和教材知识,先设置一些问题,以引导学生自主探究。如:“你认为中国抗战胜利有何历史意义? 请从国内、国际、政治、经济、思想、文化、外交、民族关系等方面说明。”“教材编者认为,抗日战争的胜利,是中国人民100多年来第一次取得反对外来侵略斗争的完全胜利,为世界反法西斯战争的胜利做出了重大贡献,对中国和世界产生了重大而深远的影响。你是如何理解这些历史结论的? 请结合史实予以说明。”②教师组织学生讨论、展示、互评,最后点评归纳出抗日战争胜利的历史意义。

方案二:视频导学。①教师围绕“抗日战争胜利的历史意义”选辑相关影视材料,并设置相关问题,引导学生观看影视材料。②教师组织、指导学生讨论,展示讨论成果,然后点评和归纳出抗日战争胜利的历史意义。

方案三:材料探究。教师根据课标和学生实际,从中共中央党史研究室《中国共产党历史》第一卷(1921—1949)下册、《中国共产党历史》《中国抗日战争史》等历史著述中选择一些阐释中国抗日战争胜利历史意义的材料或观点,并精心设置一些问题,引导学生阅读感悟,然后组织学生讨论交流,最后教师进行点评归纳。

2.“抗日民族统一战线与革命统一战线的异同”教学方案

方案一:表格导学。①教师课前设置《抗日民族统一战线与革命统一战线的异同比较表》,比较项应包括合作时间、合作背景、合作标志、合作方式、政治基础、统一战线名称、群众基础、实践活动、合作结果、历史意义等方面。②教师先指导学生运用所学知识自主填写《抗日民族统一战线与革命统一战线的异同比较表》(空白表),然后抽查展示,最后点评总结。

方案二:问题探究。①教师抛出问题。如:"有人认为,以国共两党合作为基础的革命统一战线基本上完成了推翻北洋军阀统治的任务,而抗日民族统一战线赢得了抗日战争的伟大胜利。你是否同意这一观点? 为什么? 你能否在此基础上,正确区分国共两次合作的异同?"②教师组织学生运用教材中的相关知识分组讨论,然后要求学生展示讨论成果,最后教师点评总结。

第 17 课　解放战争

一、教学重点、难点

重点:重庆谈判的因果。

难点:新民主主义革命胜利的历史意义。

二、原因分析

重点原因:国共重庆谈判,是中国革命史上的一件大事,是抗战胜利后中共争取民主与和平建国的重要一环,也是中共为赢得新民主主义革命彻底胜利而与国民党反动派进行长期斗争的一个重要组成部分。

难点原因:中国新民主主义革命的胜利,不仅深刻影响了中国社会的发展,也深刻影响了世界的发展,其历史意义众多。学生理解中国新民主主义革命胜利的历史意义主要存在两大困难:一是不能多角度分析其意义;二是不能深刻理解为中国民主革命历程所证实了的重要经验。

三、解决方案

1."重庆谈判的因果"教学方案

方案一:视频导学。①教师围绕"重庆谈判的因果"剪辑相关影视材料,并设置相关问题,引导学生观看影视材料。②教师组织、指导学生讨论,展示讨论成果,然后点评归纳重庆谈判的因果。

方案二:材料探究。①教师根据课标和学生实际,可从中共中央党史研究室《中国共产党历史》第一卷(1921—1949)下册、《蒋介石日记》、蒋介石三次电邀毛泽东到重庆谈判电报、《双十协定》《中国共产党历史》和胡绳《中国共产党的七十年》等历史著述中,选择一些历史材料,并依据材料设置相关问题,引导学生阅读感悟。②教师组织学生讨论、展示、互评,然后点评总结。

2."新民主主义革命胜利的历史意义"教学方案

问题探究。①教师抛出基本问题:"中国新民主主义革命胜利有何历史意义?"要求学生阅读教材回答。②教师追问:"为什么说,新民主主义革命的胜利,结束了中国近百年来的屈辱历史?""为什么说,中国新民主主义革命的胜利,改变了世界政治格局?""为什么说,中国新民主主义革命的胜利,是马克思主义在中国的胜利?""为什么说,中国新民主主义革命的胜利,是毛泽东思想的胜利?"③教师采用谈话的方式,与学生共同研讨解决一系列追问。

第18课 马克思主义的诞生

一、教学重点、难点

重点:空想社会主义与马克思主义之间的联系与区别。

难点:巴黎公社性质。

二、原因分析

重点原因:空想社会主义抨击了资本主义的种种弊端,提出了改造社会、建设理想社会的美妙设想,是马克思主义理论来源之一。但空想社会主义不能科学阐明资本主义生产方式的基本矛盾运动和社会主义取代资本主义的客观规律,而马克思主义科学揭示了人类社会发展规律,为无产阶级革命提供了科学理论,是国际共产主义运动的开端。

难点原因:首先,有关巴黎公社的政权性质,由于评价者意识形态的不同,对它的描述也存在很大分歧,有人认为它是无政府主义;也有人认为它是社会主义的早期实验;更有人认为它是当代世界政治左翼运动崛起的光辉和起始的里程碑,影响广大深远。其次,学生因学识有限,不知何谓无产阶级政权,也就更不理解巴黎公社"是无产阶级建立政权的第一次伟大尝试"。

三、解决方案

1."空想社会主义与马克思主义之间的联系与区别"教学方案

方案一:问题探究。根据课标与教材内容直接设置问题,引导学生运用本课教材所述的历史史实,联系已有知识,从对待资本主义社会的态度、对待无产阶级的作用与态度、创造性设想、社会史观、继承与发展、实现方式、理论基础、与社会实践的关系等方面分析马克思主义与空想社会主义之间的联系与区别。

方案二:材料探究。教师可根据学生实际和自身条件,从《共产党宣言》、史义文《国际共产主义运动史问答》、何宝骥、李应柴编著《国际共产主义运动历史长编》、庄福龄主编《简明马克思主义史》、段忠桥主编《马克思主义史教程》等史家著述中选择一些材料并设置问题,引导学生分析空想社会主义与马克思主义的联系与区别。然后,教师根据实际情况予以点评和总结。

方案三:视频导学。教师可根据自身条件,剪辑一些与空想社会主义和马克思主义相关的影视材料或图片材料,引导学生带着问题观察思考相关材料,讨论探索空想社会主义与马克思主义的联系与区别。然后,教师根据实际情况予以点评和总结。

2.“巴黎公社性质”教学方案

方案一:教材探究。①教师直接设置问题,引导学生依据教材中的知识,分析巴黎公社性质。如:“我们应怎样分析判定某个政权的性质?(关键有两点:这个政权掌握在谁的手中;这个政权在为谁服务)”“试结合巴黎公社建立,公社政治、经济、文化教育等措施,说明巴黎公社是无产阶级建立政权的第一次伟大尝试。”②教师组织和引导学生分组讨论、展示、互评,然后点评与小结,帮助学生认识“巴黎公社是无产阶级建立政权的第一次伟大尝试”。

方案二:观点争鸣。教师将不同史家关于巴黎公社政权性质的观点提供给学生。如:巴黎公社是无产阶级政权;巴黎公社是无政府主义者的政权;巴黎公社是社会主义政权的早期实验等。然后要求学生自主选择观点,并运用相关史实进行论证。最后,教师点评和总结。

第19课　俄国十月革命的胜利

一、教学重点、难点

重点:世界上第一个社会主义国家诞生的历史条件。

难点:俄国十月革命的历史意义。

二、原因分析

重点原因:1917 年俄国十月革命胜利,建立了世界上第一个社会主义国家政权,开辟了人类历史新纪元。世界上第一个社会主义国家,既是当时特定客观历史条件的产物,也是以列宁为首的布尔什维克党自身努力的结果。全面认识世界上第一个社会主义国家诞生的历史条件,有助于我们正确理解国际共产主义运动发展的必然性和曲折性。

难点原因:首先,俄国十月革命的历史意义众多,学生不易掌握。其次,教材有关俄国十月革命的历史意义的评述比较抽象,学生受学识与能力影响,往往不能正确理解。

三、解决方案

1."世界上第一个社会主义国家诞生的历史条件"教学方案

方案一:教材导学。教师依据教材内容设置问题,引导学生运用本课教材中的相关史实,从客观条件、主观条件,从国内与国际,从政治、经济、军事、民心、领导者态度与策略等不同角度,讨论和分析世界上第一个社会主义国家诞生的历史条件。然后,教师依据学生展示与交流情况,进行简要点评与总结。

方案二:观点评析。教师选择历史上有关俄国十月革命胜利条件的某一观点作为切入点,引导学生在剖析某一观点正误或偏颇的基础上,全面认识世界上第一个社会主义国家诞生的历史条件。如列宁曾经说过:"如果没有战争,俄国也许会过上几年甚至几十年而不会发生反对资本家的革命。"你认为这一观点对吗?为什么? 教师若能正确利用这一观点,引导学生运用教材中的相关史实予以剖析,就不难回答"世界上第一个社会主义国家诞生的历史条件"。

2."俄国十月革命的历史意义"教学方案

方案一:结论导学。①教师直接要求学生从教材中找出俄国十月革命的历史意义。②教师利用教材中有关俄国十月革命的历史意义的结论设置问题,组织和引导学生分组讨论、展示、互评。如:"为什么说,十月革命是人类历史上第一次取得胜利的社会主义革命?""为什么说,十月革命是以建立体现社会公正和平等的社会制度为目的?"。③教师最后点评与总结俄国十月革命的历史意义。

方案二:问题对话。即教师通过设置一系列与俄国十月革命的历史意义紧密相关的小问题与学生进行对话,然后逐一分析归纳出俄国十月革命的历史意义。如:如果没有十月革命的胜利,你认为当时俄国会出现怎样的情景? 如果没有十月革命的胜利,你认为国际共产主义运动会出现什么样的情况? 你认为俄国十月革命与马克思主义有关吗? 你认为俄国十月革命与俄国以后的历史发展有关吗?

第20课 新中国的民主政治建设

一、教学重点、难点

重点:政治协商制度和人民代表大会制度。

难点:民族区域自治制度。

二、原因分析

重点原因:新中国成立与巩固政权的过程,也是政治制度建设的过程。中国共产党领导的多党合作和政治协商制度,是新民主主义革命历史发展的必然结果,是中国的一项基本政治制度。人民代表大会制度是中国共产党总结新民主主义革命政权建设的经验,依据中国国情建立的政治体制,直接体现了我国人民民主专政的国家性质,是建立我国国家管理制度的基础。

难点原因:民族区域自治制度作为中国的基本国策和基本政治制度之一,学生对这一制度的内涵和实行因果往往不太理解,常常出现偏颇。

三、解决方案

1.“政治协商制度和人民代表大会制度”教学方案

方案一:教材导学。①根据课标与教材内容直接设置问题,引导学生阅读教材。如:中国人民政治协商制度是在什么历史背景下形成的? 其职能是怎样演变的? 对新中国建立和发展有何历史作用? 它与西方政党制度有何不同? 你是如何看待中国人民政治协商制度的? 中国人民代表大会制度是怎样建立的? 其主要职能有哪些? 你是如何看待人民代表大会制度的? 等等。②教师组织学生讨论、交流、展示,然后点评,帮助学生理解和掌握中国人民政治协商制度和中国人民代表大会制度形成的原因、职能演变、历史作用和与西方政党、政治制度的不同等。

方案二:错误剖析。当今社会不少人对中国人民政治协商制度和人民代表大会制度产生误解,如“政协喝酒,人大举手”等。因此,教师可以选择社会上、学术界的一些错误观点或错误认识,并以此为切入点设置问题,要求学生运用教材中的相关史实予以批评剖析,然后点评总结,帮助学生理解和掌握中国人民政治协商制度和中国人民代表大会制度形成的原因、职能演变、历史作用和与西方政党、政治制度的不同等。

2.“民族区域自治制度”教学方案

方案一:材料探究。①教师依据课标和学生实际,从中共中央党史研究室《中国共产党历史》第一卷(1949—1978)上册、朱永红主编《六十年国事纪要·政治卷》《中国人民政治协商会议共同纲领·民族政策》《中华人民共和国宪法》(1954年版)、《中华人民共和国民族区域自治法》和其他历史著述中选择有关材料,并设置一些问题,引导学生阅读理解,自主探索问题答案。②教师组织和引导学生分组讨论、展示、互评,然后点评与小结,帮助学生正确理解和认识民族区域自治制度。

方案二:误区剖析。教师注意搜集整理学生在学习“民族区域自治制度”中存在的具体问题,引导学生剖析,帮助学生正确理解民族区域自治制度。如:有学生认为,中国民族区域自治制度,似乎与后来提出的"一国两制"差不多。这时,教师应引导学生从社会制度、制度性质、适用区域、自治程度、法律依据、司法权限、与中央政府之间的关系等方面求同存异,以引导和帮助学生正确理解和认识民族区域自治制度。

第21课　民主政治建设的曲折发展

一、教学重点、难点

重点:农村基层民主制度建设。

难点:"文革"对中国民主与法制建设的影响。

二、原因分析

重点原因:中国是一个发展中的社会主义国家,农民仍然是中国社会的主体。由于历史、文化、教育等原因,农民的民主意识和行为相对较低。加强和扩大基层民主,推进农村的民主制度建设,是中国农村社会、经济、文化发展的内在需求与国家的支持、引导合力作用的结果,意义重大,影响必将深远。

难点原因:首先,"文革"对中国民主与法制建设的影响涉及的问题很多,且内容相当复杂,不易理清。其次,本问题在政治上比较敏感,我们在评析本问题时,如果不能做到全面、客观、准确,很容易出现偏颇。

三、解决方案

1."农村基层民主制度建设"教学方案

方案一:教材导学。根据教材内容,从新时期农村基层民主制度建设内涵、目的、方法和历史意义等角度直接设置问题,引导学生运用本课教材所述历史史实,理解和掌握农村基层民主制度建设。

方案二:视频导学。从网络上搜集新时期以来我国农村基层民主制度建设的相关视频材料,并根据课标要求和教学目的的需要,剪辑出"农村基础民主制度建设视频材料"(注意:剪辑的视频材料,既要以正面引导为主,也要体现存在的问题,这样更有利于认识中国民主制度建设的艰难),并利用这一视频材料,设置相关问题,引导学生观看思考、讨论和交流,最后教师进行点评和总结。

方案三:材料探究。教师可根据学生实际和自身条件,将从网络上搜集到的有关新时期中国农村基层民主制度建设的图文材料,或编辑成导学案发给学生,或制作成课件利用多媒体导学,以帮助学生开阔视野,深入认识新时期中国农村基层民主制度建设的内涵与价值。

2."'文革'对中国民主与法制建设的影响"教学方案

方案一:教材导学。①教师直接设置问题,引导学生依据教材中的知识,分析"文革"对中国民主与法制建设的影响。如:"请同学们阅读教材,简要指出'文革'对中国民主与法制建设破坏的主要表现,你是如何看待这些现象的?"②教师组织和引导学生分组讨论、展示、互评,然后点评与小结,帮助学生从不同方面归纳总结"'文革'对中国民主与法制建设的影响"。

方案二:视频导学。①教师搜集相关视频文件,剪辑成《"文革"对中国民主与法制建设的影响》视频材料。注意:本视频材料应包括"文革"对中国民主与法制建设的破坏,党和国家领导人及相关专家对这一问题的评说。②教师先组织和引导学生观看视频,然后再组织学生分组讨论、展示、互评。最后,教师点评与总结。

第 22 课　祖国统一大业

一、教学重点、难点

重点:"一国两制"。

难点:台湾问题与港澳问题的区别。

二、原因分析

重点原因:"一国两制"作为完成祖国统一大业的基本方针,就其内涵而言,高中政治学科做了详细解说。但学生对"一国两制"出台的历史背景、形成过程和历史影响并不太清楚。学生只有具体理解这些历史知识,才能真正认识"一国两制"理论对实现祖国统一大业和民族复兴具有伟大的历史意义,从中感悟到中国人高超的政治智慧和实现世界和平的理想。

难点原因:从本质说,台湾问题是内部分裂问题,港澳问题是抵御外族入侵问题。但由于学生的学识水平有限,加之国际上有些人在谈到台湾问题与港澳问题时,有意将这一问题与南北朝鲜和东西德问题混淆在一些,故不少学生在这一问题上常常混淆不清,认识模糊。

三、解决方案

1."一国两制"教学方案

方案一:教材导学。根据课标要求与教材内容直接设置问题,引导学生通过阅读教材、自主探究、生生讨论、师生交流等途径,认知"一国两制"出台的历史背景、形成过程、基本内涵和历史意义。

方案二:观点争鸣。①教师围绕"一国两制"问题,有意设置两个看似对立的观点,引发学生阅读思考与争鸣。如:有人认为,"一国两制"理论是邓小平提出来的,体现了邓小平高超的政治智慧。也有人认为,"一国两制"理论是中国共产党集体智慧的结晶。②教师将学生分为两大组,每大组抽选5位学生作为本组的主辩手,组织学生进行对抗辩论。其他学生除认真听取争辩理由外,还要注意及时援助本组选手,帮助其正确辩护。③教师在学生辩论的基础上进行点评与总结。

2."台湾问题与港澳问题的区别"教学方案

方案一:问题探究。①教师直接设置问题,引导学生依据教材和联系所学知识,分析台湾问题与港澳问题的区别。如:"柏林墙拆除、东德与西德统一后,有人曾提出中国政府可仿照两德统一方式解决台湾问题与港澳问题。你认为这一建议对吗?为什么?"②教师组织和引导学生分组讨论、展示、互评,然后点评与小结,帮助学生认识台湾问题与两德问题的不同、台湾问题与港澳问题的不同。

方案二:材料探究。教师根据课标要求和学生实际,可从朱永红主编《六十年国事纪要·政治卷》《干部读本·中国台湾问题》、李后《百年屈辱史的终结——香港问题始末》、国务院港澳事务办公室澳门事务司编写组《澳门问题读本》、丁建弘等编著《战后德国的分裂与统一》等著述中,摘录与台湾问题、港澳问题和两德问题相关的图文材料,引导学生阅读、思考、提炼,从而深入认识台湾问题与港澳问题的区别、台湾问题与两德问题的区别。

第23课　新中国初期的外交

一、教学重点、难点

重点:新中国初期外交方针的内涵与成就。

难点:求同存异。

二、原因分析

重点原因:新中国建立初期在复杂的国际环境中确定了独立自主的和平外交方针,并在此方针的指导下,积极开展外交活动,除旧布新,打破了封锁,同苏联等国家建立了外交关系,迅速取得国际社会的承认,为新中国的政权巩固和经济恢复创造了条件。

难点原因:"求同存异"就词的本义来说,学生并不难理解。但当时中国与亚非国家之间有何异同,学生因教材与学识的局限,对此并不理解,多囫囵吞枣。

三、解决方案

1."新中国初期外交方针的内涵与成就"教学方案

方案一:学案导学。①紧扣教材内容,精心设计导学案。导学案应包括导学目标要求、导学问题、自主学习、讨论交流、成果展示与教师点评总结、巩固与深化练习等环节。②精心设计符合教学目标要求和学生实际的问题,是确保导学成功的关键一环。如:新中国初期确定了怎样的外交方针? 我们为什么要确立这样的外交方针? 你理解这一外交方针的具体含义吗? 请结合教材内容简要指出在这一外交方针指引下,新中国初期所取得的重要外交成就。③教师要认真观察学生的自主学习,及时引导和帮助学生解决自主学习中存在的问题,进行恰到好处的点评与小结。

方案二:表格导学。①教师依据课标要求和学生实际,围绕"新中国初期外交方针的内涵与成就",精心设计《新中国初期外交成就简表》。本表应包括外交方针、体现这一外交方针的"三大外交政策"及其含义与意义、新中国初期的外交成就等。②利用《新中国初期外交成就简表》(空白表)引导学生学习,并填写表中内容,然后展示点评。③精选巩固练习题,检测和巩固所学内容。

2."求同存异"教学方案

方案一:视频导学。①搜集与剪辑制作《万隆会议与"求同存异"》视频。本视频应包括中国出席万隆会议的背景、参加万隆会议的主要国家与它们的共同历史和要求、西方国家的破坏和周恩来"求同存异"的发言与会议反应。②针对视频与教材内容,设置相关问题,并引导学生带着相关问题观看视频,然后讨论和展示学习成果,教师点评与总结。③精选巩固练习题,检测和巩固所学内容。

方案二:材料探究。①教师围绕"求同存异",从中共中央党史研究室《中国共产党历史》第二卷(1949—1978)上册、肖冬连《六十年国事纪要·外交卷》、李慎之、张彦《亚非会议日记》、韩念龙主编《当代中国外交》、谢益显《外交智慧与谋略——新中国外交理论和原则》等历史著述中,选择一些能体现"求同存异"出台的历史背景、内涵与意义的材料,并设置相关问题,导引学生阅读、探究与合作交流。②学生展示与解说学习成果,然后教师点评与总结。③精选巩固练习题,检测和巩固所学内容。

第24课 开创外交新局面

一、教学重点、难点

重点:中美关系正常化的原因与意义。

难点:中国重返联合国的原因与意义。

二、原因分析

重点原因:新中国成立后,以美国为首的资本主义国家对新中国实行政治孤立、军事威胁和经济封锁的政策,这对中美双方都是不利的。20世纪70年代,中美关系正常化是中国外交上一个重大突破,有力促进了中国外交事业的发展,在国际上出现了一个同中国建交的热潮。

难点原因:学生对中国重返联合国的"重返"感到困惑。既然是"重返",那就意味着中国原来是联合国成员,后来才不是的。于是,学生就有了一系列问题:中国原来在联合国处于什么地位? 后来为何又不是联合国成员了? 现在为何又要重返联合国? 中国重返联合国对中国有何意义? 对世界又会产生什么影响? 这些都是必须解决的最基本的问题。

三、解决方案

1."中美关系正常化的原因与意义"教学方案

方案一:教材导学。①教师根据教学目标和学生实际设置一些问题,并利用这些问题引导学生自主阅读教材相关内容探究解决。如:新中国成立后,美国对新中国采取什么样的外交政策? 在这种外交政策影响下中美之间发生了哪些重大事件? 对中美有何影响? 20世纪70年代是什么原因使中美关系走向正常化? 这对中国有何重大影响? ②学生展示学习成果,教师利用谈话法与学生互动解决相关问题,对基础好的学生还可以通过追问的方式将学生的历史思维引向深处。③教师设置一些新情境问题,检测学习内容与学习结果,以进一步解决学生还没有弄懂的问题。

方案二:多媒体导学。①教师搜集剪辑制作《中美关系正常化》视频材料。②教师先依据视频材料设置出相关问题,引导学生观看视频。然后组织学生讨论,将相关问题的答案写在草稿纸上。③教师抽检学生的解答结果,并利用投影仪播放"解决结果",然后针对存在的问题进行点评与补正。

2."中国重返联合国的原因与意义"教学方案

方案一:材料探究。①教师根据课标要求和学生实际,从肖冬连《六十年国事纪要·外交卷》《历史潮流不可抗拒——关于恢复我国在联合国合法权利的斗争》、陈敬德《毛泽东·尼克松在1972》、甄言主编《中国与联合国》等历史著述中选择相关材料,并设置相关问题,引导学生自主探究"中国重返联合国的原因与意义"。②教师组织学生讨论交流,然后要求学生展示学习成果。在此基础上,教师再逐一点评与总结。

方案二:视频导学。①教师依据课标和教学实际剪辑制作《中国重返联合国》视频材料。本视频材料要尽可能地包含中国重返联合国的背景、经过和意义(或影响)。②教师依据视频材料设置相关问题,并要求学生带问题观看与思考视频材料。③教师抽查学生观看与思考的结果,然后针对学生存在的问题予以补充与纠正。

第25课　两极世界的形成

一、教学重点、难点

重点:雅尔塔体系的评价。

难点:雅尔塔体系与两极格局、美苏冷战之间的关系。

二、原因分析

重点原因:雅尔塔体系是第二次世界大战后期,在雅尔塔等国际会议上,美、英、苏等国领导人在美苏均势基础上达成的以美、苏为主导的国际关系新体系。它奠定了战后世界两极格局的框架,对战后国际关系影响深远。

难点原因:雅尔塔体系与两极格局、美苏冷战三个历史概念比较抽象,涉及的事物繁杂,在内涵与外延上具有一定的交叉性,因而在实际使用时很容易混淆和误用。

三、解决方案

1. "雅尔塔体系的评价"教学方案

方案一:主题讨论。①教师直接抛出问题。如:什么是雅尔塔体系?你是如何评价这一体系的?请运用教材中的相关史实予以说明。②教师要求学生依据问题自主阅读教材评析雅尔塔体系,然后分组讨论交流。③各小组选派代表展示自己的学习成果。④教师就学生展示的学习成果进行点评与补正。

方案二:观点争鸣。①教师将学生分为三组,其中两组为对抗辩论组,一组为评判组。每组各选五人为主辩手,负责辩论或评判。②教师将需要辩论的问题都交给三组学生,确定各自的辩论题,并做好辩论准备。其辩论题可以是:"有人认为,雅尔塔体系的实质就是美苏两分天下,其特点就是以美国和苏联两极为中心,在全球范围内进行争夺霸权的冷战。""也有人认为,雅尔塔体系的实质是资本主义与社会主义两大阵营的对抗,因势均力敌而有效防止了新的世界大战的爆发,有利于维持战后世界和平与稳定。"③教师组织三组学生在课堂上展开辩论。④教师就辩论情况做最终点评与总结。

2."雅尔塔体系与两极格局、美苏冷战之间的关系"教学方案

问题导学。当学生学完雅尔塔体系、美苏"冷战"和"冷战"阴影下的国际关系等具体内容后,教师应主动抛出:什么是雅尔塔体系? 什么是两极格局? 什么是"冷战"? 雅尔塔体系与两极格局、美苏冷战之间存在什么样的关系? 然后要求学生讨论、交流、展示,教师再根据具体情况点评与总结。其中,雅尔塔体系与两极格局、美苏冷战之间的关系应突出四点:

①雅尔塔体系奠定了两极格局的框架。

②两极格局是雅尔塔体系的集中体现。

③两极格局对抗的主要形式是"冷战","冷战"的加剧又促进了两极格局的形成。

④两极格局的瓦解,也就意味着"冷战"局面的结束、雅尔塔体系的瓦解。

第26课　世界多极化趋势的出现

一、教学重点、难点

重点:欧洲走向联合的原因,日本成为经济大国的原因与影响。

难点:不结盟运动的内涵。

二、原因分析

重点原因:欧洲走向联合,既是自身政治、经济、文化发展的需要,也是摆脱美国控制和苏联威胁的需要。它一方面促进了西欧各国经济的发展,大大增强了同美苏抗衡的实力,另一方面也促进了两极格局朝着多极化方向发展。日本战后经济得到迅速恢复和发展,至20世纪70年代成为资本主义世界第二经济大国,形成了美、日、欧三足鼎立的资本主义世界经济格局;冲击了两极格局,促进世界格局向多极化方向发展。20世纪80年代,日本提出成为政治大国的目标,影响

深远。

难点原因:关于不结盟运动,教材一方面告诉学生参与不结盟运动的国家奉行非集团、不结盟的政策,另一方面又说不结盟国家共同努力制止新殖民主义和帝国主义统治的一切形式和表现等。于是,学生对此感到困惑,难道这些国家联合起来、共同斗争就不算结盟?

三、解决方案

1.“欧洲走向联合的原因”教学方案

方案一:教材导学。教师紧扣教材“走向联合的欧洲”的相关叙述设计问题,驱动学生阅读和探究思考,并在教师引导下理解和掌握第二次世界大战后欧洲走向联合的原因与影响。其中,欧洲走向联合应包括历史条件、现实政治经济发展的需要、当时严峻的国际形势压力等。

方案二:材料探究。①教师依据课标要求和学生实际,围绕欧洲走向联合的原因,从王斯德主编《世界当代史参考资料》、齐世荣主编《当代世界史资料选辑》《关于建立欧洲煤钢联营的条约》《阿登纳回忆录》《欧洲经济共同体条约》等历史著述或文献中精选文字或图片材料,并结合教科书中的相关内容,精心设计情境问题,引导学生自主学习与构建知识体系,解决这一问题。②精选例题和巩固练习题,检测和巩固所学内容。

2.“日本成为经济大国的原因与影响”教学方案

方案一:学案导学。①教师依据课标要求、教材内容和学生实际,设置本问题导学案。本导学案应包括学习目标要求、导学问题、教师补充的相关材料、练习题等。②教师引导学生利用导学案分组自主学习、讨论交流和展示学习成果。③教师引导学生通过师生、生生互动,点评学生展示的学习成果,完善、巩固和深化本主题的学习。

方案二:视频导学。①教师依据课标要求、学生实际和自身条件,搜集剪辑制作《从发展经济到谋求政治大国的日本》视频。本视频应包括日本崛起为经济大国到谋求政治大国的主客观条件、现实需要和一些政治家们的追求等。②教师依据视频内容,设置相关问题引导学生认真观看和思考视频内容。③教师组织学生依据视频、教材中的相关内容和问题展开讨论,然后结合学生所展示的学习成果进行点评与总结。

3.“不结盟运动的内涵”教学方案

教师利用“教材”和适当的“补充材料”,精心创设情境性问题,引导学生理解

与掌握"不结盟运动的内涵":

①从组织形式上看,不结盟运动(Non–Aligned Movement)是一个松散的国际组织。它不设总部,无常设机构。它定期召开首脑会议、外长会议、协调局外长会议及纽约协调局会议等。首脑会议为不结盟运动最重要的会议,自1970年起,首脑会议会期制度化,每三年举行一次。不结盟运动各种会议均采取协商一致的原则。如有分歧,各成员国可采取书面形式向主席国正式提出保留意见,以示不受有关决议或文件的约束。

②从宗旨与原则上看,不结盟运动奉行独立、自主和非集团的宗旨和原则,支持发展中国家争取和维护民族独立、捍卫国家主权及发展民族经济和文化的斗争,坚持反对帝国主义、殖民主义、种族文化和一切形式的外来统治。不结盟运动的成立是发展中国家走向联合自强的新开端,在支持和巩固成员国民族独立和经济发展、维护成员国权益等方面发挥了重要作用,成为国际社会的重要力量。

第27课　世纪之交的世界格局

一、教学重点、难点

重点:美国单边政治与世界格局多极化。

难点:东欧剧变与苏联解体的原因。

二、原因分析

重点原因:世纪之交,伴随着东欧剧变与苏联解体,以美苏两极对立体制为核心的旧格局已经终结,世界进入了一个重要的向多极化过渡的时期。然而,美国逆历史潮流而动,想凭借自身的政治、经济和军事实力建立单极世界,从而深刻影响着当今世界的和平、稳定和发展。

难点原因:首先,东欧剧变与苏联解体的原因复杂。其次,教材因篇幅限制对东欧剧变与苏联解体的原因叙述相当简略,仅归结于戈尔巴乔夫的错误改革和经济困难,故不利于学生全面深入理解。

三、解决方案

1."美国单边政治与世界格局多极化"教学方案

方案一:材料探究。①教师依据课标要求和学生实际,围绕"美国单边政治与世界格局多极化",从世界银行《2002年世界发展报告》、江泽民《在武汉主持召开国有企业改革和发展座谈会时的讲话》(1999年5月30日)和《共同创造一个和平繁荣的新世纪》(《人民日报》2002年4月1日)、欧盟委员会主席罗马诺·普罗迪在欧盟扩大会议上的讲话(2004年5月1日)和史学界对当今世界格局的研讨论文中精选文字或图片材料,并结合教科书中的内容,精心设计情境问题,引导学生自主学习与构建知识体系,解决相关问题。②材料与问题,在内容上应包括世界与美国的政治、经济、军事、思想文化等。③精选例题和巩固练习题,检测和巩固所学内容。

方案二:观点评析。①教师向学生呈现史学界对两极格局结束后有关世界格局的三种不同看法:第一,两极格局结束后,世界演变为以美国为首的单极世界。第二,两极格局结束后,世界进入一个无极世界。第三,两极格局结束后,世界向多极化方向发展。②教师引导学生利用教材中的相关内容,并结合自己所掌握的史实,选择自己认可的观点进行探究分析,然后向全班学生展示其理由。③教师引导学生对相关学习成果进行点评,完善和修正学生的认识。

2."东欧剧变与苏联解体的原因"教学方案

方案一:材料探究。①依据课标要求和学生实际,围绕"东欧剧变与苏联解体的原因",从刘祖熙主编《东欧剧变的根源与教训》、丁建弘等编著《战后德国的分裂与统一》、许新等著《超级大国的崩溃:苏联解体原因探析》等史学著作中精选文字或图片材料,结合教科书中的内容,精心设计情境问题,引导学生自主学习与构建知识体系,解决相关问题。②材料与问题内容应涉及东欧剧变与苏联解体的历史条件,政治、经济、思想、文化、外来影响等因素。③精选练习题,检测和巩固所学内容。

方案二:视频导学。①教师依据课标要求、学生实际和自身条件,搜集与剪辑制作《东欧剧变与苏联解体》视频。本视频应包括东欧剧变与苏联解体的原因、简况等。②教师依据视频内容,设置相关问题引导学生认真观看和思考视频内容。③教师组织学生依据视频、教材中的相关内容和问题展开讨论,然后结合学生所展示的学习成果进行点评与总结。